全部わかる

神社ガイド

成美堂出版

白鬚神社

所在地	滋賀県高島市
創　建	第11代垂仁《すいにん》天皇の時代とされる
祭　神	猿《さる》田《た》彦命《ひこのみこと》
備　考	全国にある白鬚神社の総本社とされる

魅力あふれる神社

古来、人々は絶景・奇観・幽境などに
神々の存在を感じ、畏れ敬ってきた。
人々に信仰され、人々を見守ってきた神々は、
今も全国各地の神社に鎮まる。
荘厳で優美な建築に、取り巻く絶景に、
臨場感あふれる祭祀に、神々が見える。

白鬚《しらひげ》神社と朝日

鳥居が琵琶湖の中に浮かぶように建っていることから「近江の厳島《いつくしま》」とも呼ばれている。

四季折々の風情をめぐる豊かな自然

富《ふ》士《じ》御《お》室《むろ》浅間《せんげん》神社と桜

富士山を仰ぐ河口湖畔の境内には、春になるとソメイヨシノなど約200本の桜が咲き誇る。

冨士御室浅間神社

所在地	山梨県富士河口湖町
創　建	699年
祭　神	木花《このはな》開《さく》耶《や》姫命《ひめのみこと》
備　考	富士山山中最古の神社とされる

岩戸落葉神社

所在地	京都府京都市
創　建	不詳(平安時代前期以前)
祭　神	天《あめの》御《み》衣《そ》織《おり》女《め》稚姫神《わかひめのかみ》、弥《み》都《づ》波《は》能《の》売《めの》神《かみ》、瀬《せ》織《おり》津《つ》比《ひ》咩神《めのかみ》

多賀大社

所在地	滋賀県多賀町
創　建	不詳(『古事記』成立以前か?)
祭　神	伊《い》邪《ざ》那《な》岐大神《ぎのおおかみ》、伊《い》邪《ざ》那《な》美大神《みのおおかみ》
備　考	全国にある多賀神社の総本社とされる

岩戸落葉《いわとおちば》神社と銀杏《いちょう》

境内には4本の銀杏の巨木がそびえ立ち、晩秋ともなると境内を黄金色に染め上げる。

雪の多賀大社

檜皮葺《ひわだぶ》き屋根の拝殿およびその左右の袖回廊《そでかいろう》が、冬には雪化粧によりますます美しくなる。

見るものを圧倒する神秘的な空間

貴船神社

所在地	京都府京都市
創　建	不詳あるいは第18代反正《はんぜい》天皇の時代とされる
祭　神	高龗神《たかおかみのかみ》ら
備　考	全国にある貴船神社の総本社

元乃隅神社

所在地	山口県長門市
創　建	1955年
祭　神	宇迦之御魂神《うかのみたまのかみ》
備　考	神社としては珍しく法人ではなく個人事業となっている

伊尼神社

所在地	兵庫県丹波市
創　建	第29代欽明《きんめい》天皇の時代とされる
祭　神	彦火瓊瓊杵尊《ひこほのににぎのみこと》、穀霊大市姫命《たなつみたまおおいちひめのみこと》

貴船神社の七夕飾り

七夕の時期になると、色とりどりの短冊を吊るした笹が飾られ、賑やかな雰囲気となる。

写真はイメージ

伊尼《いち》神社のホタルの光跡

ホタルの生息地で、6月下旬頃になると神秘的な光を放っている姿を見ることができる。

元乃隅《もとのすみ》神社の鳥居

10年間かけて奉納された123基の鳥居が、100m以上にわたって並んでいる風景は圧巻。

吾妻《あづま》神社の馬だし祭り

神社でお祓いを受けて担ぎ出され海岸に着いた神輿《みこし》が、神輿ごと海に入る清めをおこなう。

馬だし祭り

吾妻神社の例大祭。弟橘媛《おとたちばなひめ》が日本武《やまとたけるの》尊《みこと》の身代わりとして入水した神話に由来。五穀豊穣や海上の安全、大漁を祈願する。

吾妻神社

所在地	千葉県富津市
創　建	不詳
祭　神	弟橘媛尊

那智の扇祭り

昼なお暗い参道で、重さ50kg以上もある大松明の炎が勇壮に乱舞する。

那智の扇祭り

熊野那智大社の例大祭。通称「那智の火祭」。熊野の神々が1年に1度、もともと祀られていた那智滝《なちのたき》に里帰りをし、神威を新たにする。

熊野那智大社

所在地	和歌山県那智勝浦町
創　建	第16代仁徳《にんとく》天皇の時代とされる
祭　神	熊野夫須美大神《くまのふすみのおおかみ》(イザナミノミコト)ら
備　考	熊野三山の一つ

高千穂神楽《たかちほかぐら》

「鈿女《うずめ》の舞」という、天岩戸《あまのいわと》の前で天鈿女命《あめのうずめのみこと》が天照大神《あまてらすおおみかみ》を誘い出すために舞っている場面。

高千穂神楽

高千穂神社では年間を通じて毎夜、民俗芸能「高千穂の夜神楽」33番のうち代表的な4番「手力雄《たぢからお》の舞」「鈿女の舞」「戸取《ととり》の舞」「御神体の舞」を公開している。

高千穂神社

所在地	宮崎県高千穂町
創　建	第11代垂仁《すいにん》天皇の時代とされる
祭　神	高千穂皇神《たかちほすめがみ》、十社大明神《じっしゃだいみょうじん》

彌彦《やひこ》神社

祭神を警護するとされる長気《おさげ》・長邊《おさべ》の兄弟神を左右に祀る随神門《ずいしんもん》の奥には、拝殿が建つ。

受け継がれていく神との向き合い方

彌彦神社

所在地	新潟県弥彦《やひこ》村
創　建	第6代孝安《こうあん》天皇の時代とされる
祭　神	天香山命《あめのかごやまのみこと》(伊夜日子大神《いやひこのおおかみ》)

もくじ

第1章

神話と神社 …… 15

第2章

神社では何を祀るのか？ …… 39

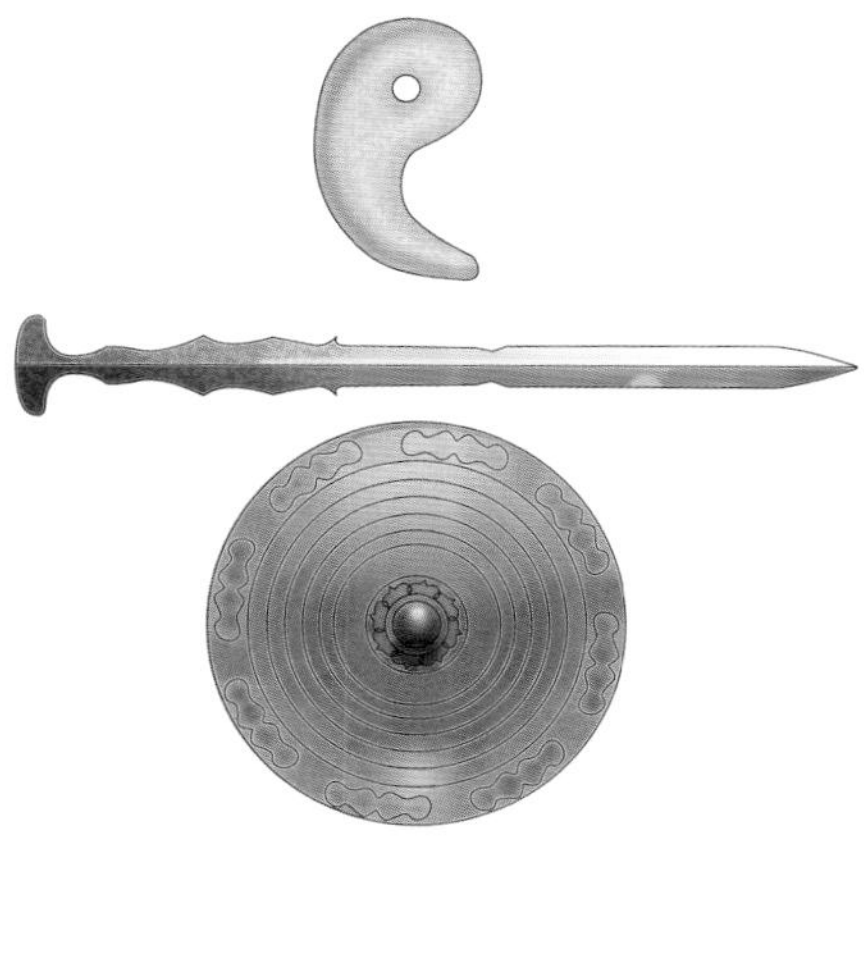

第3章

信仰のグループはなぜできたのか？

第4章

ご利益と神社の深い関係

第5章

神社の歴史

第6章

神社の基本

本書の見方

図解

おもに左ページでは、本文につけ加えたり、本文をさらに詳しく説明したりするために図表を用いて解説しています。

見開きタイトル

本書は、基本的に見開き単位でテーマが展開されており、見開き右端にはタイトルが入ります。

囲み記事

おもに左ページの下方には囲み記事が設けられ、見開きテーマに関する神社やゆかりの地などを写真とともに紹介するなどしています。

本文

おもに右ページ下段には、見開きテーマについての説明文が入ります。第1章に限って、おもに右ページ上方に『古事記』のあらすじが入ります。

凡例

神様などの名称について

本書では『古事記』での表記を原則とした。ただし、特定の神社の祭神などとして記載する場合は、当該神社の公式サイトや現地説明板などで用いられている表記とし、必要に応じてその直後に（　）内で『古事記』での表記を併記するようにした（例：「素戔嗚尊（須佐之男命）」）。

神社の名称について

❶本書では、通称ではなく正式名称を原則とした（例：通称「日光東照宮」→正式名称「東照宮」）。ただし、伊勢神宮について本来は「神宮」が正式名称だが、ほかの「神宮」と区別するため「伊勢神宮」と表記している場合が多いなど、一部例外もある。
❷83ページの「住吉神社」に顕著だが、とくに同一見開き内において、同一名称の神社がある場合は、その直後に（　）内で所在地を併記するようにした（例：「住吉神社（山口県下関市）」）。
❸摂社・末社・境内社・別宮などの場合、その直後に（　）内で所属神社名を併記するようにした（例：「気象神社（氷川神社境内社）」）。

本書は、原則として2020年7月現在の情報に基づいて編集しています。

コラム 1

「神社」「神」の語源

目に見えない大きな力

「神」も「社」も、中国でつくられた漢字だ。「神」は、示偏《しめすへん》に申と書く。示偏の「示」は象形《しょうけい》文字。神を祀る祭壇の形を表している。他にも「社」「祈」「禱」「祝」など、宗教に関係した漢字には、示偏が多く見られる。

旁《つくり》の「申」も象形文字だ。雷雲から稲妻が伸びる様子を表している。そのことから、天からの何か強い力が地上へ向かうことを意味する。

「目には見えないが、大きな力をもち、人々に祀られるもの」。これが中国の漢字の成り立ちから見る「神」だ。

いっぽうで、日本には「カミ」という信仰の対象があった。太陽、月、山、海といった自然物から、鍋や釜まで、あらゆるものに見えない力が宿るとし、これを「カミ」とよんでいた。そんな精霊のようなカミに、「神」という漢字を当てはめた。これが神(かみ)の語源と考えられる。

『古事記』『日本書紀』には、天《あま》つ神、国つ神という言葉が出てくる。天つ神には、高天原《たかまのはら》の神や、天孫降臨《てんそんこうりん》した神の意味がある。中国の天の神の概念に影響を受けているのかもしれない。

これに対し国つ神という言葉には、天孫降臨以前から、地上のあらゆるものに存在する「カミ」の意味がある。

祭壇や臨時の小屋が「社《やしろ》」に

日本では古くから、特に形のよい山、大きな岩、美しい大木などにはカミが宿るとされ、神事が行われた。

そこに祭壇や臨時の小屋がつくられるようになり、それは「屋代」とよばれた。中国では、祭祀施設を「社」という漢字で表したため、日本でも「社」の文字を「ヤシロ」に当てはめたと考えられる。

6世紀には、大陸から仏教が伝来した。やがてあちこちに仏教寺院が建てられるようになると、祭祀を行うための社も規模が大きくなった。立派になった施設は「神社」とよばれるようになった。

示(ネ)偏などの漢字

示(ネ)は、降臨してくる神霊に供えるため、牛の毛皮・血などといったいけにえを捧げる台(祭壇)をかたどった象形文字で、それがのちに神意などを示すようになったという。

	旁などの字(意味)	漢字の意味
社	土 (神を祀る柱状の土)	土地の神。
祝	兄(ひざまずく)	幸福を求めて祈る。
祖	且(供え物の台)	供え物をして祀る先祖。
祐	右(助ける)	神が助ける。
祥	羊(よい)	よい神意を受ける。
祇	氏(人間)	国土土着の神。
祠	司(まつる)	神をまつる。
祓	犮(災いを取り除く)	神に祈り災いを 取り除く。
禊	契(けずりとる)	神事に穢れを けずりとる。
禮	豊(甘酒を入れる器)	甘酒を供えて神に祈る。
宗	宀(屋根)	祖先の神を祀る御霊屋。
禁	林(並び立つ木)	林におおわれた聖域。

第1章

神話と神社

神社に祀られている数多くの神が活躍している『古事記』や『日本書紀』などの日本の神話。国土や神々の誕生、天皇家の起源などを語る。本章では、『古事記』の神代の話を追っていく。

神社と古事記について

高天原《たかまのはら》

天照大御神《あまてらすおおみかみ》が治める天上界。住んでいる神々は「天《あま》つ神《かみ》」と呼ばれる。天つ神の中には葦原中国に降臨した邇邇芸命《ににぎのみこと》に従った者も多い。

葦原中国《あしはらのなかつくに》

大国主神《おおくにぬしのかみ》が治めていた地上界だが、邇邇芸命《ににぎのみこと》に譲ったと伝わる。住んでいる神々は「国《くに》つ神《かみ》」と呼ばれる。人間が住んでいる。

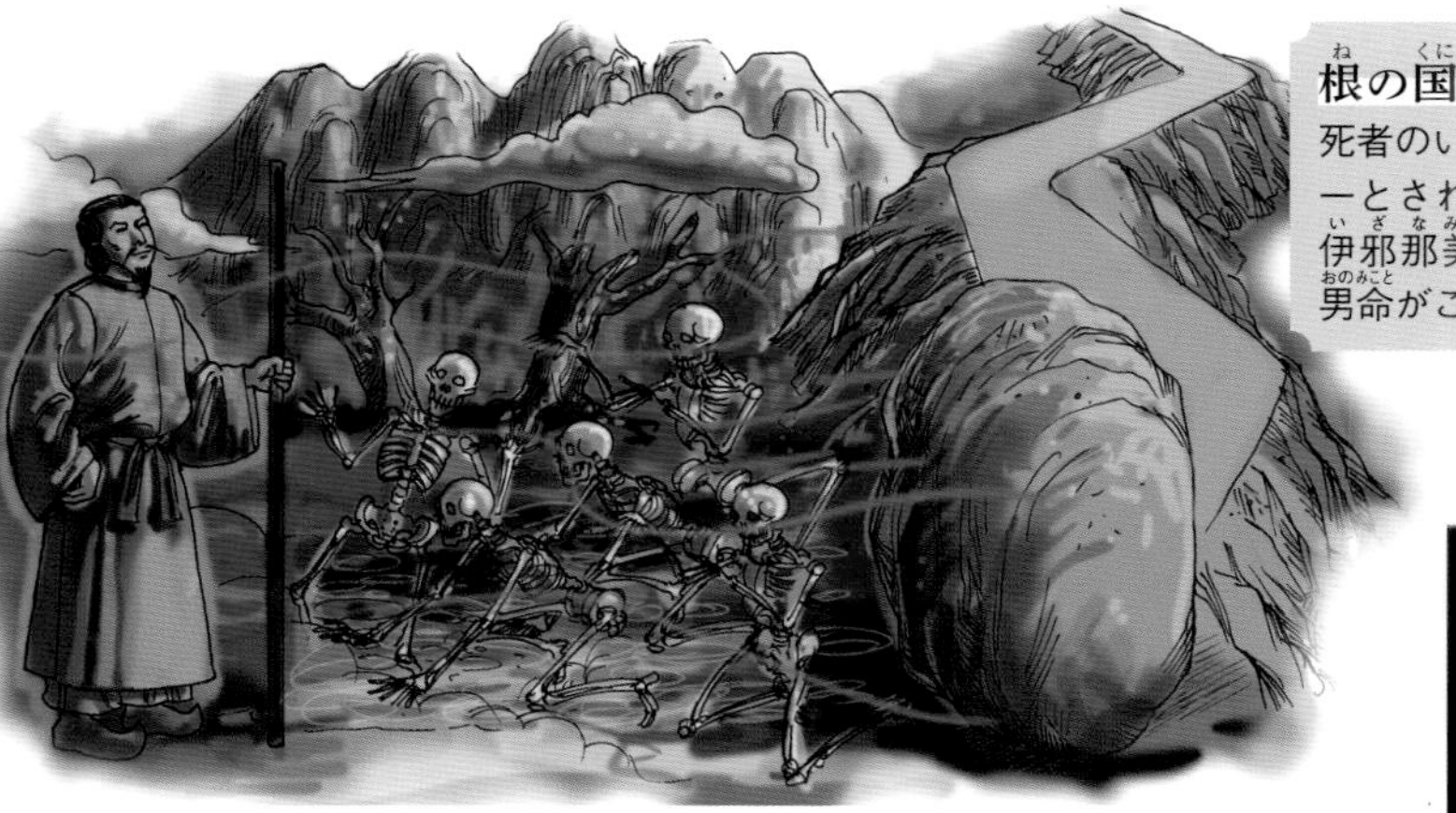

根《ね》の国《くに》·黄泉国《よみのくに》

死者のいる黄泉国と根の国は同一とされることもある。死後の伊邪那美神《いざなみのかみ》や後半生の須佐之《すさの》男命《おのみこと》がこの世界の神とされる。

神話の神々が住む世界

古代人は世界を①天＝神が住む＝「高天《たかまの》原《はら》」、②地＝人間が住む＝「葦原中国《あしはらのなかつくに》」、③地下＝死者が住む＝「黄泉国《よみのくに》・根《ね》の国《くに》」の3層構造でとらえていた。

神社で祀られる古事記の神々

神社に祀られる神は多種多様だが、その中でも、神話に登場する神が祀られている神社は数多い。

日本神話は主に、『古事記』と『日本書紀』で伝えられている。この2つの歴史書は記紀とよばれ、どちらも天武天皇の命により8世紀初め（奈良時代）につくられた。

稗田阿礼《ひえだのあれ》の暗誦した内容を太《おおの》安万侶《やすまろ》が筆録した『古事記』は、神話部分が詳しく書かれ、本章で取り上げる。国生み・神生みから、神武東征までが、全体の3分の1におよぶ一方、『日本書紀』は、外交に必要な正史としてつくられたもので、『古事記』と比較すると、神話部分は、ダイジェスト版程度でとりあげている。

天武天皇は、支配者としての天皇の地位を確立するために、神話を系統的に整理したと考えられている。記紀成立以前から、すでに日本各地に神社は存在し、その地域ごとに神が信仰されていた。各地の神々を神話と一体化させることが、天皇の神格化につながったのだ。

『古事記』の神々の系譜

伊邪那岐神《いざなぎのかみ》と伊邪那美神にはじまり、さまざまな神様が生まれていく。『古事記』の主神として登場する天照大御神は、皇族の祖神とされる。

- 高　高天原でのできごと
- 葦　葦原中国でのできごと
- 根　根の国・黄泉国でのできごと

『古事記』と『日本書紀』

『古事記』は国内向けの歴史書だったのに対し、『日本書紀』は海外に通用するために編年体や漢文表記など中国の歴史書の形式にならった。

	古事記	日本書紀
完成年	和銅５年（712）	養老４年（720）
編纂者	稗田阿礼が語り太安万侶が筆録	舎人《とねり》親王ら
巻数	上・中・下の全３巻	全30巻＋系図１巻
性格	天皇家の私史	日本の正史
収録範囲	神代～推古天皇	神代～持統天皇
記述法	編年体（紀伝体を含む）	編年体
表記	和文（日本語本来の音を漢字表記）	漢文

国生み・神生み

● あらすじ

伊邪那岐神《いざなぎのかみ》と伊邪那美神《いざなみのかみ》は、高《たか》天原《まのはら》の神々から、国生みを託される。二神は天浮橋《あめのうきはし》に立ち、まだどろどろの大地を、天沼矛《あめのぬぼこ》でかき混ぜた。矛先を引き上げると、滴り落ちた雫が固まり、淤能碁呂島《おのごろしま》ができた。

二神は淤能碁呂島に降り立ち、天《あめの》御柱《みはしら》を立てる。柱の周りを回り、伊邪那美神から声をかけて交わると失敗したが、伊邪那岐神から声をかけて交わると、日本列島が誕生した。

二神は次に神生みを始めたが、伊邪那美神は、火の神を生み火傷を負う。この苦しみの中にも神が誕生した。

国生みのはじまり

天浮橋に立ち、まだ水に浮く油のような状態だった大地を天沼矛でかき混ぜる伊邪那岐神と伊邪那美神。天沼矛から垂れる雫が積もって淤能碁呂島ができた。

日本創世の神を祀《まつ》る神社

兵庫県淡路島の南に、沼島《ぬしま》という小島がある。ここが日本列島の中で最初にできた淤能碁呂島《おのごろしま》だと伝わる。『古事記』によると、伊《い》邪那岐神《ざなぎのかみ》、伊邪那美神《いざなみのかみ》が、混沌を矛でかき混ぜたとき、コロコロと音が鳴ったという。

沼島の南部を形作る小高い山は、山全体が御神体とされ、地元の人々から崇められている。頂上付近に建つのは自凝《おのころ》（おのころ）神社。淤能碁呂と表記は異なるが、自ずから凝り固まるの意味をもつ。ここには、伊邪那岐神、伊邪那美神が祀られている。

また沼島の南東部の海岸には、高さが約30メートルという、上立《かみたて》神岩《がみいわ》が立つ。これは、二神が交わる前に回った天御柱ともいわれている。

淡路島には、伊邪那岐神、伊邪那美神とともに水蛭子《ひるこ》も祀った岩《いわ》樟《くす》（楠）神社がある。国生みに失敗したものとされた水蛭子であったが、のちに民俗神の恵比寿と結びつき、各地で商売繁盛の神として、信仰の対象となったのだった。

水蛭子《ひるこ》

伊邪那岐神と伊邪那美神の間で最初に生まれた子。ヒルのように骨がなく、体が不自由だったため、葦の舟に乗せられ、海に流された。のちに七福神のうちの恵比寿神と同一視されるようになった。

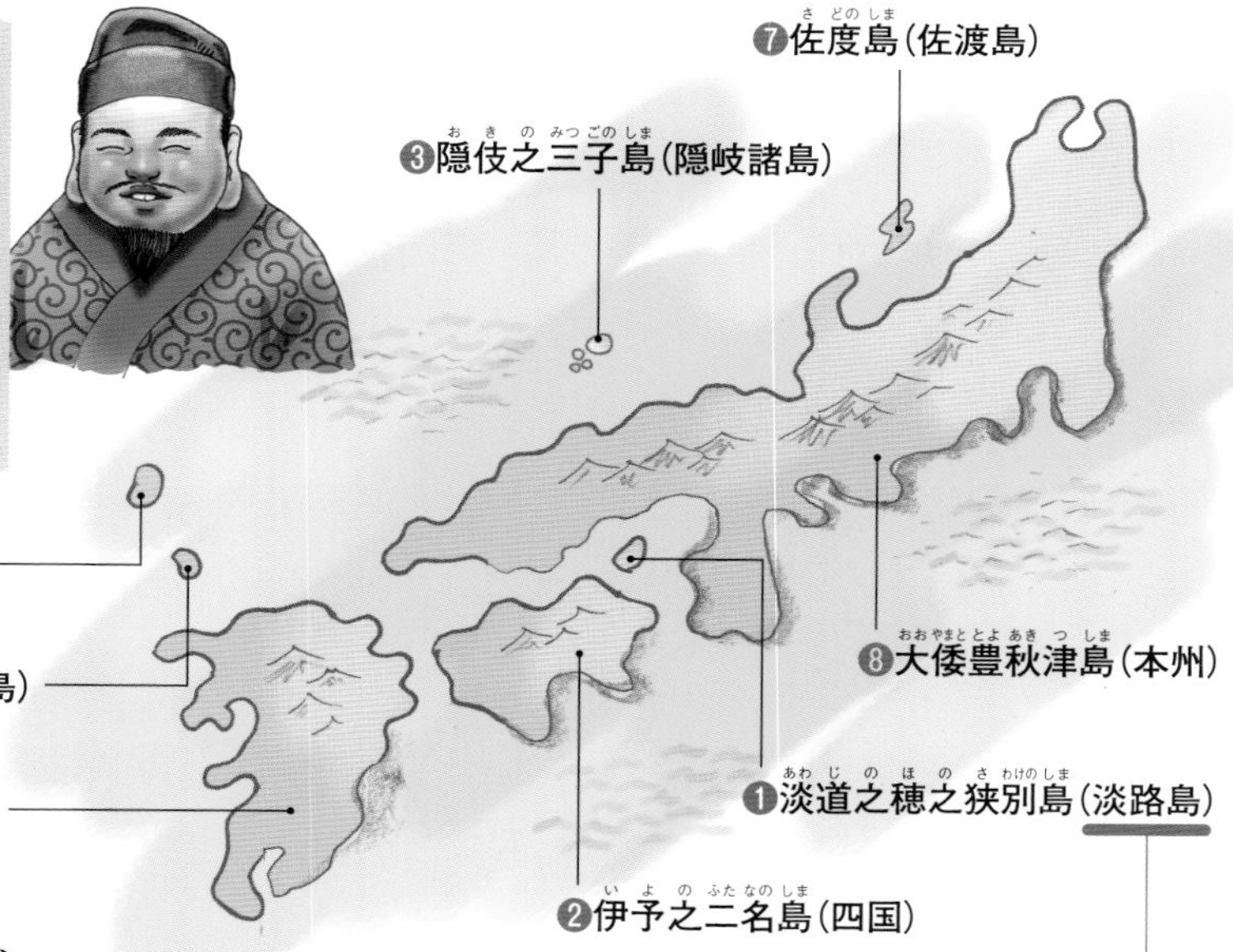

国生みで生まれた島々

伊邪那岐神と伊邪那美神の国生みによって、北海道と沖縄をのぞく日本列島が生まれた。8つの島から成るので、「大八島国《おおやしまのくに》」といわれる。

神生みで生まれた神々

伊邪那岐神と伊邪那美神の神生みによって、住居・自然・生産などを司る多くの神々が生まれた。

大事忍男神《おおことおしおのかみ》

住居に関わる神（家宅六神）
- 石土毘古神《いわつちびこのかみ》(石や土の神)
- 石巣比売神《いわすひめのかみ》(石や砂の神)
- 大戸日別神《おおとひわけのかみ》(家の戸口の神)
- 天之吹男神《あめのふきおのかみ》(屋根葺きの神)
- 大屋毘古神《おおやびこのかみ》(家屋の神)
- 風木津別之忍男神《かぜもつわけのおしおのかみ》

自然に関わる神
- 大綿津見神《おおわたつみのかみ》(海の神)
- 速秋津日子神《はやあきつひこのかみ》(河口の神)
- 速秋津比売神《はやあきつひめのかみ》(河口の神)
- 志那都比古神《しなつひこのかみ》(風の神)
- 久久能智神《くくのちのかみ》(木の神)
- 大山津見神《おおやまつみのかみ》(山の神)
- 鹿屋野比売神《かやのひめのかみ》(野の神)

生産に関わる神
- 鳥之石楠船神《とりのいわくすふねのかみ》(船の神)
- 大宜都比売神《おおげつひめのかみ》(穀物や食物の神)
- 火之迦具土神《ひのかぐつちのかみ》(火の神)

伊邪那美神の死で生まれた神々

伊邪那美神が苦しみ、死に至るまでの間に、産業においてはなくてはならない神々が生まれた。

嘔吐物から生まれる
- 金山毘古神《かなやまびこのかみ》(鉱山の神)
- 金山毘売神《かなやまびめのかみ》(鉱山の神)

大便から生まれる
- 波邇夜須毘古神《はにやすびこのかみ》(粘土の神)
- 波邇夜須毘売神《はにやすびめのかみ》(粘土の神)

尿から生まれる
- 弥都波能売神《みづはのめのかみ》(灌漑用水の神)
- 和久産巣日神《わくむすひのかみ》(農業生産の神)

淡路島にある国生みゆかりの地

国生みで最初に生まれたという淡路島には、国生み神話ゆかりの場所が数多く存在する。

【自凝《おのころ》(おのころ)神社】

兵庫県南あわじ市。沼島は、淡路島の南海上4.6kmにある離島。「淤能碁呂島《おのごろしま》」だとされる場所の一つで、「沼」は「沼矛」に由来するともいわれる。自凝神社は、その沼島の小高い山にあり、伊邪那岐神と伊邪那美神を祀る。

【上立神岩《かみたてがみいわ》】

兵庫県南あわじ市。沼島の海岸線に点在する奇岩の中で、東南海岸に高さ約30mの屹立する巨岩が上立神岩。伊邪那岐神と伊邪那美神が「淤能碁呂島」に降り立ち、周囲をまわったという、「天御柱」だともいわれる。

【絵島《えしま》】

兵庫県淡路市。淡路島の北端に浮かぶ。長年の風波に洗われた造形美によって、絵島を「淤能碁呂島」という説もある。近くにある恵比須神社の奥、岩屋城跡の城山の崖下の洞窟には、水蛭子を祀る岩樟(楠)神社がある。

黄《よ》泉《みの》国《くに》

●あらすじ

三十五柱の神を産んだ伊《い》邪那美神《ざなみのかみ》は、火之迦具土神《ひのかぐつちのかみ》を産んだとき、性器を火傷したために死んでしまう。

悲しんだ伊邪那岐神《いざなぎのかみ》は、死者の住む黄泉国《よみのくに》へと向かう。扉の前で待てと伊邪那美神に言われながらも、我慢できずに扉を開けると、腐って変わり果てた伊邪那美神の姿があった。

伊邪那岐神が逃げると、激怒した伊邪那美神は、黄《よ》泉醜女《もつしこめ》ら追っ手と共に追いかけてくる。何とか逃げ延びた伊邪那岐神は、大岩で黄泉国の出入り口をふさいだ。

伊邪那岐神が穢《けが》れを落とす禊《みそ》ぎをすると、神々が生まれる。最後に生まれたのが、天照大御神《あまてらすおおみかみ》、月読命《つくよみのみこと》、須佐之男命《すさのおのみこと》の三貴子だった。

伊邪那岐神《いざなぎのかみ》の生還と禊ぎ

伊邪那美神《いざなみのかみ》の葬られた場所には、いくつか説がある。巨岩を御神体とする花《はな》の窟《いわや》神社（三重県）はその一つ。火之迦具土神《ひのかぐつちのかみ》と伊邪那美神が祀られている。また『古事記』では、出雲（島根県）と伯耆《ほうき》（鳥取県）の境にあったとされる、比婆山《ひばやま》（現在の広島県）辺りともいわれる。

伊邪那美神との約束を破って扉の中をのぞいた伊邪那岐神は、黄泉軍、黄泉醜女《よもつしこめ》らに追われる。伊邪那岐神が逃げ延びた黄泉国の出入り口は、黄泉比良坂《よもつひらさか》（島根県）とされ、その地に建つ揖夜《いや》神社の南東には、実際に大岩がある。

生還した伊邪那岐神は、穢れを落とすために禊ぎをする。その地が筑紫の阿波岐原《あわぎはら》（宮崎県）とされ、今に残るみそぎ池の近くには、江田神社が建つ。

伊邪那岐神が脱ぎ捨てたものからは十二柱の神が、穢れを拭うと十一柱の神が誕生したという。最後に左右の目と鼻を洗うと、それぞれから、天照大御神《あまてらすおおみかみ》、月読命《つくよみのみこと》、須佐之男命《すさのおのみこと》が誕生した。

伊邪那岐神の禊ぎから生まれた神々

身に着けていたものを次々と捨てていくと12神が生まれ、水に入って身体をすすぐと11神が生まれ、最後に左右の目と鼻を洗うと3神が生まれた。

捨てたものから → 体を洗うと… → 最後に

捨てたものから

杖	衝立船戸神《つきたつふなとのかみ》	陸路の神
衣	和豆良比能宇斯能神《わずらひのうしのかみ》	陸路の神
帯	道之長乳歯神《みちのながちはのかみ》	陸路の神
袴	道俣神《ちまたのかみ》	陸路の神
袋	時量師神《ときはかしのかみ》	陸路の神
冠	飽咋之宇斯能神《あきぐいのうしのかみ》	陸路の神
左の腕輪	奥疎神《おきざかるのかみ》	海路の神
左の腕輪	奥津那芸佐毘古神《おきつなぎさびこのかみ》	海路の神
左の腕輪	奥津甲斐弁羅神《おきつかいべらのかみ》	海路の神
右の腕輪	辺疎神《へざかるのかみ》	海路の神
右の腕輪	辺津那芸佐毘古神《へつなぎさびこのかみ》	海路の神
右の腕輪	辺津甲斐弁羅神《へつかいべらのかみ》	海路の神

体を洗うと…

穢れを払う	八十禍津日神《やそまがつひのかみ》(災厄を起こす神)
穢れを払う	大禍津日神《おおまがつひのかみ》(災厄を起こす神)
穢れをただす	神直毘神《かみなおびのかみ》(凶事を吉事に直す神)
穢れをただす	大直毘神《おおなおびのかみ》(凶事を吉事に直す神)
穢れをただす	伊豆能売神《いずのめのかみ》(禍をただす神)

	綿津見三神(海の神)	住吉三神(航海の神)
水面ですすぐ	上津綿津見神《うわつわたつみのかみ》	上筒之男命《うわつつのおのみこと》
水中ですすぐ	中津綿津見神《なかつわたつみのかみ》	中筒之男命《なかつつのおのみこと》
水底ですすぐ	底津綿津見神《そこつわたつみのかみ》	底筒之男命《そこつつのおのみこと》

最後に

左目を洗う	天照大御神(太陽の神、高天原を治める)
右目を洗う	月読命(月の神、夜の国を治める)
鼻を洗う	須佐之男命(暴風の神、海原を治める)

黄泉国ゆかりの地

【黄泉比良坂《よもつひらさか》】

島根県松江市東出雲町揖屋は黄泉比良坂があった場所として、昭和15年(1940)に「神蹟黄泉比良坂伊賦夜《いふや》坂伝説地」の石碑が建立された。近くには、伊邪那美神を祀る揖夜神社がある。

【比婆山《ひばやま》】

中国山地中部、広島県庄原市にある標高1264mの山。島根県や鳥取県との県境にも近い。山頂には「御陵」と呼ばれる苔むした大岩があり、伊邪那美神の陵墓と伝えられている。

【みそぎ池】

阿波岐原(宮崎県宮崎市)は伊邪那岐神の禊ぎがあった場所とされ、全国の神社であげられる「祝詞」の冒頭でも読み上げられている。近くには、伊邪那岐神を祀る江田神社がある。

火之迦具土神《ひのかぐつちのかみ》

神生みの最後に生まれた火の神。この出産により伊邪那美神は死に至り、妻を失った伊邪那岐神は悲しみのあまり火之迦具土神を剣で切り殺した。秋葉信仰などでは、転じて火除けの神として祀られる。

誓《う》約《けい》

●あらすじ

須佐之男命《すさのおのみこと》は伊邪那岐神《いざなぎのかみ》から海原の統治を任されるが、わがままが原因で世は乱れた。怒った伊邪那岐神から冥界行きを命じられた須佐之男命は、荒々しい態度で姉の天照大御神《あまてらすおおみかみ》のもとへ挨拶に行く。

天照大御神は須佐之男命が高天原《たかまのはら》を奪いに来たと勘違いしたため、須佐之男命は誓約を提案。それは天照大御神と持ち物を交換して神生みをすることだった。

すると天照大御神の勾玉《まがたま》からは五柱の男神が、須佐之男命の十拳剣《とつかのつるぎ》からは三柱の女神が生まれる。須佐之男命は女神の誕生を自分の清廉さの証だとし、誓約の勝利を宣言したのだった。

姉弟の誓約
姉・天照大御神に信用されなかった弟・須佐之男命は、自らの身の潔白を証明するために誓約を提案した。

誤解を解こうとした占い

天照大御神《あまてらすおおみかみ》、月読命《つくよみのみこと》、須佐之男《すさのおの》命《みこと》は、それぞれ太陽、月、暴風を司る神だ。この三柱は神の中でも最も貴いとされ、三貴子とよばれる。天照大御神は高天原、月読命は夜の国、須佐之男命は海原の統治を、それぞれ伊邪那岐神から任じられた。

須佐之男命が身の潔白を示すため、天照大御神に提案した誓約とは、占いのことだ。互いの持ち物を交換して口に含んで噛み、息を吹き出して神を生む。

十拳剣《とつかのつるぎ》を使って天照大御神の口から生まれた女神は、宗像《むなかた》三女神とよばれ、宗像大社（福岡県）をはじめとする、海上交通の要地に祀られている。

須佐之男命の息から生まれた、男神の天忍穂耳命《あめのおしほみみのみこと》は、瓊瓊芸命《ににぎのみこと》（32ページ）の父で、天皇家の祖先とされている。英彦山《ひこさん》（福岡県）に降臨したと伝えられ、中岳山頂には英彦山神宮の御本社が建つ。

月読命を祀る神社は多くはないが、伊勢神宮の別宮の月読宮や、月読神社が各地にある。

誓約で生まれた神々

古事記では、もともとの持ち主を親とするため、5柱の男神は天照大御神の子となり、3柱の女神は須佐之男命の子となる。

天照大御神の誓約

須佐之男命の十拳剣から3柱の女神が生まれた。

剣を3つに折る → 天照大御神が剣を噛み砕き、息を吹き出す
- → 多《た》紀《き》理《り》毘《び》売命《めのみこと》
- → 市《いち》寸《き》島《しま》比《ひ》売命《めのみこと》
- → 多《た》岐《き》都《つ》比《ひ》売命《めのみこと》

三柱の女神＝須佐之男命の子

航海の安全を守る海の神として、宗像大社（福岡県）に祀られ、「宗像三女神」と呼ばれる。

宗像《むなかた》三女神

誓約で生まれ、須佐之男命の子とされる、多紀理毘売命、多岐都比売命、市寸島比売命の3柱の女神。「多紀理」＝「滾《たぎ》り（激しい流れ）」、「多岐都」＝「滾つ（激しく流れる）」、「市寸島」＝「斎《いつ》き島（聖なる島）」のこととされる。海上交通を守る海の神々として古くから信仰されてきた。

須佐之男命の誓約

天照大御神の八尺の勾玉から5柱の男神が生まれた。

須佐之男命が勾玉を噛み砕き、息を吹き出す
- 左のみずらの勾玉 → 天《あめ》之《の》忍《おし》穂《ほ》耳命《みみのみこと》
  - 天孫降臨の邇邇芸命の父
- 右のみずらの勾玉 → 天《あめ》之《の》菩《ほ》卑《ひ》能《の》命《みこと》
  - 国譲りの使者
- かずらの勾玉 → 天《あま》津《つ》日《ひ》子《こ》根命《ねのみこと》
- 左手の勾玉 → 活《いく》津《つ》日《ひ》子《こ》根命《ねのみこと》
- 右手の勾玉 → 熊《くま》野《の》久《く》須《す》毘命《びのみこと》

五柱の男神＝天照大御神の子

月《つく》読《よみの》命《みこと》

伊邪那岐神の禊ぎで右目から生まれた男神で、夜の国の統治を任された月の神。月齢を数え、月の満ち欠けを支配するとされ、月齢と関係の深い農業や、潮の満ち引きに影響される漁業の神ともなった。

誓約ゆかりの地

【神魂《かもす》神社】

松江市。伊《い》弉《ざ》冊《なみの》大《おお》神《かみ》（伊邪那美神）を主祭神とし、天之菩卑能命が創建したと伝えられる。天之菩卑能命は国譲り後も出雲の大国主神に仕えて、出雲国造家などの祖神とされる。

【宗像《むなかた》大社】

福岡県宗像市。宗像大社は九州本土の辺《へ》津《つ》宮《ぐう》、筑前大島の中《なか》津《つ》宮《ぐう》、沖ノ島の沖《おき》津《つ》宮《ぐう》の3宮からなり、「宗像三女神」を祀る。世界文化遺産にも登録されている。詳しくは84ページ。

【天安河原《あまのやすかわら》】

宮崎県高千穂町。河原の中央部にある仰《ぎょう》慕《ぼ》ヶ《が》窟《いわや》と呼ばれる洞窟には天安河原宮が置かれている。小石を積んで願うと叶うとの伝承があり、洞窟の中では多数の石積みがみられる。

【英《ひ》彦《こ》山《さん》】

福岡県添田町。英彦山は北岳・中岳・南岳からなる。中岳の山頂には英彦山神宮の上宮があり、山腹にかけて中津宮・下津宮と続く。天之忍穂耳命が降臨した地とも伝えられている。

※天《あまの》岩《いわ》戸《と》

●あらすじ

高天原《たかまのはら》に居座った須佐之《すさの》男命《おのみこと》は、乱暴狼藉《ろうぜき》を働く。須佐之男命の姉の天照大御《あまてらすおおみ》神《かみ》は、責任を感じて悲痛に暮れ、天岩戸《あまのいわと》の中にこもってしまう。

世界は闇に閉ざされ、悪神が跋扈《ばっこ》して災いに満たされた。困った神々は、知恵の神の案で大宴会を始める。天宇受売命《あめのうずめのみこと》は着物をはだけて激しく踊り、神々は大笑い。その騒ぎを聞いた天照大御神が、不思議に思い天岩戸のすき間から顔を出す。そして差し出された鏡を見ようと、身を乗り出したすきに、天手力男神《あめのたぢからおのかみ》が天岩戸を押し開き、天照大御神を外へ連れ出したのだった。

天照大御神《あまてらすおおみかみ》を誘い出した策

天岩戸の神話の舞台は、岩戸川流域にある天岩戸神社（宮崎県）周辺とされている。天照大御神がこもった天岩屋《あまのいわや》とは洞窟のことで、洞窟の入口をふさいだ岩が天岩戸だ。実際に天岩戸神社西本宮の拝殿から、岩戸川をはさんだ対岸に、禁足の洞窟がある。御神体は岩で、これが天岩戸といわれている。

天岩戸神社周辺では、神々が天照を連れ出す相談をしたといわれる天安河原《あまのやすかわら》や、天宇受売命《あめのうずめのみこと》が手に持って舞ったといわれる招霊《おがたま》の木も見ることができる。

いっぽうで、天手力男神《あめのたぢからおのかみ》が天岩戸を地上に投げ飛ばしたという伝承も残っている。すごい地響きとともにできたのが戸隠《とがくし》山（長野県）とされ、中腹に戸隠神社が建てられている。祀られている思金神《おもいかねのかみ》は、天照大御神を誘い出すために宴会を開くという発案をした知恵の神だ。

天岩戸から顔を出した天照大御神を映した鏡は八咫鏡《やたかがみ》。後に三種の神器の一つとなり、伊勢神宮（三重県）の御神体でもある。

※『古事記』では「天岩屋戸」だが、ここでは「天岩戸」とした。

天岩戸での神々の役割

天岩戸の中にこもった天照大御神を引っ張り出すために、神々は知恵を絞り力を合わせて大芝居をうった。

神々が天安河原に集まり、①思金神が対策を考える。

知恵・学問の神

↓

暁を告げる長鳴鳥（鶏）を集めて、天岩戸の前で鳴かせる。

↓

鋳物・金属加工の神

伊《い》斯《し》許《こ》理《り》度《ど》売命《めのみこと》に鏡を、玉祖命《たまおやのみこと》に勾玉を、それぞれ制作させる。

古代の勾玉や管玉を作る集団である玉造部の祖神

↓

古代の神事・祭祀をつかさどった中臣氏の祖神

②天児屋命と③布刀玉命を呼び、鹿の骨などで占いをさせる。

古代の神事・祭祀をつかさどった忌部氏の祖神

↓

鏡と勾玉などをかけた木を神への供え物として、③布刀玉命が天岩戸の前で奉げ持つ。

↓

②天児屋命が天岩戸の前で祝詞《のりと》を唱え、④天手力男神が天岩戸の脇に隠れる。

力・技芸の神

↓

⑤天宇受売命が天岩戸の前で踊りだし、高天原が鳴り轟くほど神々が笑い転げる。

↓

外の様子が気になった天照大御神が天岩戸を少し開けると鏡が差し出される。

↓

天照大御神が鏡を見ようと天岩戸をさらに開けると、④天手力男神が外へ引き出す。

↓

③布刀玉命が注連縄を入口に張り、天照大御神が再び中に入らないようにする。

天岩戸ゆかりの地

【戸《と》隠《がくし》山】

長野市にある標高1904mの山で、戸隠連峰の一峰。「戸隠」という名は、天手力男神が天岩戸をここまで投げ飛ばした伝説に由来するとされる。山の麓には戸隠神社が鎮座する。

【天岩《あまのいわ》戸《と》神社】

宮崎県高千穂町。東西にわかれて2つの本宮がある。西本宮の後方の岩戸川を挟んだ対岸に神体とされる洞窟（天岩戸とされる）があるが、禁足地とされており、拝殿裏手から遥拝する。

【重ね岩（戸隠神社）】

岐阜県郡上市。創建年代は不詳だが、平安時代には存在が確認される。手《た》力《ぢから》男《お》之《の》命《みこと》（天手力男神）を祀る。境内に割れた天岩戸の片割れが飛んできたとされる重ね岩という奇岩がある。

【日前《ひのくま》神宮・國懸《くにかかす》神宮】

和歌山市。1つの境内に日前神宮・國懸神宮の2つの神社があり、総称して日前《にちぜん》宮《ぐう》とも呼ばれる。八咫鏡に先立って鋳造された鏡である日《ひ》像鏡《がたのかがみ》・日《ひ》矛鏡《ほこのかがみ》が神体となっている。

八《や》俣《またの》遠《お》呂《ろ》智《ち》

●あらすじ

高天原《たかまのはら》を追われた須佐《すさ》之男命《のおのみこと》は、出雲国（島根県）に降り立つ。そこで会ったのは、泣き悲しむ老人。聞けば、八俣遠呂《やまたのおろ》智《ち》という頭と尾が八つずつある大蛇が、八柱の娘を毎年食べていき、残った櫛名田比売《くしなだひめ》も今年食べられる運命だという。

須佐之男命は、強い酒を八つの桶に入れ、八つの門の前に置いて待つ。そして大蛇が現れて酒を飲み、酔いつぶれたところへ斬りかかり、見事に退治。須佐之男命は櫛名田比売を妻に迎え、宮殿を建てたのだった。

八俣遠呂智《やまたのおろち》
古来から氾濫を繰り返してきた斐伊川を象徴したものといわれる。尾の中には草《くさ》薙剣《なぎのつるぎ》がある。頭上には常に雲があったとされることから、雨を降らせる水の神でもあるという。

須佐之男命《すさのおのみこと》
大蛇退治により出雲国では英雄神になった須佐之男命は、出雲地方の祖神としても信仰されている。

大蛇退治
須佐之男命は、櫛名田比売を妻とする承諾をとりつけ、代わりに八俣遠呂智を退治することになった。

荒くれから英雄へ

「スサノオ」の名は、「荒ぶ」「凄まじい」の意味を持つ。気性が激しく荒々しい振る舞いは、自然の暴威を表しているとも考えられる。

髪と爪を抜かれて高天原《たかまのはら》を追われた須佐之男命《すさのおのみこと》であるが、八俣遠《やまたのお》呂智《ろち》退治を機に、知略にも優れる英雄神へ変貌をとげた。

大蛇退治は、出雲《いずも》（島根県）の斐伊《ひい》川の治水工事を象徴しているとの見方もある。米作りが生活の中心だった古代人にとって、治水を行う者は英雄だったのだ。実際須佐之男命は、全国各地で五穀豊穣神としても祀られている。

須佐之男命が櫛名田比売《くしなだひめ》と結ばれた後に、日本初の宮殿を建てたとされ、現在の須我《すが》神社といわれる。須佐之男命がこの地に到り、「心が清々しくなった」と言ったことが社名の由来とされている。

またこのとき八色の雲を見た須佐之男命が「八雲立つ　出雲八重垣　妻籠《ご》みに　八重垣つくる　その八重垣を」とよんだ歌は、日本で最初の和歌といわれ、出雲の名の起源になったとされている。

八俣遠呂智退治のゆかりの地

斐伊川沿いには、物語の発端から大蛇退治までを追うように、ゆかりの地が点在している。

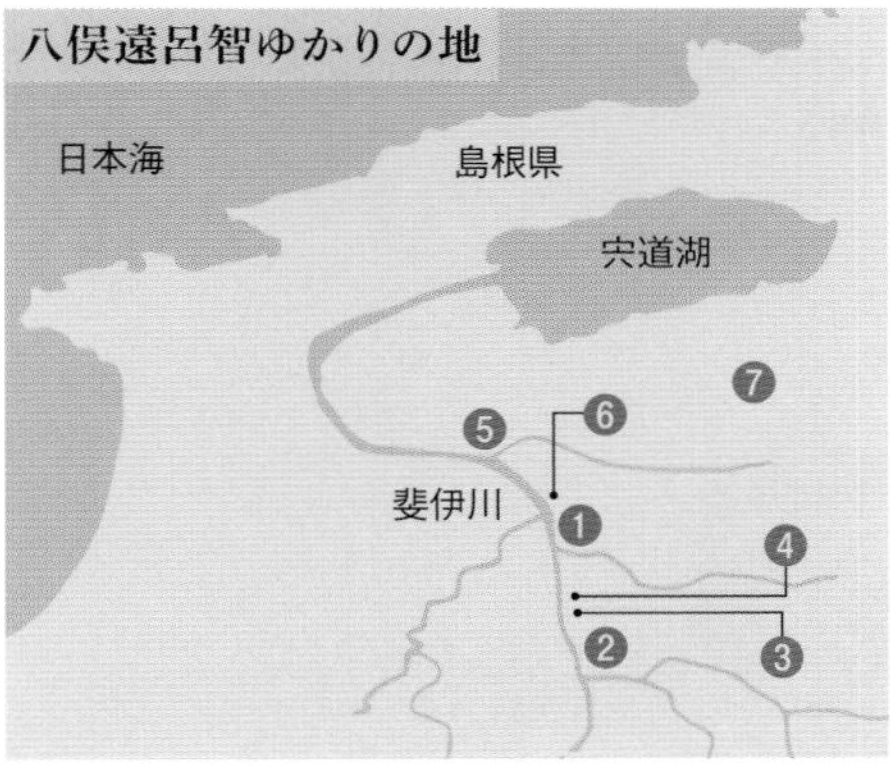

地図中の❶〜❼は、それぞれ図中の❶〜❼の位置を示す。

櫛名田比売《くしなだひめ》
大山津見神《おおやまつみのかみ》(33ページ)の子である足名椎《あしなづち》・手名椎《てなづち》の夫婦の8柱の娘の中で最後に残った1柱。「櫛名田」は「霊妙な稲田」という意味で、豊穣を象徴する水田の守護神。

❶高天原を追放され、出雲国に降り立った須佐之男命は、肥河《ひのかわ》という川(斐伊川)のほとりで、箸が流れてくるのを見つけた。

八岐大蛇《やまたのおろち》公園
須佐之男命が箸を拾ったのがこのあたりとされている。

↓

❷須佐之男命が誰かがいると思い川を上っていくと屋敷があり、そこには娘が八俣遠呂智に食べられてしまうと娘の手をとって涙を流す夫婦がいた。

温泉《おんせん》神社
夫婦(足名椎命・手名椎命)が住んでいたといわれる。

↓

❸事情を知った須佐之男命は、まず娘を妻に迎えるのを条件に八俣遠呂智退治を請け負った。そして度数の高い酒をつくるように夫婦に命じた。

天《あま》が淵《ふち》
八俣遠呂智が住んでいた場所と伝わっている。

↓

❹さらに、屋敷の周囲に垣根をはりめぐらして8つの門をつくらせ、それぞれにつくった強い酒で満たした器を置かせて、退治の準備を整えた。

印瀬《いんぜ》の壺神《つぼがみ》(八口《やぐち》神社)
酒を入れた壷のひとつと伝わる壷を祀っている。

↓

❺やがて八俣遠呂智が姿をあらわした。八俣遠呂智は8つの頭をそれぞれの器に突っ込んで酒を飲みほすと、酔いがまわって倒れこんでしまった。

草枕山
酔って寝た八俣遠呂智が枕にしたとされる山。

↓

❻そのすきに、十拳剣《とつかのつるぎ》を持った須佐之男命が八俣遠呂智を切り刻んで退治した。なお、八俣遠呂智の胴体の中からは草薙剣があらわれた。

八本杉《はちほんすぎ》
大蛇の8つの首を埋め8本の杉を植えたといわれる。

↓

❼須佐之男命は、草薙剣を天照大御神《あまてらすおおみかみ》に献上した。また、娘を娶って宮殿を建てて暮らし、出雲国には須佐之男命の子孫が増えていった。

須我《すが》神社
須佐之男命と櫛名田比売の宮殿跡と伝えられる。

国造り

●あらすじ

須佐之男命《すさのおのみこと》の6代目子孫に当たる大国主神《おおくにぬしのかみ》は、あるとき海岸で、サメを騙したために毛皮を剝がされた素《しろ》兎《うさぎ》に出会った。兄神たちが意地悪をしたのに対し、大国主神が正しい治療法を教えたところ、素兎の予言通り、大国主神は美女の八上《やかみ》比売《ひめ》と結婚する。

嫉妬した兄神たちから迫害を受けた大国主神は、逃げた先で、須勢理毘売命《すせりびめのみこと》と恋に落ちる。姫の父・須佐之男命は3つの試練を与えるが、大国主神は乗り切った。そして結婚を許され、地上統治を命じられる。

兄神たちを追放した大国主神は、国造りに着手したのだった。

日本神話のヒーロー

大国主神《おおくにぬしのかみ》は、もとの名を大穴牟《おおなむ》遅神《ちのかみ》といった。大国主神の名は、6代前の須佐之男命《すさのおのみこと》から葦原中《あしはらのなかつ》国《くに》（地上世界）を支配するように命じられたときにもらった名だ。

稲羽《いなば》の素兎《しろうさぎ》のエピソードは、大国主神の優しさと賢さの象徴。そして迫害や試練を乗り越える話は、たくましい生命力を表している。大国主神は日本神話のヒーローといえるだろう。

大国主神は、国造りを少名毘古《すくなびこ》那神《なのかみ》と共に行った。少名毘古那神は、ガガイモの実の船で登場する小さな神。知恵に富み、穀物や医療を司るとされる。少名毘古那神を祀る粟島《あわしま》神社は各地にあるが、熊本県宇土《うと》市の粟嶋神社には、日本一小さい鳥居がある。

その後少名毘古那神が常世《とこよ》の国へ去り、大国主神が途方にくれたところへ、国造りの完成に協力すると申し出る神が現れた。大国主神が三輪山《みわやま》（奈良県）に祀ったとされる大物主神《おおものぬしのかみ》だ。現在も大神《おおみわ》神社は、三輪山を御神体としている（44ページ）。

大国主神の妻たちの地

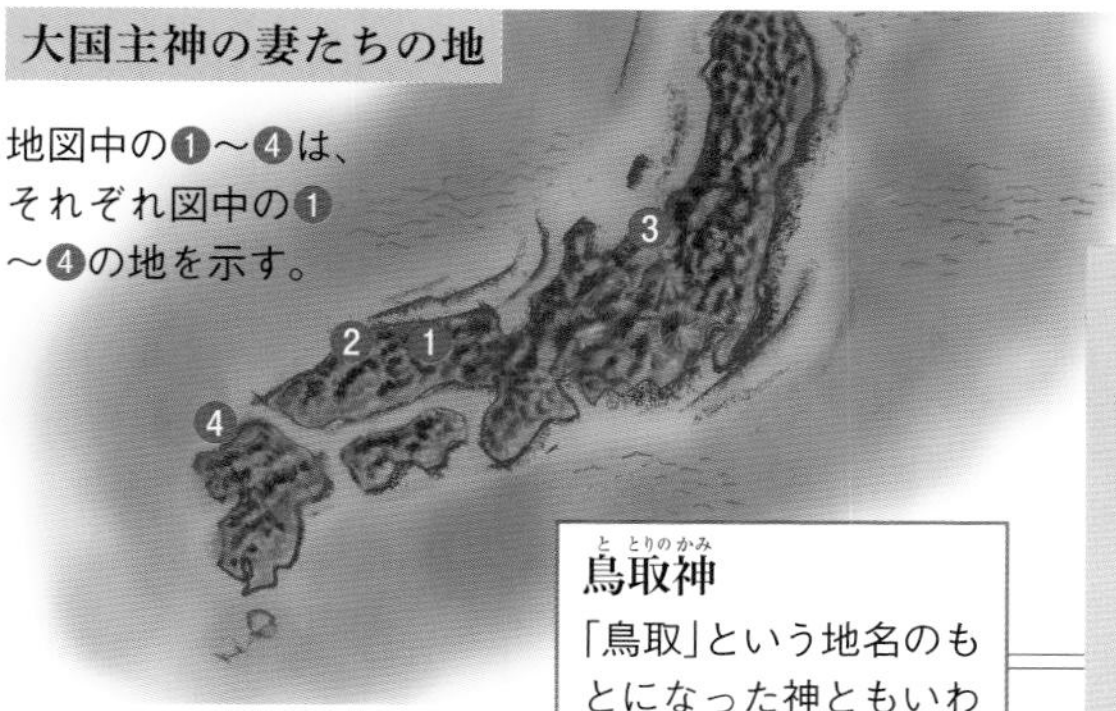

地図中の❶～❹は、それぞれ図中の❶～❹の地を示す。

大国主神周辺の系譜

「大穴牟遅神」などの異名があり、妻子が多い大国主神は、多くの神々がまとめられた神だとされる。

大国主神　6柱の妻と180柱の子を持つとされる。

須勢理毘売命《すせりびめのみこと》…❷出雲
須佐之男命の娘で大国主神の正妻。根の国で大国主神が須佐之男命から与えられた試練を乗り越える助言や手助けをする。夫の妻問いの相手の沼河比売などに対し激しく嫉妬する。

鳥取神《ととりのかみ》
「鳥取」という地名のもとになった神ともいわれるが、不明。

八上比売《やかみひめ》…❶因幡
「八上」は、因幡国八上郡(現在の鳥取県八頭郡)のこととされる。大国主神の最初の妻だったが、正妻となった須勢理毘売命の嫉妬を恐れ、因幡へ帰ってしまう。

沼河比売《ぬなかわひめ》…❸越
高志(越、律令制下の北陸道の大部分)国の沼河に住む。「沼河」は、現在の姫川(新潟県・長野県)のこととされる。大国主神が妻にしようと沼河比売の家の外から求婚の歌を詠み、それに返歌して結婚した。

多紀理毘売命《たきりびめのみこと》…❹宗像
「宗像三女神」の1柱なので、須勢理毘売命と同様に須佐之男命の娘とされる。

神屋楯比売命《かむやたてひめのみこと》
古事記では名前だけの記述で、詳細は不明。

木俣神《きまたのかみ》
母・八上比売が因幡へ帰る際、木の俣に刺し挟んで残したとされる。木の神や水の神などとして祀られる。

下照比売命《したてるひめのみこと》
「国譲り」で登場(→p31)。

事代主神《ことしろぬしのかみ》
「国譲り」で登場(→p30)。

建御名方神《たけみなかたのかみ》
「国譲り」で登場(→p30)。

国造りゆかりの地

【白兎《はくと》海岸】

鳥取市。大国主神が稲羽の素兎に出会った場所だと伝わる。すぐ沖には、稲羽の素兎の出発点とされる淤岐島があるが、古事記の「淤岐島」は、島根県沖の隠岐島とする説もある。

【粟嶋《あわしま》神社】

熊本県宇土市にあり、粟嶋大明神(＝少名毘古那神)を祀っている神社。境内には縦・横30cmの鳥居が3基あり、これをくぐると心身の病気平癒などに霊験あらたかとの言い伝えがある。

少名毘古那神《すくなびこなのかみ》
国造りで大国主神とともに、病を除く法や虫害・鳥獣の害を除去する法を定めたとされ、医薬の神などとして祀られる。小さい神のため、一寸法師などの説話のもとともいわれる。

国《くに》譲《ゆず》り

● **あらすじ**

　国造りが完成。栄える葦原中国《あしはらのなかつくに》を見た天照大御神《あまてらすおおみかみ》は、我が子に治めさせたいと望み、使者を派遣した。だが3回にわたり失敗。４回目の使者の建御雷神《たけみかづちのかみ》が大国主神《おおくにぬしのかみ》に国譲りを迫ると、大国主神の息子の建御名方神《たけみなかたのかみ》が、建御雷神に力比べを挑んだ。

　すると建御雷神は建御名方神を投げ飛ばし、逃げる建御名方神を信濃（長野県）の諏訪湖まで追い詰める。そして二度とその地を出ないことと国譲りを誓わせた。大国主神は、高くそびえる宮殿の建築を条件に、国を譲ったのだった。

高さ48mで、現代でいうと15階建てのビルに匹敵する。高床までは30mほどの高さがあり、階段の長さは100mを越えるとされる。『古代出雲大社の復元』（学生社）を参考にイラスト作成。

巨大な宮殿

国譲りの条件の宮殿は、現在の出雲大社とされる。正式には「いずもおおやしろ」と読む。古くは地名にちなんで杵築《きづき》大社と呼ばれていたが、明治４年（1871）に出雲大社に改称された。

切り札使者との交渉

　高天原《たかまのはら》から葦原中国《あしはらのなかつくに》へ、満を持して送り込まれた国譲りの使者は、武神の建御雷神《たけみかづちのかみ》。十拳剣《とつかのつるぎ》を抜いて逆さまに立て、剣先の上にあぐらをかいて交渉を始めたという豪傑神だ。現在では鹿島神宮（茨城県）の祭神として祀られている。

　国譲りを受け入れるかどうか、大国主神《おおくにぬしのかみ》は息子の事代主神《ことしろぬしのかみ》と建御《たけみ》名方神《なかたのかみ》に相談した。その地が現在の美保神社（島根県）だという。事代主神は、国譲りの要求を受け入れるべきと述べ、海へ身を隠す。事代主神を祀る美保神社では、現在も神事でそれを再現している。

　いっぽう建御雷神に敗れ、諏訪から出られなくなった建御名方神は、諏訪大社に祀られている。

　大国主神が国譲りの交換条件として建てさせた大空にそびえ立つ宮殿は、出雲大社《いずもおおやしろ》とされる。現在の本殿の高さは約24メートルだが、古代の本殿は、48メートルとも96メートルとも伝えられている。

　１８０にものぼる神々の親となった大国主は、最強の縁結びの神として出雲大社に祀られている。

国譲りが実現するまで

高天原から葦原中国へ建御雷神を含めて、合計4柱(実際に行ったのは3柱)の使者が送られた。

❶天忍《あめのおし》穂《ほ》耳命《みみのみこと》は下界をのぞき、統治できる状態ではないと報告した。

↓ **誓約で生まれた天照大御神の子**

❷天《あめ》之《の》菩《ほ》卑《ひ》能《の》命《みこと》が派遣されたが、大国主神の家来となり、3年たっても戻らなかった。

↓ **天照大御神との系譜関係は不明**

❸天若《あめのわか》日《ひ》子《こ》が派遣されたが、下《した》照《てる》比《ひ》売命《めのみこと》と結婚し、8年たっても戻らなかった。

↓ **大国主神と「宗像三女神」の1柱の多《た》紀《き》理《り》毘《び》売《め》命《のみこと》の子**

❹建御雷神が派遣され、ついに国譲りが実現した。

建《たけ》御《み》雷神《かづちのかみ》

伊《い》邪《ざ》那《な》岐神《ぎのかみ》が殺した火《ひ》之《の》迦《か》具《ぐ》土神《つちのかみ》の血から生まれた。語源は「猛々しく(=たけ)厳しい力(=みか)の(=つ)神霊(=ち)」との説もある。勇猛によって秩序を守る武神とされる。

建《たけ》御《み》名《な》方神《かたのかみ》

大国主神の子。「みなかた」の由来は「水潟」など諸説ある。各地の古代豪族が制圧された象徴ともされる。武神としての信仰が強いほか、農耕神や狩猟神の性格も色濃く帯びる。

国譲りゆかりの地

【稲《いな》佐《さ》の浜】

島根県出雲市の出雲大社近く。建御雷神が現れ、大国主神らと対峙した場所とされる。旧暦10月に全国から集まる神々が上陸する浜とされ、出雲大社の神事の神迎祭がおこなわれる。

【諸《もろ》手《た》船《ぶね》神《しん》事《じ》(美保神社)】

松江市の美保神社では、事代主神が釣りをしていたところに大国主神からの使者が船で来た故事に由来する諸手船神事という特殊神事が12月におこなわれる。美保神社については、88ページ。

出雲(島根県)の神話ゆかりの地の地図

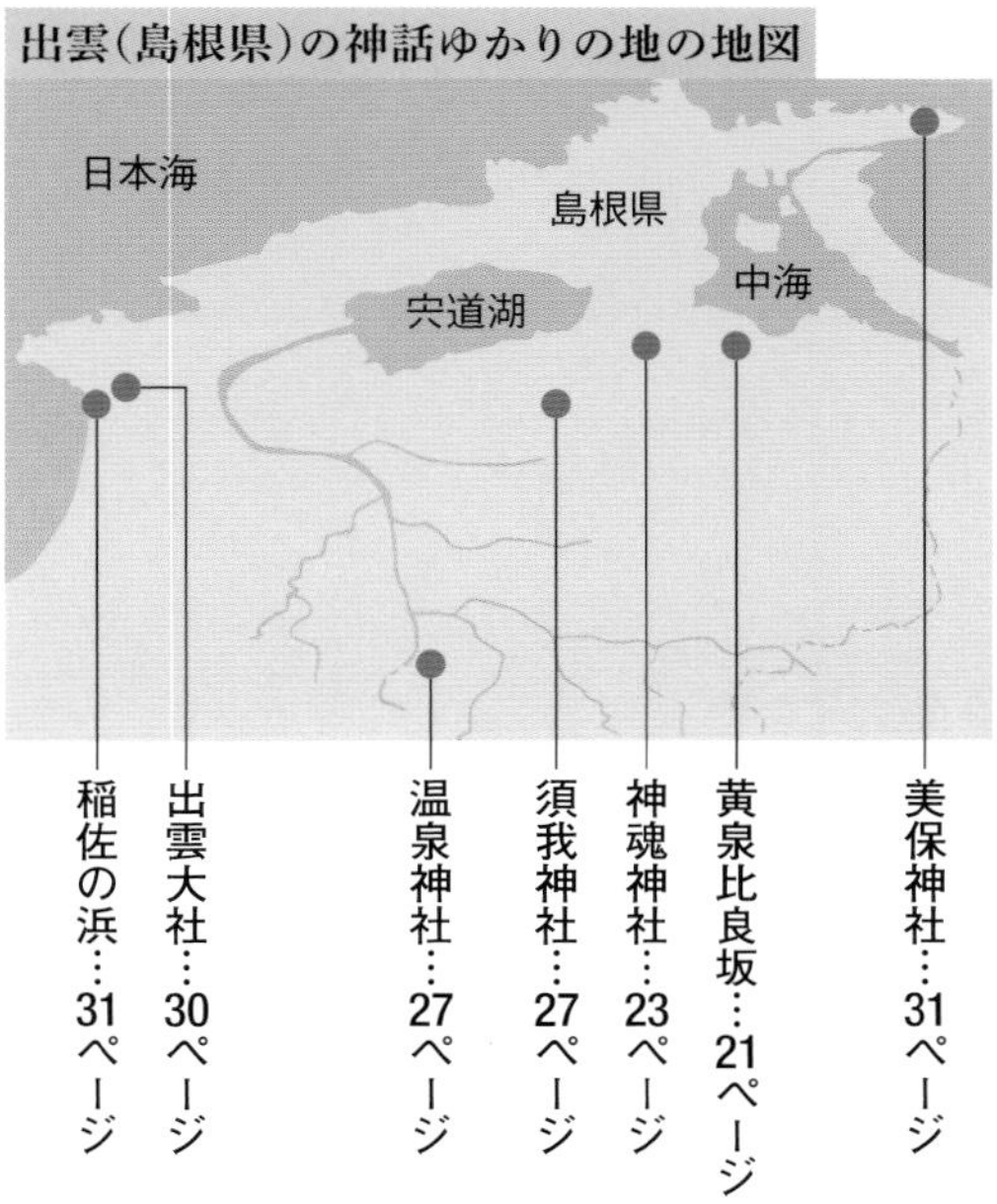

天《てん》孫《そん》降《こう》臨《りん》

●あらすじ

天照大御神《あまてらすおおみかみ》に御孫が生まれたため、葦原中国《あしはらのなかつくに》の統治は、御孫の邇邇芸命《ににぎのみこと》に委ねられた。天照から、勾玉、鏡、剣の「三種の神器」を授けられた邇邇芸命は、5部族の神々を従えて葦原中国へ向かう。途中で猿田毘古神《さるたびこのかみ》を道案内に迎え、一同は日向の高千穂の霊峰に天降った。

邇邇芸命はここに壮麗な宮殿を築き、統治の拠点とする。その後、邇邇芸命は美しい木花之佐久夜毘売《このはなのさくやびめ》に出会い、結婚した。

天孫降臨の一行

猿田毘古神の案内に導かれる邇邇芸命と天つ神たちの一行。大国主神《おおくにぬしのかみ》からの国譲りをうけて、天高原《たかまのはら》を治める天照大御神の孫神が、葦原中国を治めるために地上に降り立った。

天孫降臨の地はどこか?

天孫降臨の地には、二つの説がある。一つは宮崎県北西部の高千《たかち》穂《ほ》町だ。邇邇芸命《ににぎのみこと》のほか日向三代(34ページ)とその后神が主祭神の、高千穂神社が建てられている。近くには、天手力男神《あめのたぢからおのかみ》が天岩戸《あまのいわと》を投げ飛ばした場所とされる天岩戸神社もある。

二つ目は、宮崎県と鹿児島県の県境にある、霧島《きりしま》山の高千穂峰だ。山頂には、邇邇芸命が降臨の際に突き立てたといわれる「天逆鉾《あまのさかほこ》」が刺さっている。麓には霧島神宮が建てられ、邇邇芸命を主祭神に、日向三代が祀られている。

邇邇芸命が木花之佐久夜毘売《このはなのさくやびめ》に結婚を申し込んだとき、実は父神が、姉の石長比売《いわながひめ》も共に輿入《こしい》れさせていた。しかし姉が醜かったため、邇邇芸命は姉を送り返してしまったのだ。石長比売の輿入れは、石(岩)のように長い寿命を願う誓約だったのに……、と父神は嘆き、以後天皇の命は限りあるものになったといわれる。この石長比売は、宮崎県西都《さいと》市の銀鏡《しろみ》神社に祀られている。

天孫降臨一行の神々

重要な5神とされる五伴緒《いつとものお》のほかにも、思金神《おもいかねのかみ》や天手力男神《あめのたぢからおのかみ》など、天岩戸《あまのいわと》(→p24)に登場した神々が多く従った。

	神名	役割分担	子孫にあたる古代豪族
五伴緒	天児屋命《あめのこやねのみこと》	宮中での祭礼	中臣連《なかとみのむらじ》(中臣氏)
	布刀玉命《ふとだまのみこと》	祭礼に必要な物資の収集	忌部首《いむべのおびと》(忌部氏)
	天宇受売命《あめのうずめのみこと》	祭礼で奉納する舞踊	猿女君《さるめのきみ》(猿女氏)
	伊斯許理度売命《いしこりどめのみこと》	祭礼に不可欠な鏡の製作	鏡作連《かがみづくりのむらじ》(鏡作氏)
	玉祖命《たまのおやのみこと》	祭礼に不可欠な勾玉の製作	玉祖連《たまのおやのむらじ》
	天忍日命《あめのおしひのみこと》	武装して一行を先導	大伴連《おおとものむらじ》(大伴氏)
	天津久米命《あまつくめのみこと》	武装して一行を先導	久米直《くめのあたい》(久米氏)

大山津見神《おおやまつみのかみ》

神生み(→p19)で誕生した山の神で、石長比売と木花佐久夜毘売の姉妹の父。山々を統括するため神徳も広く、林業・鉱山をはじめ、農業・海・鍛冶・酒造などの分野にまで及ぶ。

木花之佐久夜毘売《このはなのさくやびめ》

大山津見神の娘で、邇邇芸命の妻。一夜の契りで身ごもったため夫から疑われたが、燃え盛る産屋の中で無事に出産し、潔白を証明した。そのため、安産の神としても祀られている。

天孫降臨ゆかりの地

【天逆鉾《あまのさかほこ》】

宮崎県高原町。霧島連山の主峰である高千穂峰の山頂には、邇邇芸命が天孫降臨の際に突き立てたと伝わる「天逆鉾」が立っている。坂本龍馬が訪れた際、引き抜いたという。

【高千穂《たかちほ》神社】

宮崎県高千穂町。天孫降臨した邇邇芸命からはじまる日向三代の高千穂宮があった地と伝えられる。祭神の高千穂皇神《すめがみ》とは、日向三代とそれぞれの配偶神をあわせた6柱の総称。

【都萬《つま》神社】

宮崎県西都市。木花開耶姫《このはなさくやひめの》命《みこと》(木花之佐久夜毘売)を祀る。創建年代は不詳だが、平安時代には存在が確認される。周辺には、木花之佐久夜毘売が新婚生活を送ったという伝承地がある。

【霧島《きりしま》神宮】

鹿児島県霧島市。高千穂峰に社地があったが、火山噴火による焼失で現在の高千穂峰南西麓に移された。もともとは高千穂峰を対象とする山岳信仰からはじまった神社と考えられる。

日《ひゅう》向《が》三《さん》代《だい》

● あらすじ

邇邇芸命《ににぎのみこと》と木花之佐久夜毘売《このはなのさくやびめ》との間に三柱の子ができる。このうち火照命《ほでりのみこと》と火遠理命《ほおりのみこと》は、それぞれ海と山で獲物をとって暮らしたため、海佐知毘古《うみさちびこ》、山佐知毘古《やまさちびこ》ともよばれた。

あるとき二柱は役割を交換してみたが、火遠理命は魚が獲れず、釣り針までなくしてしまう。困った火遠理命は海神の宮へ行く。そこで豊玉毘売《とよたまびめ》を娶り、宝玉を手にした。

帰った火遠理命は、宝玉の力で火照命を屈服させる。地上へ来た豊玉毘売は鵜葺草葺不合命《うがやふきあえずのみこと》を産むが、サメとしての正体を夫に見られたため、恥じて海へもどってしまった。

火照命《ほでりのみこと》（海佐知毘古《うみさちびこ》）

邇邇芸命と木花之佐久夜毘売の間に生まれた兄弟の兄。名前は、母が産屋に火を放って出産した際、火が燃え出した段階で生まれたことを示す。九州の隼人族の祖ともされる。

火遠理命《ほおりのみこと》（山佐知毘古《やまさちびこ》）

邇邇芸命と木花之佐久夜毘売の間に生まれた兄弟の弟。名前は、母が産屋に火を放って出産した際、火勢が衰えた段階で生まれたことを示す。昔話の「浦島太郎」の原型ともされる。

豊玉毘売《とよたまびめ》

海神の大綿津見神の娘で、火遠理命の妻。鵜葺草葺不合命を産む際、正体のサメの姿を夫に見られたことを恥じて海へ戻ったが、子の乳母として妹の玉依毘売を遣わした。

海佐知毘古と山佐知毘古

❶役割を交換した火照命（漁師→猟師）と火遠理命（猟師→漁師）。❷宮殿そばの井戸で出会う火遠理命と豊玉毘売。❸陸に戻る火遠理命。❹宝玉の力で水難にあう火照命。

強大な霊力を持った皇室の祖

邇邇芸命《ににぎのみこと》と、その御子の山佐知《やまさち》毘古《びこ》、そしてさらにその御子の鵜葺草葺不合命《うがやふきあえずのみこと》。この皇室の祖が日向にあった時代を日向三代とよぶ。

その二代目に当たる、海佐知毘《うみさちび》古《こ》・山佐知毘古の神話は広く知られている。舞台とされる青島《あおしま》（宮崎県）には青島神社が建つ。

大綿津見神《おおわたつみのかみ》の宮殿からもどった山佐知毘古は、潮の満ち引きを司る宝玉で、自分を殺そうとした海佐知毘古に水難を与え、服従を誓わせた。この結果、山佐知毘古は、山と海を合わせた大きな霊力を持つことになった。鹿児島神宮（鹿児島県）には、山佐知毘古（彦火《ひこほ》火出見尊《ほでみのみこと》）が祀られている。

いっぽう海佐知毘古は、山佐知毘古に敗れたのち、船で潮嶽《うしおだけ》（宮崎県）にたどり着く。ここには、海佐知毘古を祀る数少ない神社の一つ、潮嶽神社がある。

山佐知毘古と豊玉毘売《とよたまびめ》の子神は、鵜葺草葺不合命。産屋の屋根を、鵜の羽で葺く前に生まれたことに由来する。この伝説の地（宮崎県）に建つのが鵜戸《うど》神宮だ。

日向三代の系譜

❶邇邇芸命、❷火遠理命(山佐知毘古)、❸鵜葺草葺不合命を「日向三代」といい、天照《あまてらす》大《おお》御《み》神《かみ》と天皇家をつなげる役割をもつ。

大《おお》綿《わた》津《つ》見神《みのかみ》
神生み(→p19)で誕生した海の神で、豊玉毘売と玉依毘売の姉妹の父。「わた」は「海」のことで、名前は大海を司る神を示す。日向神話では「綿津見大神」と表記される。

大山《おおやま》津《つ》見神《みのかみ》(→p33)

天照大御神(→p22)

(1代略)

石長《いわなが》比《ひ》売《め》

木花佐久夜毘売(→p33)

❶邇邇芸命(→p32)

豊玉毘売

❷火遠理命(山佐知毘古)

火照命(海佐知毘古)

玉依《たまより》毘《び》売《め》
大綿津見神の娘で豊玉毘売の妹。海へ戻った姉の代わりに鵜葺草葺不合命を養育し、成長後は妻となる。「たま」は神霊、「より」は憑依を示し、名前は巫女を指す一般名詞ともされる。

❸鵜葺草葺不合命
火遠理命(山佐知毘古)の子で神倭伊波礼毘古命(神武天皇)の父。名前は、用意された産屋の屋根を鵜の羽で葺き終らないうちに母の豊玉毘売から生まれてきたことに由来する。

神倭《かむやまと》伊《い》波《わ》礼《れ》毘《び》古命《このみこと》(神武天皇)(→p36)

日向三代ゆかりの地

【青島】

宮崎市にある周囲1.5kmの島。熱帯・亜熱帯植物の群生地。中央に建つ青島神社は全島を境内地とする。海神の宮殿から戻って来た火遠理命が宮を建てて住んだとされる。

【潮嶽神社】

宮崎県日南市。全国でも珍しい火照命(火闌降《ほのすそりの》命《みこと》)を主祭神とする神社。弟との争いに敗れた火照命が、満潮に乗ってこの地にたどり着いて居を構え、隼人の祖になったと伝えられる。

【鵜戸神宮】

宮崎県日南市。洞窟内にある本殿は、豊玉毘売が鵜葺草葺不合命を産んだ産屋の跡地に建つとされる。日向灘に面した奇怪な地形の中にあることから修験の聖地ともされてきた。

日向(宮崎県)の神話ゆかりの地の地図

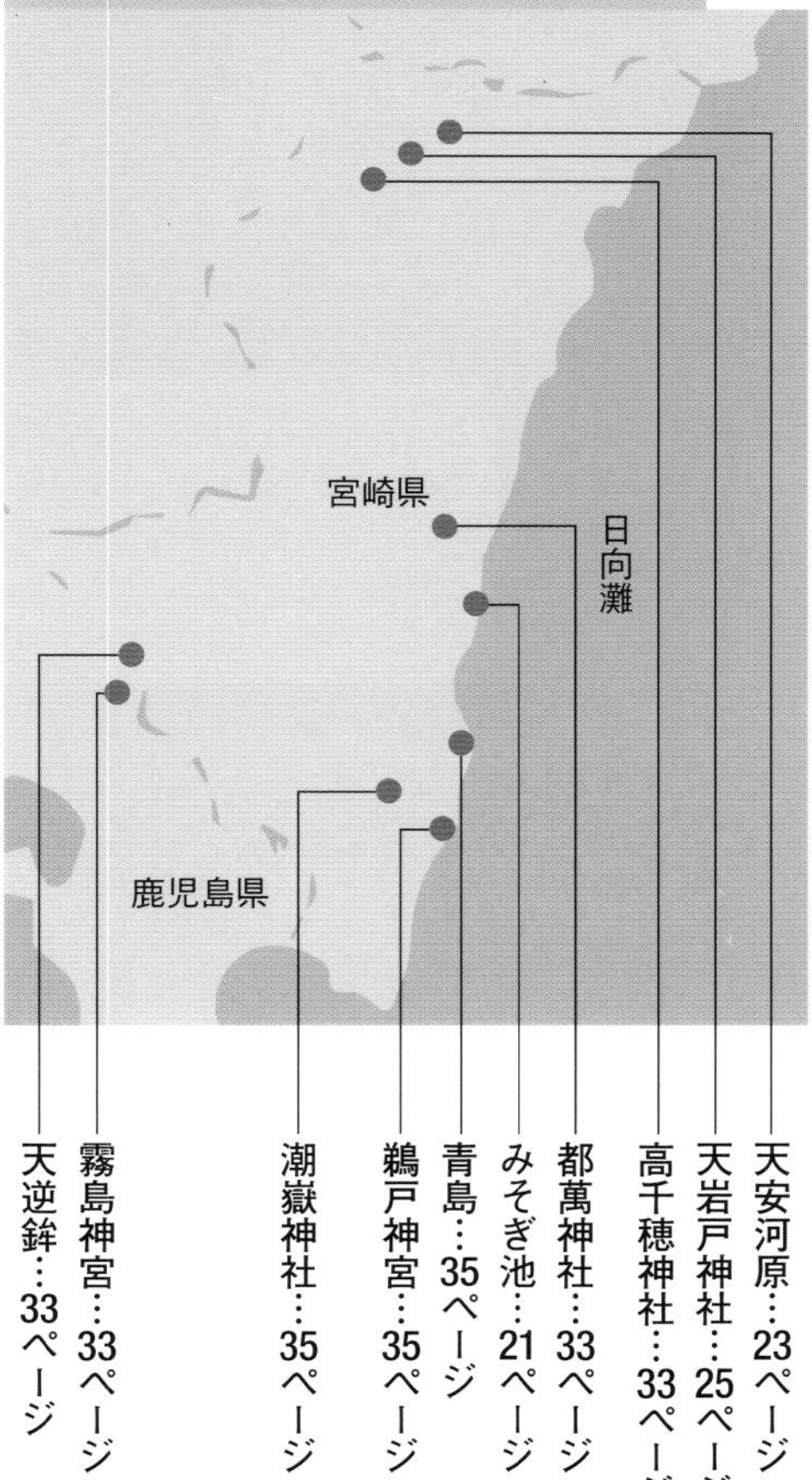

神《じん》武《む》東《とう》征《せい》

● あらすじ

鵜葺草葺不合命《うがやふきあえずのみこと》に四柱の神が生まれる。四番目の神《かむ》倭《やまと》伊《い》波《わ》礼《れ》毘《び》古命《このみこと》は、日本平定を目指し、兄の五瀬命《いつせのみこと》と共に軍を率いて遠征に出発した。

各地を治めながら東へ進むが、途中で土豪の襲撃を受け、五瀬命は命を落としてしまった。神倭伊波礼毘古命は、太陽神・天照大御《あまてらすおおみ》神《かみ》の子孫だからとして、東へ向かうことをやめる。そして八《や》咫《た》烏《がらす》の案内で、迂回路を通って大和に入った。

こうして大和を平定すると、神倭伊波礼毘古命は橿《かし》原宮《はらのみや》で即位し、初代・神武天皇となった。

八《や》咫《た》烏《がらす》

咫《あた》は親指と中指を広げた長さのことだが、名前は「とても大きな鳥」とされる。「ゴールへ導く」ということで、現在は日本サッカー協会のシンボルとしても有名。57ページも参照。

神倭《かむやまと》伊《い》波《わ》礼《れ》毘《び》古命《このみこと》（神武《じんむ》天皇）

名前の「倭」は「大和」、「伊波礼」は「磐余（いわれ）」（奈良県橿原市付近）を意味する。天皇に即位したとされている（グレゴリオ暦）2月11日は、現在では建国記念の日となっている。

八咫烏に導かれて

熊野に到着した神倭伊波礼毘古命（神武天皇）の一行へ高天原《たかまのはら》から八咫烏が遣わされた。一行は八咫烏の道案内に従って吉野を越え、服従しない者と戦いながら大和国に入った。

日本建国までの道のり

海路を進んだ神倭《かむやまと》伊《い》波《わ》礼《れ》毘《び》古命《このみこと》一行は、白肩津《しらかたのつ》（現在の大阪湾岸）で上陸した際、敵襲を受ける。そこから大和までの迂回路には、ゆかりの神社が多く建てられている。

兄神・五瀬命《いつせのみこと》が雄叫びを上げて絶命した男《お》之《の》水門《みなと》（和歌山県）に建つ水門《みなと》吹上《ふきあげ》神社もその一つだ。

一行が熊野（和歌山県）に着いたとき、現れた邪神の霊力によって軍勢は正気を失ってしまう。そこに高倉下《たかくらじ》という者が、剣を持って現れる。その剣こそ建御雷神《たけみかづちのかみ》から授かった剣。神倭伊波礼毘古命がそれを手にすると、みな目を覚ましたという。この地の神倉神社には、高倉下が祀られている。

そこからの陸路を案内したのは、神の使いである、三本足の八《や》咫烏《たがらす》。宇陀《うだ》市（奈良県）の八咫烏神社に祀られている。

そして神倭伊波礼毘古命が即位したのが、畝傍《うねび》山（奈良県）の東南麓にあった白檮《かし》原宮《はらのみや》だ。現在はこの地に神武天皇とその皇后を祭神とした、橿原神宮が建立されている。

神武東征の過程

神倭伊波礼毘古命(神武天皇)は長兄の五瀬命とともに日向から出発し、各地に滞在をしながら東へ向かった。

神武東征ゆかりの地

地図中の❶～⓾は、それぞれ図中の❶～⓾の地を示す。

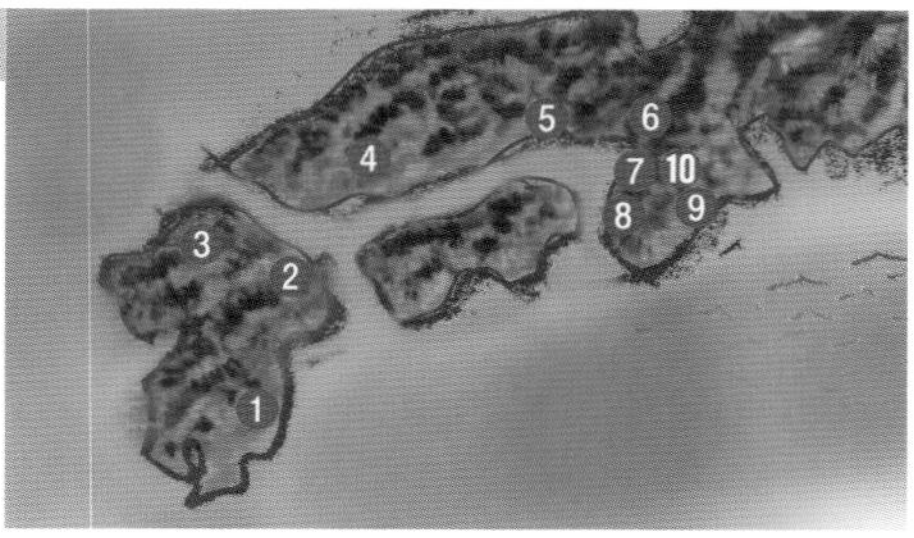

高千穂宮《たかちほのみや》

所在地は、天孫降臨の地と同様に2説ある。1説は宮崎県北西部の高千穂町で、もう1説は宮崎県と鹿児島県の県境にある高千穂峰(→p32)。

↓

❶美々津《みみつ》(宮崎県日向市)

海岸に出て船出し、海岸沿いに東へ向かう。

立磐《たていわ》神社

船出の折に祈願したといわれる。

↓

❷宇沙《うさ》の足一騰宮《あしひとつあがりのみや》(大分県宇佐市)

地元の宇沙都比古《うさつひこ》と宇沙都比売《うさつひめ》がもてなす。

妻垣《つまがけ》神社

足一騰宮の候補地の1つ。

↓

❸岡田宮《おかだのみや》(北九州市)

1年間滞在し、天神地祇《てんじんちぎ》の8神を奉斎する。

岡田神社(岡田宮《おかだぐう》)

岡田宮があったとされる。

↓

❹多祁理宮《たけりのみや》(広島県府中町)

7年間滞在。『日本書紀』では「埃宮《えのみや》」と記す。

多家《たけ》神社

多祁理宮があったとされる。

↓

❺高嶋宮《たかしまのみや》(岡山県笠岡市)

8年間滞在し、船舶・武器・兵糧などを準備する。

高島

高嶋宮の候補地の1つ。

↓

❻白肩津《しらかたのつ》(大阪府東大阪市)※かつて(縄文時代)、海水面の上昇で生駒山脈の麓まで海が迫っていたとされる。

上陸するも那賀須泥毘古《ながすねびこ》の攻撃で五瀬命が負傷。太陽に向かって戦うことを避け、迂回する。

↓

❼男之水門《おのみなと》(和歌山市)

五瀬命が悔しさのあまり雄叫びを上げて絶命。

水門吹上神社

男之水門の候補地の1つ。

↓

❽竈山《かまやま》(和歌山市)

五瀬命の亡骸をこの地に埋葬する。

竈山神社

五瀬命を主祭神として祀っている。

↓

❾熊野(和歌山県新宮市)

邪気により意識を失うが、神剣により正気に戻る。

神倉《かみくら》神社(熊野速玉大社摂社)

神剣を献上した高倉下を祀る。

↓

⓾白檮原宮《かしはらのみや》(奈良県橿原市)

大和を平定して東征を成し遂げ、即位する。

橿原神宮

即位したとされる地に建立された。

コラム

2

名作の舞台となった神社

神社が加える作品への厚み

不思議なパワーを持つ特別な場所として、神社は古来、多くの名作文学の舞台となった。それぞれの土地の文化も背景となって、作品に厚みを加えている。

たとえば古典では、『源氏物語』第十帖「賢木《さかき》の巻」で野宮《ののみや》神社が舞台になっている。京都の嵯峨野《さがの》にある野宮神社は、斎宮《さいぐう》（巫女）として伊勢神宮へ仕える女性が、身を清めるために滞在した聖地だ。光源氏が、野宮神社にこもった元恋人の六条御息所《ろくじょうのみやすんどころ》を訪ね、引きとめようとする場面は、名シーンとして知られる。

また、近松門左衛門《ちかまつもんざえもん》の『曽根崎心中《そねざきしんじゅう》』では、大阪の露天神社《つゆのてんじんしゃ》の天神の森で、主人公の遊女・お初《はつ》と、奉公人の徳兵衛《とくべえ》が情死する。多くの民衆の涙を誘い、以後露天神社は、お初天神ともよばれるようになった。

近代の文学では、泉鏡花《いずみきょうか》の『婦系図《おんなけいず》』に東京の湯島天神《ゆしまてんじん》（湯島天満宮）が登場する。白梅の有名な場所で、ここが主人公と恋人のお蔦《つた》の悲恋の舞台となった。以後、有名なデートコースとして知られている。

野村胡堂《のむらこどう》の『銭形平次捕物控《ぜにがたへいじとりものひかえ》』では、主人公である平次親分が神田明神（神田神社）下台所町の長屋に住み明神界隈を舞台に活躍していた。神田明神から明神下を見守る場所には「銭形平次の碑」が建つ。

アニメ作品の聖地

神社が舞台となって話題になるのは、文学作品だけではない。

アニメやゲームで人気の、『らき☆すた』の主人公が活躍する舞台は鷹宮《たかのみや》神社。この神社は、埼玉県久喜《くき》市の鷲《わしの》宮《みや》神社をモデルにしている。鷲宮神社は関東最古といわれる大社で、ここに伝わる神楽は、関東神楽の源流とされている。

また、『ガールズ&パンツァー』の劇場版アニメでは、茨城県の大洗磯前《おおあらいいそさき》神社が舞台となった。

これらの神社は、〝アニメ聖地〟として、訪れる人たちでにぎわっている。また、ファンがキャラクターを模写し、感情移入したセリフを入れるなどした絵馬が、多数奉納されることでも有名だ。

●露天神社（大阪市）

通称「お初天神」。6世紀頃の起源とされ、社名は菅原道真の詠んだ歌にちなむという説もある。少彦名大神、大己貴大神、天照皇大神、豊受姫大神、菅原道真公の5柱を祀る。

●神田神社（東京都千代田区）の絵馬

神田神社は、『ラブライブ！』などのアニメとコラボが多く、アニメとのコラボオリジナルの絵馬や御朱印帳なども授かることができ、アニメの聖地として有名。

第2章

神社では何を祀るのか？

神社では、祭神としてさまざまな神が祀られている。
祭神は、神社の創建や由来などによって異なり、
単独で祀られたり、複数で祀られたりする。
本章では、神社に祀られる多彩な神々を整理する。

神社の祭神と御神体について

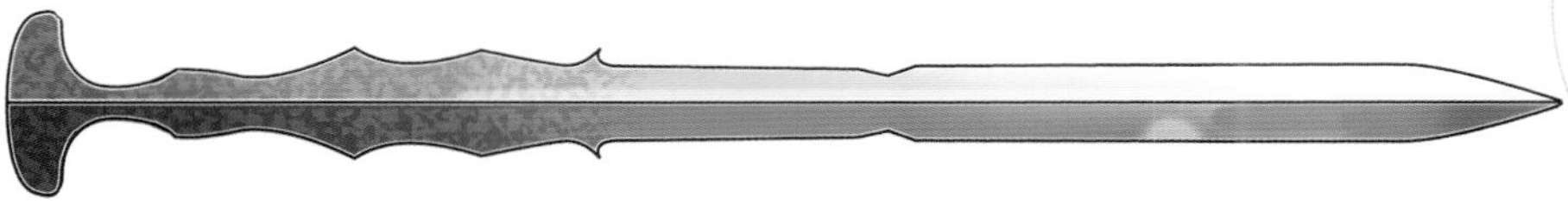

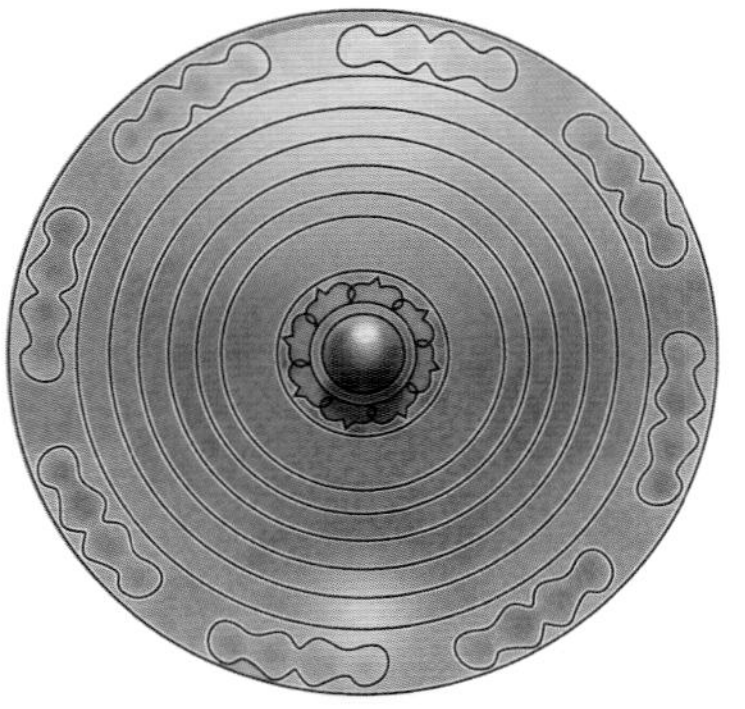

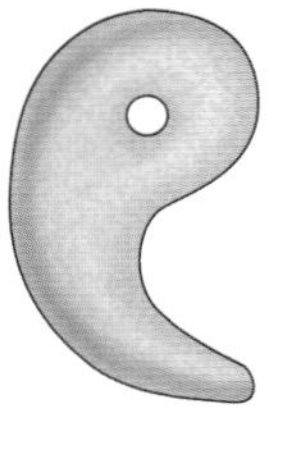

三種《さんしゅ》の神器《じんぎ》

想像図であり実物は非公開。「八咫鏡《やたのかがみ》」「草薙剣《くさなぎのつるぎ》(天叢雲剣《あまのむらくものつるぎ》)」「八尺瓊勾玉《やさかにのまがたま》」をあわせて、三種の神器と呼ぶ。三種の神器に代表されるように鏡・剣・勾玉は御神体とされることが多い。

御神木《ごしんぼく》

御神木は、神の降臨にあたっての標識であり、神の依代《よりしろ》とされている。境内でも目立つ巨木や古木またはその地域特有の樹木が御神木となり、樹種は杉や松、楠などの常緑樹が多い。

磐座《いわくら》

磐座とは神が降臨して鎮座する依代となる岩石のこと。巨岩や奇石などは、古くから依代となる自然物の代表的なものとして崇拝され、その場所を聖地として神祭りがおこなわれた。

神体山

神体山は御神体として崇められた山のことで、富士山などが有名。なかには立ち入れない禁足地とされた山もあり、その麓や里に遥拝所が設けられ、のちに神社に発展するものもある。

さまざまな御神体

一般的には御幣が多いが、樹木、山、森、滝、島、川、温泉、岩、石などの自然や、三種の神器にちなんで鏡、剣、(勾)玉や、鉾、影像、神像などの人工物といったものまである。

御神体に宿る見えない神

日本神道の神様は、「八百万《やおよろず》の神」といわれるように、実に多彩だ。海、山、川などの自然物から、台所や鍋、釜、大工道具などの身近なものに至るまで、すべてに神が宿ると考えられてきた。

もともと神は姿をもたない。また、それぞれの神社で祀る神(祭神)は神社に常在しているわけではない。祭事のあるたびに、はるか彼方の常世《とこよ》の国から降臨し、人々に祝福をもたらしたのち、再び常世の国へ帰っていく。このとき、神が宿るものを依代《よりしろ》といい、神社で祀った依代を御神体とよぶ。そのため、山、樹木、石や、鏡、玉、剣、絵画、御幣など、御神体は神社によってさまざまだ。

御神体は偶像とは異なる。偶像は神仏を拝むためにかたどられた像だが、神道で拝むのは、御神体に宿る見えない神だ。

御神体は神聖視され、神社の神宝とされているものも少なくない。本殿の奥に祀られ、一般参拝者はもちろん、基本的に神職も目にすることはできない。

祭神の分類

神社には祭神として、さまざまな神が祀られている。分類方法は種々あるが、おもな分類方法は下記のようになる。なお、祭神の成立・性格によって複数に分類される神もある。

分類		本章との関係	
自然に関する神	自然現象・気象神、動植物神、地理・地名・地形神	自然に宿る神様を祀る→p42	異形の神様を祀る→p56
	地理・地名・地形神のうち山岳信仰に関する神	霊山に住まう神様を祀る→p44	
人格的性格の強い神	皇祖・皇族神、氏族の祖神・守護神	王権や豪族の神様を祀る→p46	
	国土創造の神、地域の開拓神	地域開発の神様を祀る→p48	
	英雄・功労者神、文化・学術神	偉人・英雄・殿様を神様として祀る→p50	
	御霊神	祟りをなす神様を祀る→p52	
機能・性格に基づく神	職能神、食物神、霊能神、天地創造の神	職能の神様を祀る→p54	

主祭神《しゅさいじん》・配祀神《はいししん》・相殿神《あいどのしん》

明治時代の神社整理などにより、現在では通常、神社では複数の神を祀っている。その中で最も中心的に祀られている神を主祭神といい、それ以外の神を配祀神・相殿神などという。

主祭神（主神）	神社の神々の中でも最も中心的な地位にある神のこと。神社によって、一神の場合や複数の場合がある。
配祀神（配神）	主祭神に添えて祀られている、主祭神に縁のある神のこと。ともに祀られるようになった神、のちに加えられた神など、神社によって経緯などは異なる。
相殿神（合殿神）	社殿の中に主祭神のほかに合祀した神のこと。主祭神よりのちに祀られた神、同時に祀られた神、もとは主祭神であった神など、神社によって異なる。
摂社《せっしゃ》・末社《まっしゃ》	神社境内にある本殿以外の小さな社や祠のこと。摂社と末社の区別について明確な規定はないが、多くの神社では本社祭神の后神や御子神、本社創建以前から祀られている神などといった本社と強い関係をもつ祭神を祀るのを摂社、それ以外の神を祀るのを末社としているようである。比較的規模の大きいものを摂社と呼ぶこともある。

氏神《うじがみ》・産土神《うぶすながみ》・鎮守神《ちんじゅしん》

氏神・産土神・鎮守神は、本来の意味はそれぞれ異なるが、現在では混同されて使用されることも多い。これらがほぼ同義で用いられるようになったのは、神社信仰の変遷による。

	本来の意味	混同されるようになった経緯
氏神	同じ祖先を持ち、血縁関係がある集団の氏族が共同で祀った祖神や守護神のこと。その氏族だけの神であって、氏族以外の者には祀らせない閉鎖性の高い信仰だった。	古代は氏姓《しせい》制度で、氏族ごとに集落をつくっていたため、そこに創建された神社が氏神となった。現在でも、それぞれ居住する地域の守り神のことを氏神とする。
産土神（産土）	その者が生まれた土地の神のこと。地縁関係で結ばれるため、移動することはない。その土地に複数の氏族がいれば、複数の氏族に祀られることもあった。	中世になると、それぞれの土地には氏族でないものも入り交じるようになるため、神社と氏族との関係も薄まり、代わりにその土地の産土神とみなされるようになった。
鎮守神（鎮守）	寺院や城郭、荘園や武家の領地など一定区域の土地や建造物を守護するために祀られた神のこと。さまざまな霊を鎮定するため、基本的に外来の神だった。	時代が下ると、もともとは外来の神だった鎮守神が、その土地の産土神と混同されるようになったほか、産土神のほうも鎮守神と呼ばれるようになった。

自然に宿る神様を祀る

神と崇める滝

古くから水は穢れを洗い流す神聖なものとされ、滝の水が流れおちるさまは、水のエネルギーの神秘さを表すものとして自然信仰の対象とされてきた。那智の滝(和歌山県)などが有名。

自然への恐れと感謝

日本は周囲を海に囲まれた島国で、国土の70パーセント以上が山地からなる。豊かな自然の中で、我々の祖先は魚介をとり、獣を狩り、木の実を採集し、やがて稲作を知り、農耕民族として生活してきた。

自然は、我々に恵みを与える一方で、ときとして災厄をもたらす。そのため、古来日本人は、太陽、月、星といった天体、山や海、川、大木、岩などの自然物、雷や大風などの気象現象を恐れ、敬った。偉大な自然の恩恵に感謝しながらも、そこに宿る、人知を超えた存在を感じ取り、神として崇拝したのだ。これを自然神という。

こうした自然神を祀る神社は、決して少なくない。北極星を「妙見《みょうけん》さん」として崇める千葉神社(千葉県)、月を主祭神とする月読宮《つきよみのみや》・月夜見宮《つきよみのみや》(三重県)、雷は雷電《らいでん》神社(群馬県)、風は龍田《たつた》大社(奈良県)、樹木は公智《くち》神社(兵庫県)、海は志賀海《しかうみ》神社(福岡県)、川は丹生川上《にうかわかみ》神社(中社)(奈良県)など、さまざまだ。

自然に宿る神

天体(太陽、月、星)、自然の基本要素(木、火、土、金、水など)、気象(雷、風など)、地形(山野河海など)など、ありとあらゆる自然が神が宿る場として崇められてきた。

		神名	代表的な神社
天体	太陽	天照大御神《あまてらすおおみかみ》(→p22)	伊勢神宮内宮(三重県伊勢市)(→p64)
	月	月読命《つくよみのみこと》(→p23)	月読宮(伊勢神宮内宮別宮)(三重県伊勢市) 月夜見宮(伊勢神宮外宮別宮)(三重県伊勢市)
	星(北極星)	天之御中主神《あめのみなかぬしのかみ》	千葉神社(千葉市)
基本要素	木	久久能智神《くくのちのかみ》(→p19)	公智神社(兵庫県西宮市)
	火	火之迦具土神《ひのかぐつちのかみ》(→p21)	秋葉山本宮《あきはさんほんぐう》秋葉神社(浜松市)(→p93)
	金	金山毘古神《かなやまびこのかみ》(→p19)	南宮《なんぐう》大社(岐阜県垂井町)
	水(雨・川)	弥都波能売神《みづはのめのかみ》(→p19)	丹生川上《にうかわかみ》神社(中社)(奈良県東吉野村)
		淤加美神《おかみのかみ》	貴船《きぶね》神社(京都市)(→p87)
気象	雷	火雷大神《ほのいかづちのおおかみ》※	雷電神社(群馬県板倉町)
	風	志那都比古神《しなつひこのかみ》(→p19)	龍田大社(奈良県三郷町)
地形	山	大山津見神《おおやまつみのかみ》(→p33)	大山祇《おおやまづみ》神社(→p79)/三嶋《みしま》大社(→p79)
	海	綿津見《わたつみ》三神(→p21)	志賀海神社(福岡市)

※火雷大神＝大雷神、火雷神、黒雷神、柝《さく》雷神、若雷神、土雷神、鳴《なる》雷神、伏《ふす》雷神の8柱の総称。

自然に宿る神を祀る神社

【志賀海神社】

福岡市。創建年代などは不詳で、綿津見三神らを祀る。古来より海上交通の要地である博多湾の総鎮守として篤く信仰されてきた。全国の綿津見神社、海神社などの総本社とされる。

【千葉神社】

千葉市。平安時代に北辰妙見尊星王《ほくしんみょうけんそんじょうおう》を祀る寺院の建立からはじまる。神仏分離後は、北辰妙見尊星王と同一視される天之御中《あめのみなか》主大神《ぬしのおおかみ》(天之御中主神)を祭神としている。

【雷電神社】

群馬県板倉町。創建は飛鳥時代とされ、火雷大神《ほのいかづちのおおかみ》、大雷大神《おおいかづちのおおかみ》、別雷大神《わけいかづちのおおかみ》らを祀る。関東地方に数多い雷電神社などの総本宮。他の雷電神社と区別して「板倉雷電神社」とも呼ばれる。

【南宮大社】

岐阜県垂井町。金山彦命(金山毘古神)らを祀る、全国の鉱山・金属業の総本宮。第10代崇神天皇の時代に創建され、美濃国府の南方に位置したため「南宮」といわれたと伝わる。

霊《れい》山《ざん》に住まう神様を祀る

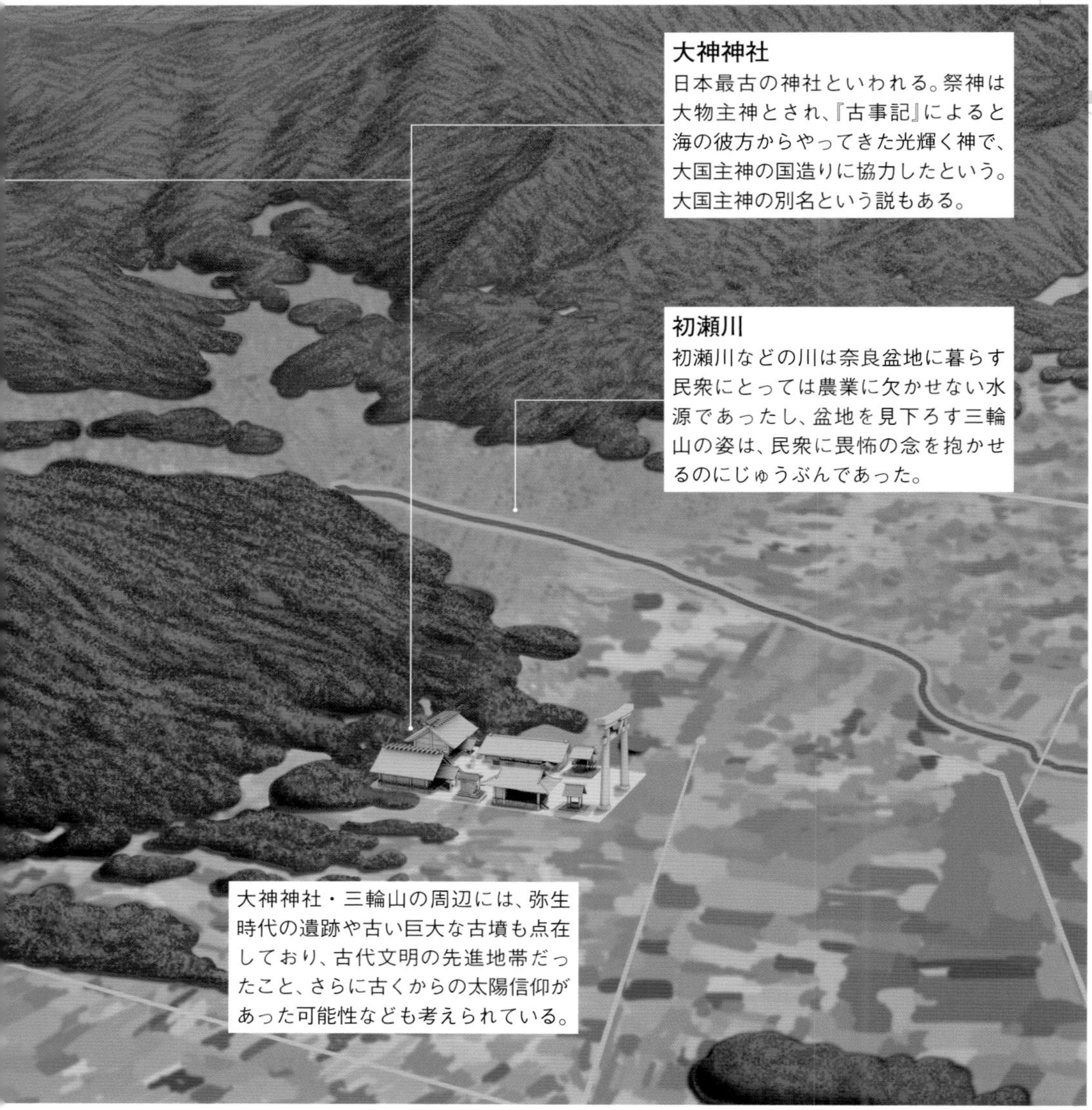

三輪山《みわやま》と大神《おおみわ》神社

奈良県桜井市。大神神社の神体は三輪山のため本殿はなく、拝殿を通して拝むという原初的な方式となっている。神聖とされる山中への立入は禁じられている。主祭神は大物主大神。

霊場として崇められる山々

日本人は古来、山を神の住む場所と考えてきた。山地で暮らす人々は、山に住む神からの山の恵みに感謝し、平地で暮らす人々も、田の神が春に山から降りてきて、秋に山へもどると考えていた。

さらに山の外観にも目を向け、壮麗な秀峰、峻険な峰々、噴煙を上げる活火山などを、崇め、畏れ、信仰の対象とした。こうした山を霊山といい、御神体そのものとなっている山を神体山とよぶ。

たとえば、山形県の羽黒山《はぐろさん》、月《がっ》山《さん》、湯殿山《ゆどのさん》（出羽《でわ》三山）は、東北一の霊場といえるだろう。それぞれに、出羽《いでは》神社、月山神社、湯殿山神社がある。出羽三山は、崇峻《すしゅん》天皇（第32代天皇）の皇子で、聖《しょう》徳太子《とくたいし》の従兄弟にあたる、蜂子皇《はちこのおう》子《じ》によって開山されたという。崇峻天皇が蘇我《そが》氏に殺害されて逃れた皇子が、八咫烏《やたがらす》の導きで入山したと伝わる。

羽黒山が現在、月山が過去、湯殿山が未来を司り、人は三つの山を巡ることで、再生を促されるとされている。

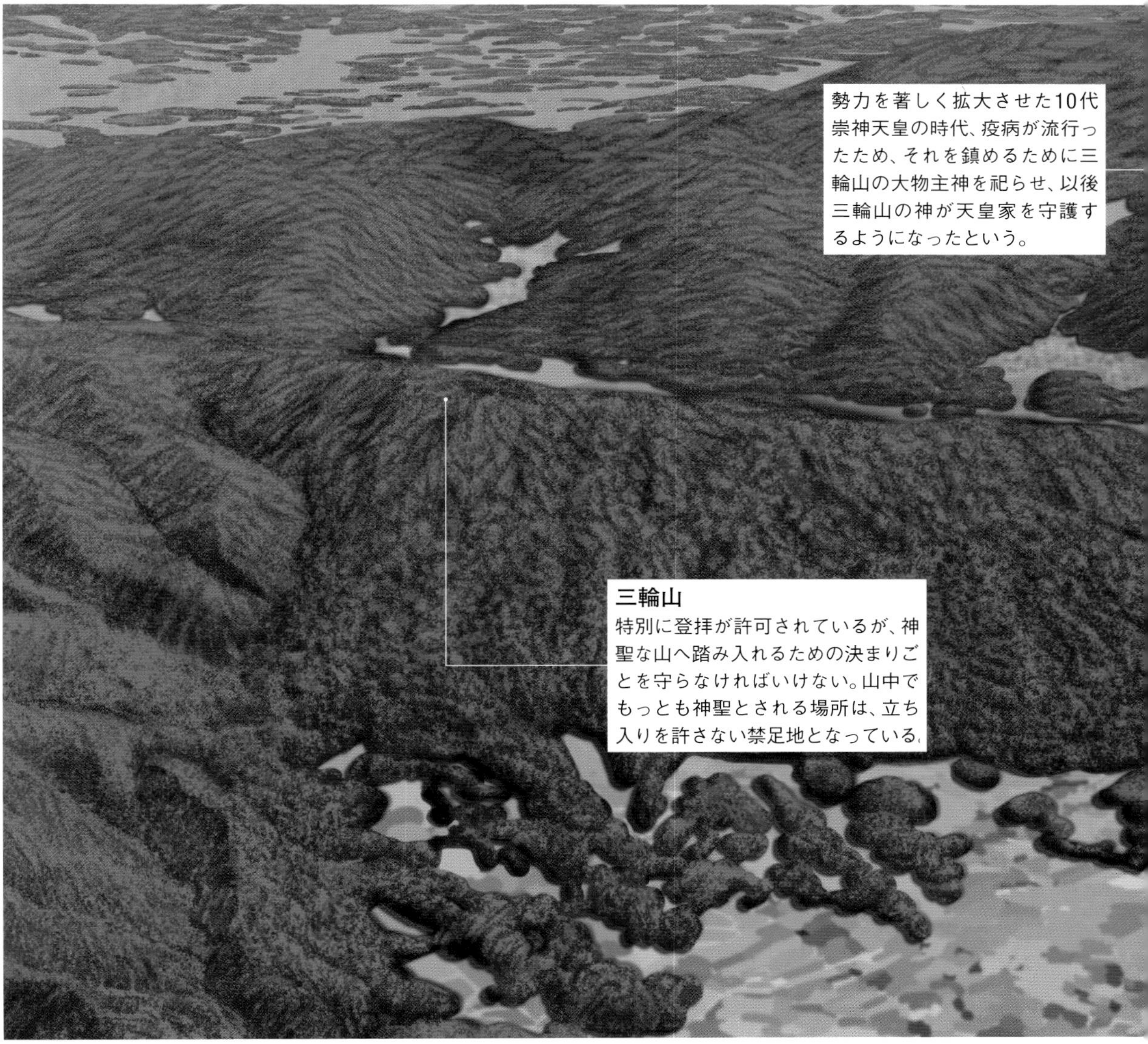

霊山に住まう神

古来の山岳信仰にはじまる修験道、神仏習合などが絡み合い、霊山にはさまざまな神が住むことになった。神の宿る場所として畏敬されてきた山と深い関係を有する神社は多数ある。

神		代表的な神社
大山積神《おおやまつみのかみ》(大山津見神→p33)		大山祇《おおやまづみ》神社(愛媛県今治市)(→p79)
大物主大神《おおものぬしのおおかみ》(大物主神→p28)		大神神社(奈良県桜井市)
伊氏波神《いではのかみ》・稲倉魂命《うかのみたまのみこと》	(出羽三所大権現《でわさんしょだいごんげん》)	出羽神社(山形県鶴岡市)
月読命《つくよみのみこと》(→p23)		月山神社(山形県庄内町)
大山祇神(大山津見神→p33)・大己貴命《おおなむちのみこと》(大国主神→p28)・少彦名命《すくなびこなのみこと》(少名毘古那神→p29)		湯殿山神社(山形県鶴岡市)
二荒山大神《ふたらやまのおおかみ》 [大己貴命(大国主神)・田心姫命《たごりひめのみこと》(多紀理毘売命→p23)・味耜高彦根命《あじすきたかひこねのみこと》]		二荒山《ふたらさん》神社(栃木県日光市)
白山比咩大神《しらやまひめのおおかみ》		白山比咩神社(石川県白山《はくさん》市)(→p93)
秋葉大神《あきはのおおかみ》(火之迦具土神《ひのかぐつちのかみ》→p21)		秋葉山本宮秋葉《あきはさんほんぐうあきは》神社(浜松市)(→p93)
石鎚大神《いしづちおおかみ》(石土毘古神《いわつちびこのかみ》→p19)		石鎚神社(愛媛県西条市)

王権や豪族の神様を祀る

古代豪族の単位となった血縁集団の氏では主導的立場にある「氏上《うじのかみ》」が、氏を代表してヤマト政権に仕え、氏神を祀る儀式をとりおこない、構成員である「氏人《うじびと》」を統率した。

年に数度、臨時に設営された祭場で神を迎えるかたちの祭祀においては、その都度氏人の中から選ばれた者が中心となって祭祀を運営し、まだ専業の神職はいなかったとされている。

律令制が成立する以前の古墳時代から飛鳥時代あたりまでは、社殿を設けた神社は少なく、一定の場所に祭祀をおこなう都度、祭場を設営して祭祀がおこなわれてきたとされている。

氏神を祀る古代豪族

古代豪族は、自らの氏族の祖先にあたる神や人物である祖神、あるいは守護神を神社に祀った。こうした神を氏神という。古代豪族の氏神から発展していった神社は各地にある。

始まりはヤマト政権の時代

王権の神は、神話以降、ヤマト政権の成立に深く関わった神だ。たとえば、神武《じんむ》天皇が東征のとき天照大御神《あまてらすおおみかみ》から下された神剣(布《ふ》都御魂大神《つのみたまのおおかみ》)が、御神体として石上《いそのかみ》神宮(奈良県)に祀られている。

また天孫降臨の際に、天照大御神が瓊瓊芸命《ににぎのみこと》に授けた三種の神器の一つ・草薙剣《くさなぎのつるぎ》は、熱田《あつた》神宮(愛知県)の御神体となっている。

豪族の神とは、中臣《なかとみ》氏や物部《もののべ》氏ら有名豪族の、祖神や守護神のことで、※氏神様とよばれている。

中臣氏の祖先神は天児屋根命(天児屋命)で、東大阪市の枚岡《ひらおか》神社に祀られている。中臣氏の中で、特に中臣鎌足《かまたり》は大化の改新で名を残し、天智《てんじ》天皇から藤原の姓を賜る。その藤原氏の氏神は、枚岡神社の東方約20キロメートルに位置する春日《かすが》大社(奈良県)だ。

春日大社創建に際し、天児屋根命はその妃神の比売神《ひめがみ》とともに枚岡神社から迎えられた。

物部氏の祖先神は邇芸速日命《にぎはやひのみこと》で、その子神の宇摩志麻遅命《うましまぢのみこと》が、物部神社(島根県)に祀られている。

※現在、神社には氏子区域が設けられ、その住人は氏子、神社が氏神という関係が見られるが、ここでの氏神信仰とは異なる。

豪族の祖神

古代豪族は、祖先を同じくする同族集団である氏を単位として、土着の政治的集団となり、ヤマト政権に仕えた。もともと氏神は、氏の構成員である氏人たちだけが祀った神だった。

豪族の祖神（┇は数代省略、┃は親子）

邇《に》邇《に》芸命《ぎのみこと》の時代	天児屋命《あめのこやねのみこと》（→p24）天孫降臨に付き従う。	天忍日命《あめのおしひのみこと》（→p33）天孫降臨に付き従う。				
①神武《じんむ》天皇の時代		道臣命《みちのおみのみこと》	邇芸速日命《にぎはやひのみこと》 神武東征で帰順する。→ 宇摩志麻遅命《うましまぢのみこと》			
⑫景行《けいこう》〜⑯仁徳《にんとく》天皇の時代				建内宿禰《たけうちのすくね》（→p82） 5代の天皇に仕える。→ 蘇賀石河宿禰《そがのいしかわのすくね》	平群都久宿禰《へぐりのつくのすくね》	木角宿禰《きのつののすくね》
豪族	中臣《なかとみ》氏	大伴《おおとも》氏	物部《もののべ》氏	蘇我氏	平群氏	紀氏
豪族の祖神を祀る神社	枚岡《ひらおか》神社（大阪府東大阪市） 祭神は天児屋根命（天児屋命）ほか	住吉大伴神社（京都市） 祭神は天忍日命・道臣命ほか。	物部神社（島根県大田市） 祭神は宇摩志麻遅命・饒速日命（邇芸速日命）ほか。	宗《そ》我《が》坐《にます》宗《そ》我《が》都《つ》比《ひ》古《こ》神社（奈良県橿原市） かつての祭神は建内宿禰・蘇賀石河宿禰との説あり。	平群神社（奈良県平群町） もともとは平群氏の祖神を祀ったとされる。	平《へ》群《ぐり》坐《にます》紀《き》氏《し》神社（奈良県平群町） もともとは紀氏の氏神を祀ったとされる。

豪族の神を祀る神社

【物部《もののべ》神社】

島根県大田市。主祭神は物部氏の祖神として知られる宇摩志麻遅命。初代神武天皇の時代に活躍した宇摩志麻遅命が埋葬された地に第26代継体《けいたい》天皇の命により創建されたと伝える。

【和氣《わけ》神社】

岡山県和気町。第11代垂仁《すいにん》天皇の皇子で和気氏の始祖である鐸石別命《ぬでしわけのみこと》を氏神に祀ったのが起源とされる。奈良時代の道鏡《どうきょう》事件で知られる和気清麻呂《きよまろ》らがのちに祭神に加えられた。

地域開発の神様を祀る

地域開発の神は、農耕などにより開発が進んだ弥生時代から古墳時代にかけての間、それぞれ各地の共同体（ムラ、クニなど）で祀られていた神がもとになっているとされている。

地域開発

地域開発の神は、地域の土地を開拓し、農業や漁業といった産業を人々に教え広めたとされる。そのような性格はどの神ももつが、とりわけ開拓神として信仰される神のことを指す。

地域の人々の感謝と崇敬

地域を切り開き、人々がその地で生活できるように産業を伝授してくれた神を、「地域開発の神」という。

大和朝廷の時代、豪族の忌部《いんべ》氏は、朝廷で宮廷祭祀を統括するとともに、全国に本拠地をもち、開拓、農産業を勧めた。忌部氏の祖先神は布刀玉命《ふとたまのみこと》。ものづくりや産業開発を司る神だ。千葉県の安房《あわ》神社では、天太玉命《あまのふとたまのみこと》（布刀玉命）が、産業繁栄、技術向上の神として祀られている。

また、神武《じんむ》天皇の孫にあたる健《たけ》磐龍命《いわたつのみこと》は、九州の阿蘇《あそ》の外輪山を蹴り崩して土地を広げたと伝えられる。阿蘇山は山岳信仰の山であるとともに、阿蘇神社（熊本県）には、健磐龍命の一族が祀られている。阿蘇神社は、九州を中心に、約500社の分社がある。

福島県には、都々古別《つつこわけ》神社が分布する。この神社では味耜高彦根《あじすきたかひこねの》命《みこと》（阿遅志貴高日子根神《あじすきたかひこねのかみ》）を祀っている。倭建命《やまとたけるのみこと》が東国遠征をしたとき、その地域を開拓していったといわれる。

地域開発の神

『古事記』などの神話は、古来のそれぞれの土地の神話を組み込んだものとされるため、本来はその土地の伝説的な開拓者が、派遣されてきた征服者に設定変更されることもある。

大国主神《おおくにぬしのかみ》(→p28)(大穴牟遅神《おおなむちのかみ》)

「国造り」の神。各地の開拓神の事績を統合し、国土全体の開拓神とされたとされる。

- 遠江　小國《おくに》神社
- 三河　砥鹿《とが》神社
- 能登　氣多《けた》大社
- 播磨　伊和《いわ》神社
- 出雲　出雲大社
- 日向　都農《つの》神社

阿遅志貴高日子根神《あじすきたかひこねのかみ》

おもに東日本では開拓神として祀られるが一方で土佐神社の祭神にもなっている。

- 陸奥　都々古別神社
- 土佐　土佐神社

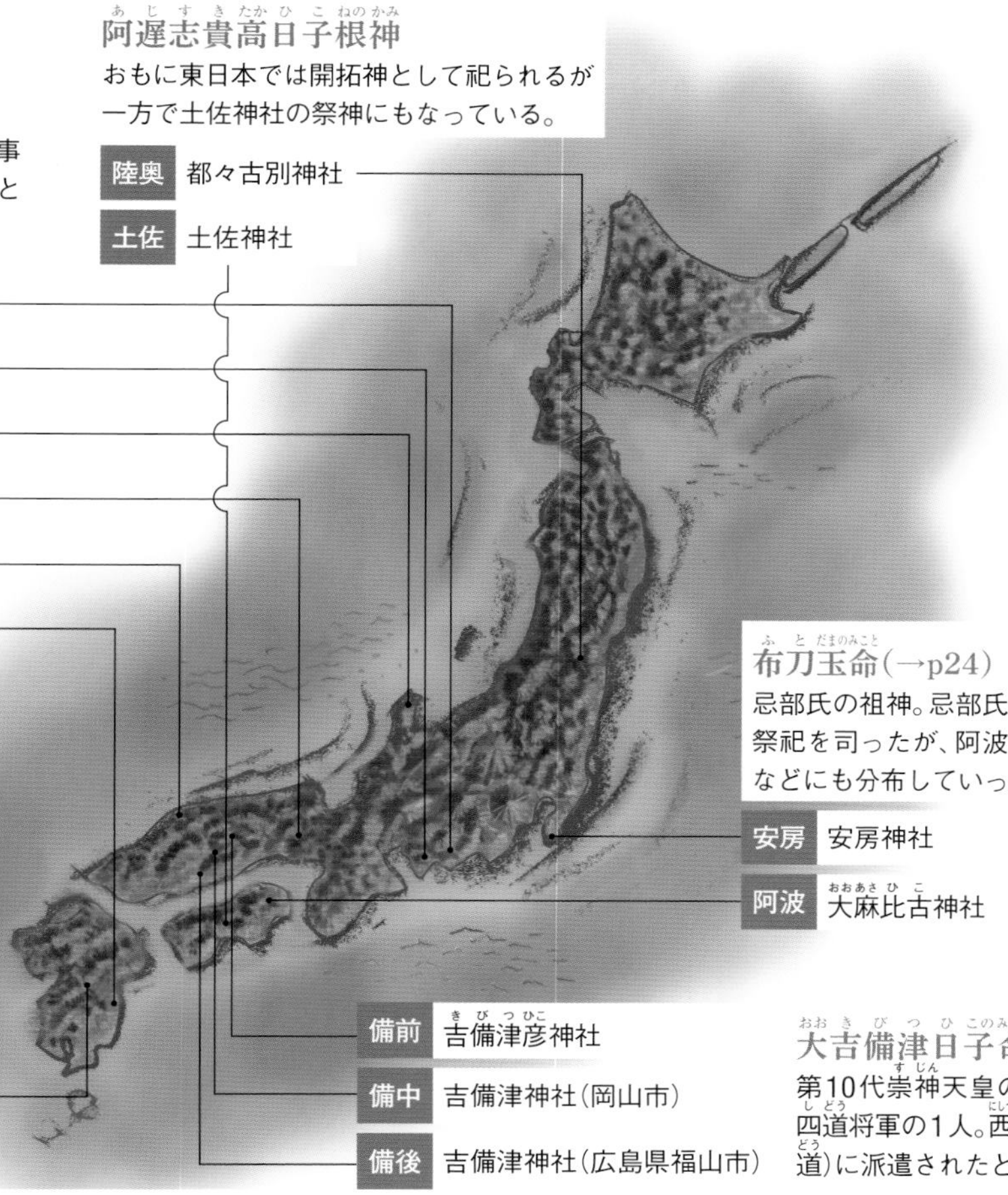

布刀玉命《ふとだまのみこと》(→p24)

忌部氏の祖神。忌部氏は宮廷祭祀を司ったが、阿波・安房などにも分布していった。

- 安房　安房神社
- 阿波　大麻比古《おおあさひこ》神社

健磐龍命《たけいわたつのみこと》

神武《じんむ》天皇から九州平定の勅命を受け国土を開発した。

- 肥後　阿蘇神社

大吉備津日子命《おおきびつひこのみこと》

第10代崇神《すじん》天皇の時代の四道《しどう》将軍の1人。西道《にしつみち》(山陽道《さんようどう》)に派遣されたとされる。

- 備前　吉備津彦《きびつひこ》神社
- 備中　吉備津神社(岡山市)
- 備後　吉備津神社(広島県福山市)

地域開発の神を祀る神社

【安房神社】

千葉県館山市。初代神武天皇の時代に創建されたとされる。主祭神は、「天岩戸《あまのいわと》」神話で活躍し、「天孫降臨《てんそんこうりん》」に従っていた天太玉命《あめのふとだまのみこと》(布刀玉命)で、豪族の忌部氏の祖神とされる。

【阿蘇神社】

熊本県阿蘇市。九州を中心に広がる阿蘇神社の総本社。第7代孝霊《こうれい》天皇の時代の創建とされる。健磐龍命をはじめ12柱を祀り、健磐龍命の子孫とされる阿蘇氏が大宮司を務める。

【都農神社】

宮崎県。神武東征の際が創建とされる。祭神は大己貴命《おおなむちのみこと》(大国主神)。周辺には古墳などの遺跡が分布し古くからの居住地として知られ、当社の守護神としての歴史も古いとされる。

【吉備津神社(岡山市)】

岡山市。創建年代は不詳。大吉備津彦大神(大吉備津日子命)を祀る。吉備国を備前・備中・備後に分割の際、備前の吉備津彦神社と備後の吉備津神社を分霊したとされる。

偉人・英雄・殿様を神様として祀る

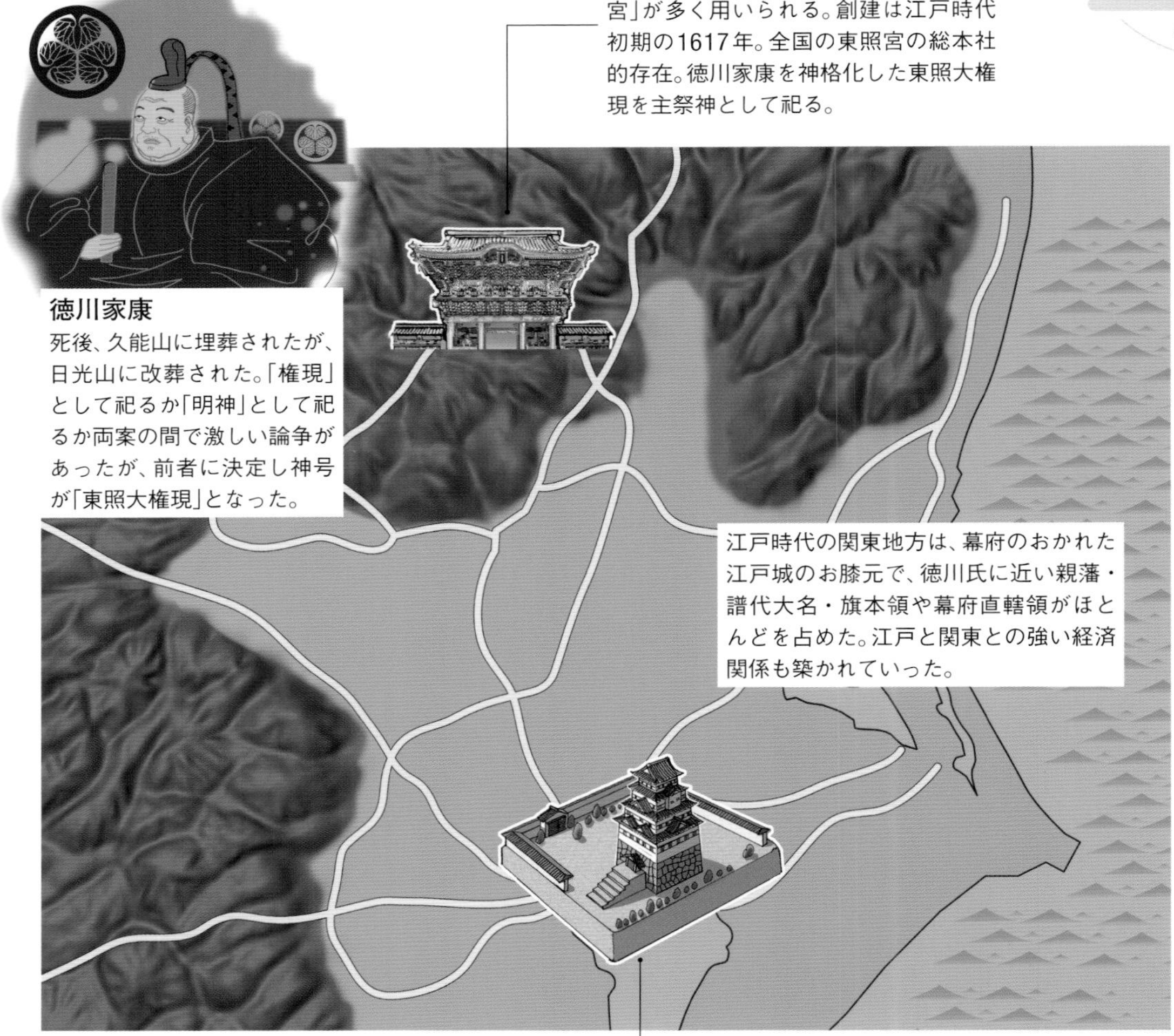

徳川家康と日光東照宮

家康が改葬先に指定した日光は、幕府のある江戸のほぼ真北に位置し、古くから山岳信仰の場で霊力の強い土地である。関東の鎮守として、幕府の安泰を願う家康の思いを感じられる。

並外れた能力の崇拝

実在した人間が、死後に神として祀られる場合があり、この神を「人格神」という。

人格神はさらに、①並外れた能力をもつ、偉人・英雄・殿様、②死後に祟りを及ぼした人物、に分けられる。

①の偉人・英雄・殿様を祀る神社は数多い。東照大権現《とうしょうだいごんげん》（徳川家《とくがわいえ》康《やす》）を祭神とする東照宮はその代表。全国にあり、その中の日光東照宮（栃木県）が総本社だ。

死を前にして家康は、自分の遺体を久能山《くのうざん》（静岡県）に納め、一周忌後に日光山に祀れば、自分は関東一帯の鎮守となるだろう、と言い残したという。そこで死の一年後、家康は朝廷から東照大権現の神号を贈られ、日光に改葬されたのだ。

他にも、安倍晴明《あべのせいめい》を祀る晴明神社（京都府）、西郷隆盛《さいごうたかもり》を祀る南《なん》洲《しゅう》神社（鹿児島県）などが有名だ。中には、桓武《かんむ》天皇と孝明《こうめい》天皇を祀る平安神宮（京都府）や、明治天皇を祀る明治神宮など、偉大な天皇を祭神とする神社もある。

神として祀られる歴史上の人物

とくに芸能・技能などに優れた人物、偉業を成し遂げた武将や名君、維新の英雄などが祀られ、その多くは明治に入ってから創建された。明治以降では軍人が軍神として祀られた。

飛鳥・奈良

柿本人麻呂《かきのもとのひとまろ》(660頃-724)

歌人。「三十六歌仙」の1人。

●柿本神社
（島根県益田市高津町）
●柿本神社
（島根県益田市戸田町）
●柿本神社（兵庫県明石市）
●柿本神社（奈良県葛城市）

国立国会図書館所蔵

平　安

安倍晴明《あべのせいめい》(921-1005)

官人、貴族、陰陽師。

●晴明神社（京都市）
●安倍晴明神社
（阿倍王子神社 末社）（大阪市）
●晴明神社（名古屋市）
●安倍晴明社（和歌山県田辺市）
●晴明神社（福井県敦賀市）

国立国会図書館所蔵

平安・鎌倉

源義経《みなもとのよしつね》(1159-1189)

武将。伝説も多い。

●白旗神社（神奈川県藤沢市）
●白旗神社（横浜市戸塚区品濃）
●義経神社（北海道平取町）
●判官神社（岩手県宮古市）

鎌倉・南北朝

楠木《くすのき》正成(?-1336)

武将。「大楠公《だいなんこう》」と称される。

●南木《なぎ》神社（建水分神社摂社）
（大阪府千早赤阪村）
●湊川《みなとがわ》神社（神戸市）
●千早《ちはや》神社（大阪府千早赤阪村）
●吉水《よしみず》神社（奈良県吉野町）

国立国会図書館所蔵

戦国・織豊

豊臣秀吉《とよとみひでよし》(1537-1598)

武将、大名、天下人。

●豊国《とよくに》神社（京都市）
●豊国《ほうこく》神社（滋賀県長浜市）
●豊国《とよくに》神社（徳島県小松島市）
●豊国《とよくに》神社（金沢市）
●豊国《とよくに》神社（名古屋市）
●豊國《ほうこく》神社（大阪市）

江　戸

二宮尊徳《にのみやそんとく》（金次郎）(1787-1856)

経世家、農政家、思想家。

●報徳《ほうとく》二宮神社
（神奈川県小田原市）
●二宮神社（栃木県真岡市）
●報徳二宮神社（栃木県日光市）
●報徳二宮神社（相模原市）

江戸・明治

西郷隆盛《さいごうたかもり》(1828-1877)

薩摩《さつま》藩士、軍人、政治家。

●南洲《なんしゅう》神社（鹿児島市）
●南洲神社
（鹿児島県和泊町）
●南洲神社（宮崎県都城市）
●南洲神社（山形県酒田市）

国立国会図書館所蔵

江戸・明治

乃木希典《のぎまれすけ》(1849-1912)

長府《ちょうふ》藩士、軍人、教育者。

●乃木神社（東京都港区）
●乃木神社（栃木県那須塩原市）
●乃木神社（京都市）
●乃木神社（山口県下関市）

国立国会図書館所蔵

崇《たた》りをなす神様を祀る

御霊を守護神に昇華

50ページの②の「人格神」は、いずれも非業《ひごう》の死や、冤罪《えんざい》による憤死など、無念の死を遂げた人物に由来し、これを御霊《ごりょう》とよぶ。

古代、疫病《えきびょう》が流行したとき、それは何者かの祟りが原因とされた。霊を鎮める御霊祭《ごりょうまつり》が最初に記録されたのは８６３年。藤原種継《ふじわらのたねつぐ》暗殺の濡れ衣を着せられて死んだ早良《さわら》親王、藤原仲成《なかなり》の陰謀で自殺に追い込まれた伊予《いよ》親王ら、計6名の鎮魂《ちんこん》が行われた。しかしその後も災厄《やくさい》が続いたため、上御霊神社と下御霊神社（いずれも京都府）が建てられ、御霊神が祀られた。

こうした御霊信仰のもとになったのは、古くからある疫神《えきじん》信仰だ。これは、疫病を流行らせる原因が疫神にあるとし、疫神を排除してしまおうという考え方だ。

ところが、怨念《おんねん》によって人間も疫神に変わるとする御霊信仰では、霊魂を丁重に祀ることで、祟り神を守護神に昇華させようと考える。その昇華のエネルギーを得るため、御霊を祀る神社の祭りは賑やかなものが多いという特徴がある。

崇りをなす神（御霊）

御霊信仰が形をなしてくるのは平安時代。皇位継承争いを中心とした政治闘争はますます激化し、怨霊事件が続出した。平安時代以降も御霊の例はあるが地域限定的なものになる。

人物	生没年	祟りとの関係	祀る神社
藤原広嗣《ふじわらのひろつぐ》	?-740	第45代聖武天皇の時代、藤原広嗣の乱で敗れ刑死。	下御霊神社（京都市）
井上内親王	717-775	第49代光仁天皇の皇后。天皇を呪詛したとして廃皇后。	上御霊神社（京都市）
他戸《おさべ》親王	761?-775	第49代光仁天皇の皇太子。母の井上内親王に連座して廃太子。	上御霊神社（京都市）
早良《さわら》親王	750?-785	第50代桓武天皇の弟。藤原種継暗殺事件に連座して廃太子。	上御霊神社・下御霊神社（京都市）
伊予親王	783?-807	第51代平城天皇の弟。伊予親王の変で幽閉され自殺。	下御霊神社（京都市）
藤原吉子《よしこ》	?-807	伊予親王の母。伊予親王の変で幽閉され自殺。	上御霊神社・下御霊神社（京都市）
橘 逸勢《たちばなのはやなり》	782?-842	第54代仁明天皇の時代、承和の変で流罪。	上御霊神社・下御霊神社（京都市）
文室宮田麻呂《ふんやのみやたまろ》	不詳	第54代仁明天皇の時代、反乱を企てたとして流罪。	上御霊神社・下御霊神社（京都市）
菅原道真《すがわらのみちざね》（→p66）	845-903	第60代醍醐天皇の時代、昌泰の変で左遷。	太宰府天満宮（福岡県太宰府市） 北野天満宮（京都市）
平将門《たいらのまさかど》	?-940	第61代朱雀天皇の時代、平将門の乱で敗死。	御首《みくび》神社（岐阜県大垣市） 國王《こくおう》神社（茨城県坂東市） 神田明神（東京都千代田区） 鳥越《とりこえ》神社（東京都台東区）
崇徳《すとく》天皇（上皇）	1119-1164	第75代天皇。保元の乱で敗れ配流。	白峰《しらみね》宮（香川県坂出市） 白峯神宮（京都市）
安徳《あんとく》天皇	1178-1185	第81代天皇。壇ノ浦の戦いで入水。	赤間《あかま》神宮（山口県下関市）
後鳥羽《ごとば》天皇（上皇）	1180-1239	第82代天皇。承久の乱で敗れ配流。	水無瀬《みなせ》神宮（大阪府島本町） 隠岐《おき》神社（島根県海士町）

祟りをなす神を祀る神社

【鳥越神社】

東京都台東区。飛鳥時代の創建とされる。日本《やまと》武尊《たけるのみこと》（倭建命）らを祀るが、平将門の手が鎮まるとされる。将門の体の一部や武具が鎮まるとされる神社は東京都内各所に点在する。

【白峰宮】

香川県坂出市。祭神は崇徳天皇ら。別名「明《あかり》ノ《の》宮《みや》」。天皇（当時は上皇）が崩御したあと、遺体を清水に浸しておいたら毎夜神光が輝いたため、清水の湧く地に創建されたという。

【赤間神宮】

山口県下関市。神仏分離前までは平安時代前期創建の阿弥陀寺という寺院だった。入水した安徳天皇の遺体は発見されなかったが、阿弥陀寺に御影堂が建立され、祀られはじめた。

【隠岐神社】

島根県海士町。隠岐に配流された後鳥羽天皇（配流時は法皇）を祀る。創建は昭和時代だが、天皇の火葬塚のある同地には明治時代まで「後鳥羽院神社」があったと記録されている。

職能の神様を祀る

職能の神

職業や技能に関わる神を祀る神社は、業種に応じて数多くある。職業の動向や技能の巧拙が日々の生活の営みに直結するため、現世利益的な意味合いも込められていると思われる。

職能	代表的な神社	祭神や由来など
鍛冶	天目一《あめのまひとつ》神社（兵庫県西脇市）	金工鍛冶の祖神である天目一箇命《あめのまひとつのみこと》（天目一箇神）を祀る。
鍛冶	御上《みかみ》神社（滋賀県野洲市）	天目一箇神と同一神とされる天之御影命《あめのみかげのみこと》を祀る。
林業	伊太祁曽《いたきそ》神社（和歌山市）	林業の祖神である五十猛命《いたけるのみこと》（五十猛神《いそたけるのかみ》）を祀る。
料理	高家《たかべ》神社（千葉県南房総市）	料理人の守護神である磐鹿六雁命《いわかむつかりのみこと》を祀る。
酒	佐香《さか》神社（島根県出雲市）	酒の神である久斯神《くすのかみ》を祀る。
菓子	中嶋《なかしま》神社（兵庫県豊岡市）	菓子職人の祖神である田道間守命《たじまもりのみこと》（多遅麻毛理）を祀る。
漬物	萱津《かやづ》神社（愛知県あま市）	漬物の祖神とされる鹿屋野比売神《かやぬひめのかみ》（→p19）を祀る。
油	離宮《りきゅう》八幡宮（京都府大山崎町）	荏胡麻《えごま》油の商売の祖神として崇められるようになる。
味噌	本村《もとむら》神社（熊本市）	近くの国分寺の味噌倉の守護神となり「味噌天神」と呼ばれる。
塩	鹽竈《しおがま》神社（宮城県塩竈市）	祭神の塩土老翁神《しおつちおじのかみ》（塩椎神《しおつちのかみ》）は人々に製塩などを教えたという。
建築	莫越山《なこしやま》神社（千葉県南房総市）	ともに工匠の守護神とされる手置帆負命《たおきほおいのみこと》・彦狭知命《ひこさしりのみこと》を祀る。
医薬	少彦名《すくなひこな》神社（大阪市）	医薬の祖神である少彦名命《すくなひこなのみこと》（少名毘古那神《すくなびこなのかみ》）を祀る。
陶器	畝尾坐健土安《うねおにますたけはにやす》神社（奈良県橿原市）	祭神の健土安比売命《たけはにやすひめのみこと》は、陶器の祖神とされる波邇夜須毘古神《はにやすびこのかみ》・波邇夜須毘売神《はにやすびめのかみ》（→p19）と同一視される。
宝飾	玉祖《たまのおや》神社（山口県防府市）	宝石の守護神である玉祖命《たまのおやのみこと》（→p25）を祀る。
漁業	美保神社（島根県松江市）（→p88）	漁業の神である事代主神《ことしろぬしのかみ》（→p30）を祀る。
織物	倭文《しとり》神社（鳥取県湯梨浜町）	織物業の祖神である建葉槌命《たけはづちのみこと》を祀る。

生活に直結するご利益

職業の成功、技能の上達は、その本人の生活レベルを向上させる。そのため、古来人々は、職能的なご利益を神に求めてきた。こうした職能の神を祀る神社は、業種ごとに数多く存在する。

酒造の神として、全国の酒造業者や杜氏《とうじ》たちから仰がれている松《まつの》尾《お》大社（京都府）は、もともとは5世紀に朝鮮半島から渡来した秦《はた》氏の氏神だった。酒造りの技術を伝えた秦氏が、松尾山を御神体として祀ったことから発展した。現在の祭神は、境内に湧く霊泉で酒を醸造したとされる大山咋神《おおやまくいのかみ》だ。

お菓子の神は、多遅麻毛理《たじまもり》だ。垂仁《すいにん》天皇の命を受け、不老長寿の霊薬を探す旅をした多遅麻毛理が、常世《とこよ》の国から持ち帰ったみかんの原種。これがお菓子の始まりとされる。そこで多遅麻毛理が菓子職人の祖神とされ、中嶋神社（兵庫県）に祀られている。

医薬関係の職能神は、大国主神《おおくにぬしのかみ》と国造りを行った少名毘古那《すくなびこな》神だ。医薬をもたらした神とされ、少彦名神社（大阪府）に祀られている。

林業

【伊太祁曽《いたきそ》神社】

和歌山市。鎮座の時期は不明だが、飛鳥時代に初見。祭神の五十猛命（五十猛神）は、『古事記』に登場する木国の大屋毘古神《おおやびこのかみ》と同一神とされる。林業や製材関係者の信仰を集める。

紀伊（和歌山県）の山林
五十猛神は、もともとは古来より林業の盛んな紀伊で信仰されていた神だったとされる。

酒

【佐香《さか》神社】

島根県出雲市。酒の神である久斯神《くすのかみ》らを祀る。『出雲国風土記』には、多くの神々が集まり酒を造り毎日宴会をしたあと解散したという説話があり、酒造り発祥の地とされている。

樽
佐香神社の例大祭「濁酒祭《どぶろくまつり》」がはじまった室町時代は、樽の登場で酒造業が発達したという。

菓子

【中嶋神社（伊萬里神社摂社）】

佐賀県伊万里市。伊萬里《いまり》神社の境内社。本社は兵庫県豊岡市にある中嶋神社。祭神である田道間守命（多遅麻毛理）が非時香菓《ときじくのかぐのこのみ》を常世の国から持ち帰った日本で最初の場所とされる。

非時香菓《ときじくのかくのこのみ》
多遅麻毛理が常世から持ち帰ったとされるみかんの原種。果物は菓子のルーツとされる。

宝飾

【玉祖《たまのおや》神社】

山口県防府市。創建年代は不明。祭神である玉祖命は「天岩戸」の際に勾玉をつくったことから、宝石・レンズ・眼鏡・カメラ・時計などの守護神として、関係者から信仰を集める。

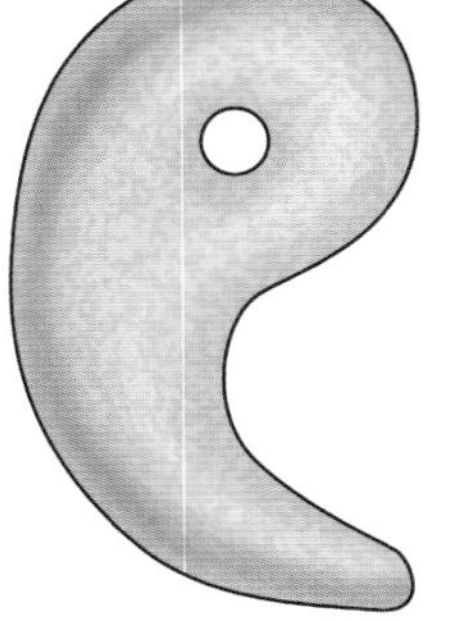

勾玉
レンズを「玉」ということから、勾玉をつくった玉祖命は眼鏡などとも関係深いとされる。

五

異《い》形《ぎょう》の神様を祀る

鵺《ぬえ》

『平家物語』によると、天皇の御所に毎晩のように黒煙が覆うとともに不気味な鳴き声が響き渡っていたが、怪物退治を命じられた源《みなもとの》頼《より》政《まさ》が黒煙の中にいた鵺を射落としたという。

【鵺神社】

京都市。創建は不詳。現社殿などは、鵺が射落とされたと伝えられてきた地に建立された。

酒呑童子《しゃてんどうじ》

源頼光《よりみつ》らは、毒酒を飲ませて動けなくなった酒呑童子の首を切り落とし退治した。頼光らは、酒呑童子の首を持ち帰っていったが、京に入る境目で首が動かなくなり、埋葬したという。

【首塚《くびづか》大明神】

京都市。創建は不詳。現社殿などは、酒呑童子の首が葬られたとされる地に建立された。

怪しい力をご利益に

架空の生き物、この世のものではない「異形のもの」を祀る神社がある。暴れたり悪さをしたりする妖怪や魔物を鎮め、それらのもつ魔力や妖力を、逆に魔除けに役立てようとするものだ。

「鵺《ぬえ》」は夜現れて人を怖がらせる怪鳥とされていたが、『平家《へいけ》物語』には、トラツグミのような声の主を源《みなもとの》頼《より》政《まさ》が射落としたところ、頭はサル、胴体はタヌキ、尾はヘビ、足はトラの、妖怪だったと書かれている。現在、鵺神社（京都府）に祀られている。

平安京の北に住み、人をさらうことで恐れられた鬼・酒呑童子《しゅてんどうじ》も、源頼光《よりみつ》らに退治されてからは、首より上の病に効く神として、首塚《くびづか》大明神（京都府）に祀られている。

また、神が化身《けしん》した異形もある。日本サッカー協会のマークにデザインされる八咫烏《やたがらす》がその一つ。東征中の神武《じんむ》天皇を、熊野《くまの》から大和《やまと》まで案内するために、建角身命《たけつのみのみこと》が化身した三本足の神鳥だ。八咫烏神社（奈良県）に祀られ、導きの神として信仰されている。

八咫烏《やたがらす》(→p36)

(→p36)

「神武東征」に出てくる三本足の大きな鳥。「咫」は手の親指と中指を広げたくらいの長さのことをいう。高天原《たかまのはら》から遣わされて神倭伊波礼毘古命《かむやまといわれびこのみこと》(神武《じんむ》天皇)の道案内をしたという。

【八咫烏神社】

奈良県宇陀《うだ》市。飛鳥時代の創祀とされる。主祭神は八咫烏に化身したとされる建角身命《たけつのみのみこと》。

玉藻前《たまものまえ》

妖狐《ようこ》の化身ながらも麗美な姿のため、天皇に寵愛されていた美女。天皇が病気の折の祈祷により「九尾《び》の狐」としての正体をあらわにして逃げていくが、那須《なす》で退治されたという。

【玉藻《たまも》稲荷神社】

栃木県大田原《おおたわら》市。創建は不明。玉藻前(九尾の狐)が退治されたとされる地に建立された。

そのほかの異形の神

伝承の発祥地や伝承を受け継いでいる地に祀られる。由緒の古いものもあるが、町おこしなど観光面での動きの中で、伝承が掘り起こされて神社が整備されるようになったのもある。

神社	祭神など	創建	由緒など
九頭龍《くずりゅう》神社 (神奈川県箱根町)	九頭龍	天平宝字《てんぴょうほうじ》年間 (757-765)頃	九頭龍は体が1つで頭が9つあるという伝説上の動物。芦ノ湖《あしのこ》では人々を困らせていた悪い九頭龍が仏法の力で神になったという。
鬼神社 (青森県弘前市)	鬼	延暦《えんりゃく》年間 (782-806)	岩木《いわき》山中の鬼が、渇水に苦しむ農民たちのために堰をつくって水をひいてくれたという善行に感謝して、神社に祀られたという。
磯良《いそら》神社 (宮城県色麻《しかま》町)	河童	延暦23年 (804)	坂上田村麻呂《さかのうえのたむらまろ》の蝦夷《えみし》征討のとき、河童のように激流を泳ぐなど数々の功績を立てた者が、没後に「河童明神」として祀られたという。
鯢(はんざき)大明神 (岡山県真庭《まにわ》市)	大山椒魚《おおさんしょううお》	文禄《ぶんろく》年間 (1593-1596)頃	「鯢(はんざき)」は大山椒魚のこと。体長が10メートル余りの巨大な大山椒魚が退治され、その祟りを恐れた村人に祀られたという。

コラム 3

有名なロケ地となった神社

時代を超えた日常を描く

映画やドラマ、ＣＭのロケ地として、神社はよく使われる。ストーリー的に必然性のある場合だけでなく、場面的な演出として使われることも多い。今も昔も変わらない特殊な空間で、独特の雰囲気が、それぞれの映像作品にアクセントを与えている。

たとえば静岡県御殿場《ごてんば》の二岡《にのおか》神社では、黒澤明《くろさわあきら》監督の『七人の侍』、『椿《つばき》三十郎《さんじゅうろう》』、北野武監督の『座頭市《ざとういち》』、ａｕの〝三太郎〟のＣＭなどが撮られている。それぞれの作品に、時代を超えた日本の日常が表現されている。

京都嵐山の車折《くるまざき》神社は、日本的な四季折々の樹木が美しく、『遠山の金さん』『半七捕物帳《はんしちとりものちょう》』『必殺シリーズ』など、多くの時代劇が撮られている。

東京の古社である根津《ねづ》神社は、朱塗りの本殿や千本鳥居が歴史を感じさせ、『伝七捕物帳《でんしちとりものちょう》』『忠臣蔵』などの時代劇のほか、『男はつらいよ』で主人公の寅さんが商売をするシーンでも使われた。

長く続いた『水戸黄門《みとこうもん》』では、青森県のおかみ神社、秋田県の赤紙《あかがみ》神社、岩手県の三ツ石《みついし》神社、宮城県の鹽竈《しおがま》神社、日光の東照宮、群馬県の妙義《みょうぎ》神社、鎌倉の鶴岡《つるがおか》八幡宮などなど、多くの神社で撮影が行われた。

ほかにも、栃木県の加蘇山《かそやま》神社で『猫侍《ねこざむらい》』、静岡県の富士浅間《ふじせんげん》神社や高知県の土佐神社などで『暴れん坊将軍』など、枚挙にいとまがない。

地の利を生かしたロケ地

三島由紀夫《みしまゆきお》の『潮騒《しおさい》』の舞台は、三重県鳥羽市の神島。何回か映画化され、実際に神島で撮影された。そのとき、神島にある八代《やつしろ》神社も格好のロケ地として使われた。

映画・テレビドラマでは、桜の名所である東京・大田区の浅間《せんげん》神社（多摩川浅間神社）がしばしば撮影に使われている。２０１６年公開の『シン・ゴジラ』では、多摩川河川敷が絶対防衛ラインとしての設定だったため、そこを一望できる浅間神社の展望台に戦闘指令所が置かれた。これも神社の地の利を生かした使われ方だ。

●神島（三重県鳥羽市）

鳥羽港の北東沖にあり、定期船直通で30〜40分ほど。名前が示すように神の支配する島と信じられてきた。島全体が山地のため、港から山頂にかけて階段状の家々が密集している。

●根津神社（東京都文京区）

日本武尊《やまとたけるのみこと》による創祀と伝わる。神仏分離前は、根津権現を祀っていたが、現在の主祭神は須佐之男命《すさのおのみこと》、大山咋命《おおやまくいのみこと》、誉田別命《ほむたわけのみこと》。森鷗外《もりおうがい》や夏目漱石《なつめそうせき》といった文豪の作品にも登場してくる。

第3章

信仰のグループはなぜできたのか？

八幡、稲荷など同じ名の神社をしばしば見かける。いずれも有力な神社から分霊を移された分社だ。本章では、分社の数が多くて人気度が高い神社をグループごとに紹介していく。

神社の信仰のグループ

お稲荷さん(稲荷)や八幡様(八幡)などといった神が、あちこちに勧請され分社が多いのは、他の神よりも強い霊性を持ち、あらたかな霊験を発揮すると信じられたためとされる。

本社

とりわけ強い霊性をもち、あらたかな霊験を発揮すると信じられ、強く渇望されるほど分社が増えていく。日本の神様は分霊によっていくらでも増えることができる。神霊はいくらでも分霊をつくることができ、しかもその力は衰えることはない。当然ご利益も減らない。

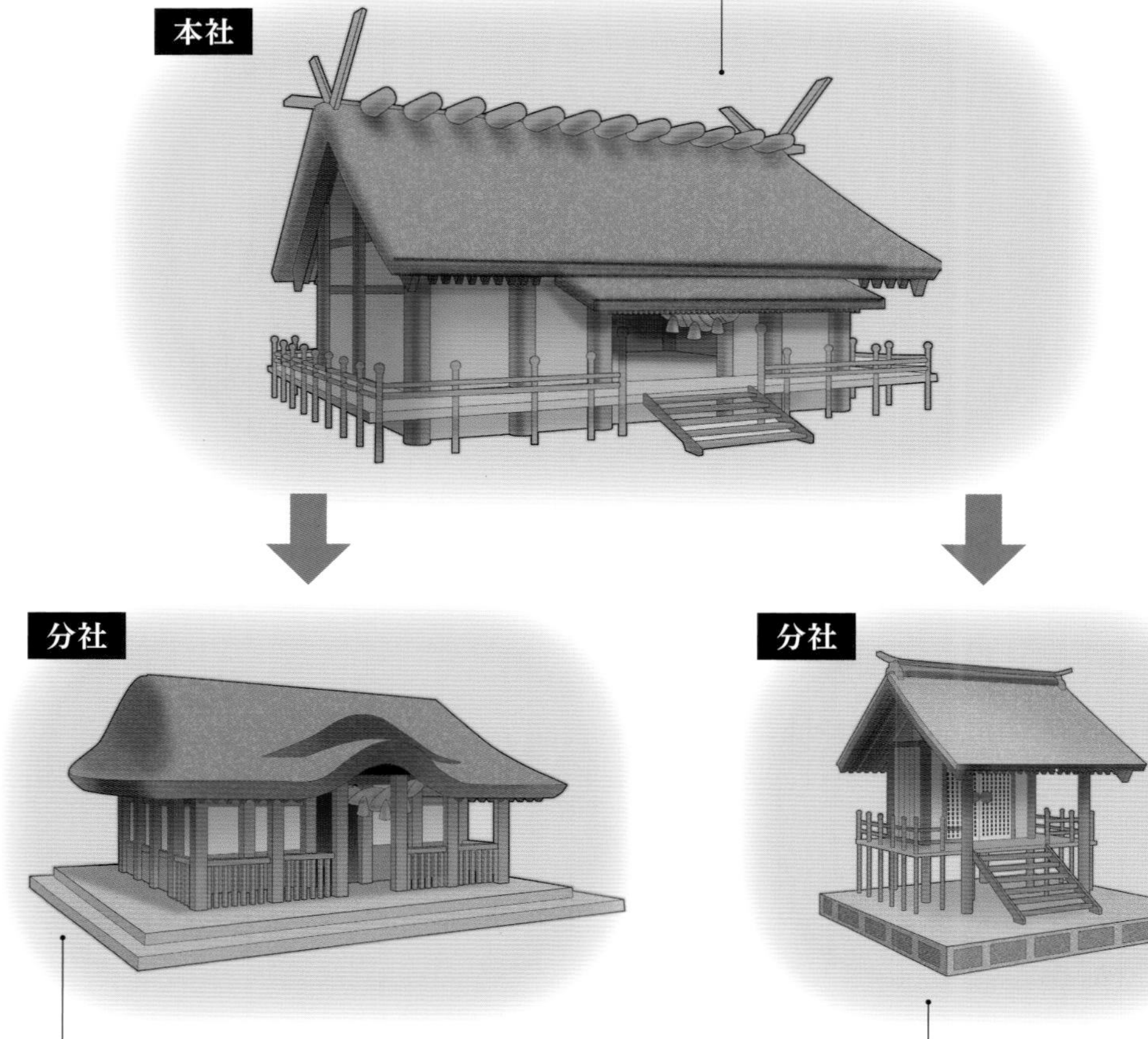

分社

勧請した神も本社の神と同じで、その神威も同じ。勧請には、まったく新しく創建される場合と、すでにある神社を勧請した神の神社に模様替えする場合とがある。模様替えする場合、もともとの祭神は勧請した神といっしょに本殿で祀ることもあるが、もともとの祭神を摂社・末社(→p140)に祀ることもある。また、勧請した神を摂社・末社に祀ることもある。

本社と分社

本社は、本宮、総本社、総本宮、本源神社などともいう。本社の祭神の神霊を分けることを分祠や分霊といい、神霊を分社に招くことを勧請という。分社は、本社の系列社となる。

人気の神は全国規模に

我々のまわりでよく目にする神社といえば、お稲荷《いなり》さん、八幡《はちまん》様、神明《しんめい》様、天神《てんじん》様(天満宮《てんまんぐう》)などではないだろうか。

これらの神社は、本社《ほんしゃ》から祭神《さいじん》を分霊して増えたものだ。現世ご利益の性格が強く、霊験あらたかな神様は、新しく創建された神社に迎えられ、全国に広がっていく。これを勧請《かんじょう》型神社とよぶ。仏教の影響を受けた「神仏習合神」にしばしば見られる。

また、この過程で神格が拡大することもある。たとえば稲荷神社は、もとは「農業神」だったが、時代が進み庶民の生業が多様化すると、「諸産業の神」へと変化し、勧請はさらに進んだ。

そのほか、社会の指導者や神職の影響で拡大する場合もある。鎌倉幕府開祖の源頼朝《みなもとのよりとも》が源氏の氏神とした鶴岡《つるがおか》八幡宮が、御家人たちによって全国各地に勧請された。また伊勢神宮の「御師《おし》」は、お札配布などを行って布教したため、信仰が広まり、神明社が全国に建てられている。

信仰別の全国の神社数

神社本庁による「全国神社祭祀祭礼総合調査」(1990年〜1995年)をもとに作成。調査での全神社数は79,335社。なお、法人格を持たない神社や小さな祠などは含まれていない。

- **八幡《はちまん》信仰** **7,817社** 本社=宇佐神宮/分社など=八幡宮、八幡神社、若宮神社など →p62八幡信仰
- **伊勢《いせ》信仰** **4,451社** 本社=伊勢神宮/分社など=神明神社、神明社、神明宮、皇大神社、天祖神社、大神宮など →p64伊勢信仰
- **天神《てんじん》信仰** **3,953社** 本社=北野天満宮、太宰府天満宮/分社など=天満宮、天満神社、天神社、菅原神社、北野神社など →p66天神信仰
- **稲荷《いなり》信仰** **2,924社** 本社=伏見稲荷大社/分社など=稲荷神社、宇賀神社、稲荷社、稲成神社など →p68稲荷信仰
- **熊野《くまの》信仰** **2,693社** 本社=熊野本宮大社、熊野速玉大社、熊野那智大社/分社など=熊野神社、王子神社、十二所神社など →p70熊野信仰
- **諏訪《すわ》信仰** **2,616社** 本社=諏訪大社/分社など=諏訪神社、南方神社、諏訪社、周方神社、洲波神社など →p72諏訪信仰
- **祇園《ぎおん》信仰** **2,299社** 本社=八坂神社、津島神社など/分社など=八坂神社、津島神社、祇園神社、天王神社など →p74祇園・津島信仰
- **白山《はくさん》信仰** **1,893社** 本社=白山比咩神社/分社など=白山神社、白山社、白山比咩神社、白山姫神社など →p93白山信仰
- **日吉《ひよし》信仰** **1,724社** 本社=日吉大社/分社など=日吉神社、日枝神社、山王神社、山王社など →p87日吉信仰
- **山神信仰** **1,571社** 本社=不明/分社など=山神神社、山神社、十二神社など
- **春日《かすが》信仰** **1,072社** 本社=春日大社/分社など=春日神社など →p76春日信仰
- **愛宕《あたご》信仰** **872社** 本社=愛宕神社/分社など=愛宕神社、愛宕社など
- **三島《みしま》・大山祇《おおやまづみ》信仰** **704社** 本社=大山祇神社、三嶋大社/分社など=大山祇(積、津見)神社、三島(嶋)神社、山祇神社など →p78三島・大山祇信仰
- **鹿島《かしま》信仰** **604社** 本社=鹿島神宮/分社など=鹿島神社、鹿嶋神社など →p77鹿島・香取信仰
- **金毘羅《こんぴら》信仰** **601社** 本社=金刀比羅宮/分社など=金比羅神社(宮)、金刀比羅神社(宮)、琴平神社、事比羅神社など →p80金毘羅信仰
- **住吉《すみよし》信仰** **591社** 本社=住吉大社/分社など=住吉神社など →p82住吉信仰
- **大歳《おおとし》信仰** **548社** 本社=不明/分社など=大歳神社、大年神社など
- **厳島《いつくしま》信仰** **530社** 本社=嚴島神社/分社など=厳島神社、厳嶋神社など →p84宗像・厳島信仰
- **貴船《きふね》信仰** **463社** 本社=貴船神社/分社など=貴船(舟、舩)神社、貴布禰(祢)神社、意賀美神社、雄神神社など →p86貴船信仰
- **香取《かとり》信仰** **420社** 本社=香取神宮/分社など=香取神社など →p77鹿島・香取信仰
- **恵比寿《えびす》信仰** **408社** 本社=西宮神社、美保神社/分社など=西宮神社、蛭子神社、恵比寿神社、事代主神社など →p88恵比寿信仰
- **浅間《せんげん》信仰** **397社** 本社=富士山本宮浅間大社/分社など=浅間神社、富士神社、富士浅間神社など →p90浅間信仰
- **秋葉《あきは》信仰** **362社** 本社=秋葉山本宮秋葉神社/分社など=秋葉神社、秋葉山神社、秋葉社など →p92秋葉信仰
- **荒神《こうじん》信仰** **317社** 本社=不明/分社など=荒神社、荒神神社など
- **賀茂《かも》信仰** **277社** 本社=賀茂別雷神社、賀茂御祖神社/分社など=賀茂神社、加茂神社、鴨神社など
- **水神信仰** **277社** 本社=不明/分社など=水神社、水神宮など

五　八《はち》幡《まん》信仰

源氏の氏神

源《みなもとの》頼《より》義《よし》が自らの領地に八幡宮を勧請するなど、源氏は八幡神を氏神として崇敬した。のちの時代の武士の多くは源氏を祖先としているため、多くの武士にとって八幡神は氏神となった。

応神天皇《おうじん》

八幡神と同一とされる応神天皇は第15代天皇といわれる。母である神功《じんぐう》皇后が新羅を攻めるとき(→p82)、お腹の中に宿っており、その経緯から武神として信仰されている。

八幡大菩薩《はちまんだいぼさつ》

八幡神は、もっとも早く神仏習合がなされた神のひとつとしても知られる。神仏分離前は、称号が「八幡大菩薩」で、石清水八幡宮や鶴岡八幡宮の正式名称が「八幡宮寺」だった。

八幡神

もともとは北九州の豪族の氏神とされる。『古事記』などには、八幡神を応神天皇と同一とする記述はなく、奈良時代から平安時代にかけて同一とされるようになったと推定される。

全国で信仰される万能の神

全国で約8万社ともいわれる神社の中で、最も多いのが八幡神社だ。その数7800にのぼる。

本宮は大分県の宇佐《うさ》神宮。祭神の八幡大神（八幡神）とは、第15代の応神《おうじん》天皇（誉田別命《ほむたわけのみこと》）だ。第29代の欽明《きんめい》天皇の時代、宇佐の池のほとりに応神天皇が童子の姿で現れ、自分が八幡大神だと告げたという。そこでこの地に社を建立したのが始まりといわれる。

奈良時代、皇位を狙った僧の道《どう》鏡《きょう》に対し、野望阻止の託宣を下したことで、八幡神は皇室の守護神となる。

その後平安時代初期、石清水《いわしみず》八幡宮が京へ勧請され、平安京鎮護の神として祀られた。ここからさらに源頼義《みなもとのよりよし》によって鎌倉に勧請され、源頼朝《よりとも》によって現在の地に鶴岡《つるがおか》八幡宮が建てられた。

こうして源氏の氏神になると、八幡神は鎌倉武士の守護神として全国に勧請される。現在では、武運長久から発展し、勝負、勉学、仕事の成功、出世など、万能の神として各地で篤く信仰されている。

八幡信仰の広がり

八幡宮、八幡神社など八幡信仰の神社は、総本社である宇佐神宮（大分県宇佐市）のほか、石清水八幡宮（京都府八幡市）や鶴岡八幡宮（神奈川県鎌倉市）から勧請されたものが多い。

宇佐神宮

❶宇佐神宮
571年の欽明天皇の時代に宇佐の地にはじめて八幡神が降り立ち、奈良時代の725年に宇佐神宮が創建され、八幡神が祀られたとされる。八幡神は応神天皇と同一とされたことから皇祖神ともなった。

↓

奈良時代、宇佐の八幡神から東大寺大仏の建造に協力する託宣が出たといわれる。宇佐八幡には仏教守護の神として「八幡大菩薩《だいぼさつ》」の称号が贈られた。このため各地の仏教寺院には、守護神として八幡神が祀られるようになった（のちに神仏分離によって禁止）。

↓

奈良時代末期、僧侶の道鏡《どうきょう》が皇位につこうとした道鏡事件においても、和気清麻呂《わけのきよまろ》が宇佐八幡の託宣をもって道鏡の野望を阻止した。このころから、八幡神は天皇家の守護神や国家鎮護《ちんご》の神としての性格をより強めていった。

↓

❷石清水八幡宮
平安時代初期の859年に平安京の鎮守として石清水八幡宮が勧請され、王城鎮護の神として崇敬を集めるようになった。朝廷との結びつきはさらに強くなり、朝廷を守護する二十二社（→p125）の中でも伊勢神宮に次ぐ扱いを受けるようになった。

↓

天皇の子孫で武士となった源氏にとって、皇祖神で国家鎮護の神である八幡神は篤い信仰の対象だった。平安時代末期、源頼義は前九年の役による東北への出陣に際して石清水八幡宮に加護を祈った。頼義の子である義家は、石清水八幡宮で元服し「八幡太郎」と称した。

↓

❸鶴岡八幡宮
前九年の役から凱旋した源頼義が1063年に鎌倉の由比ヶ浜に石清水八幡宮を勧請したのが、鶴岡八幡宮のはじまりとされる。頼義から5代目で鎌倉幕府を開いた頼朝は、由比ヶ浜から現在地に移し幕府の神社として整えた。そのため、八幡神は武士の間で広く信仰され、武士の守護神として発展したほか、各地の武士の領地の鎮守神として全国に普及していった。

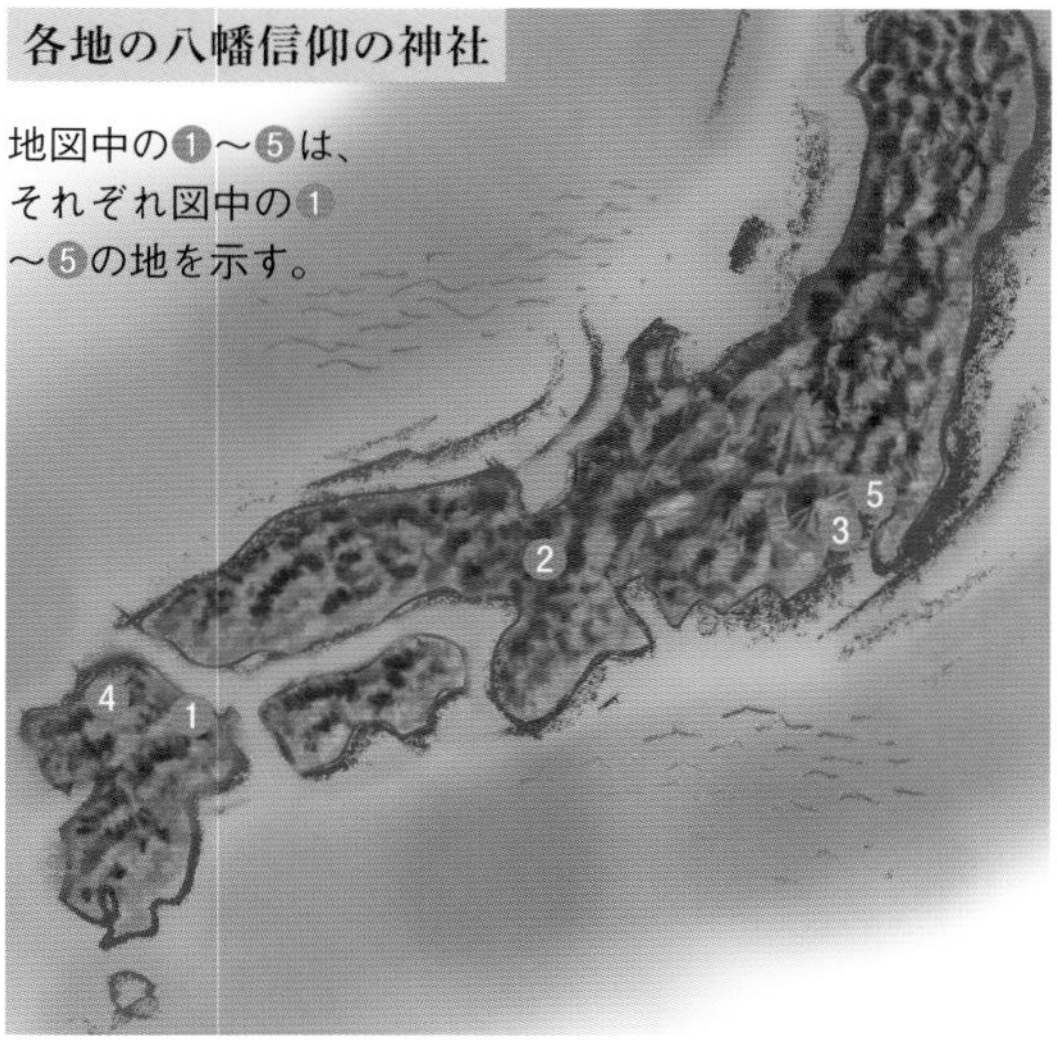

八幡信仰の神社

❹【筥崎宮《はこざきぐう》】

福岡市。宇佐神宮・石清水八幡宮とともに三大八幡宮のひとつとされる。延喜21年（921）醍醐《だいご》天皇が神勅により「敵国降伏《てきこくこうふく》」の宸筆《しんぴつ》を下賜《かし》され、社殿を建立したとされる。

❺【富岡《とみおか》八幡宮】

東京都江東区。創建は江戸時代初期で、「深川《ふかがわ》の八幡様」と親しまれてきている「江戸最大の八幡様」。「深川八幡祭り」と呼ばれる例祭は、「江戸三大祭」の一つに数えられている。

伊《い》勢《せ》信仰

江戸時代には、伊勢神宮へ参詣する「伊勢参り」が盛んになったが、とくに60年周期でおこった熱狂的なブームを「お蔭参り」といった。

宮川《みやがわ》の渡し
お蔭参りで全国から集ってくる人たちは、どの方面からでも必ず宮川を通る。宮川には橋がないので船で渡り、渡ると伊勢神宮までは間もなくとなる。

おかげ犬
体が弱いなどの事情で参詣できない主人の代わりに犬が参詣したといわれる。近所でお蔭参りに行く人に一緒に連れて行ってもらうなどした。

まったく旅の用意をしていなかった奉公人や子どもが、主人や親に無断で抜け出すなどして、伊勢神宮を参拝する「抜け参り」もおこなわれた。

お蔭参り
江戸時代には、およそ60年周期で伊勢神宮への集団参詣が大流行した。一生に1度の参詣が庶民の夢だった。道中では街道沿いの人々からの施しを受けながら伊勢に向かった。

一生に一度は伊勢参り

伊勢神宮は「お伊勢さん」などの名前で親しまれているが、正式名称は「神宮」。内宮《ないくう》（皇大神宮《こうたいじんぐう》）と外宮《げくう》（豊受大神宮《とようけだいじんぐう》）、さらに14の別宮《べつぐう》と、摂社・末社・所管社を合わせた全125社からなる、大規模な神域をもつ。

内宮の主祭神である天照坐皇大御神《あまてらしますすめおおみかみ》（天照大御神）は、八百万《やおよろず》の神の頂点に君臨し、皇祖である。それゆえ神社として別格の存在だ。

伊勢（三重県）は大和（奈良県）の東、つまり太陽の昇る方角に位置するため、太陽神の天照大御神を祀るにふさわしい地だったのだろう。

江戸時代、御師《おし》の布教の成果もあって伊勢信仰が諸国に広まる。「一生に一度は伊勢参り」が庶民の夢となり、お蔭参《かげまい》りが大ブームとなった。命を授かった感謝を伝える目的だったたという。年間50～60万人が参詣し、これは当時の人口で30人に一人の割合にあたる。

こうした中、伊勢神宮の分霊を祀る神社が、全国に勧請され、今日に至っている。

伊勢信仰の広がり

伊勢信仰の神社の名前としては、神明《しんめい》神社、神明社、神明宮、皇大《こうたい》神社、天祖《てんそ》神社、大神宮などがあり、通称として「お伊勢さん」と呼ばれることが多い。

内宮の天照大御神(→p22)は、垂仁《すいにん》天皇の時代に皇女の倭姫命《やまとひめのみこと》とともに皇居のある大和を出て諸国を巡り、伊勢へと至ったという。また外宮の豊宇気毘売神《とようけびめのかみ》は、雄略《ゆうりゃく》天皇の時代に丹後(当時は丹波)から伊勢へ勧請されたと伝わる。

↓

高天原《たかまのはら》の最高神にして皇祖神でもある天照大御神を祀る伊勢神宮は別格で特別だったため、神前への供物を捧げることができるのは天皇だけとされ、皇后や皇太子さえも勅許がなければできなかった。庶民はもちろん、貴族とも隔絶した存在だった。

↓

平安時代に入り、律令制が変化、伊勢神宮は経済的危機に直面。貴族から庶民に至るまでの参詣を受け入れ、彼らがもたらす経済的効果にたよるようになっていった。各地の有力者によって領地の寄進がされ、その地に分霊されることとなった。

↓

各地に伊勢信仰を広める役割を担ったのが御師だった。担当地区を受け持って諸国をめぐり、お札を配る一方、参詣者を自邸に泊め、参拝案内をしたりした。伊勢神宮は、天皇家のためだけの存在から日本全体の氏神・鎮守へと性格を大きく変えた。

↓

江戸時代になると世の中も安定し街道の整備が進んだ。庶民の生活にも神社参詣の余裕が生まれ、遠い伊勢まで出かける「伊勢参り」は格好のレジャーとなった。とくに「お陰参り」は数度にわたるブームとなり、伊勢信仰は爆発的に広まった。

豊宇気毘売神《とようけびめのかみ》(豊受大御神《とようけのおおみかみ》)

外宮(豊受大神宮)の主祭神。伊邪那美神《いざなみのかみ》が火傷で苦しみながら生んだ和久産巣日神《わくむすびのかみ》(→p19)の子。食物・穀物を司る女神で、内宮の天照大御神の食事を整える役目を担う。

神宮125社の内訳

神宮が管理する125社。伊勢市のほか、三重県内の周辺市町にも分布する。

	所属	神社数	所在地
正宮《しょうぐう》	内宮	皇大神宮	伊勢市
	外宮	豊受大神宮	伊勢市
別宮	内宮	瀧原宮《たきはらのみや》・伊雑宮《いざわのみや》など10所	伊勢市、大紀町《たいきちょう》、志摩《しま》市
	外宮	計4所	伊勢市
摂社	内宮	計27社	伊勢市、大紀町、多気《たき》町、玉城《たまき》町、度会《わたらい》町
	外宮	計16社	伊勢市
末社	内宮	計16社	伊勢市、多気町、玉城町
	外宮	計8社	伊勢市、鳥羽《とば》市
所管社	内宮	計30社	伊勢市、松阪《まつさか》市
	外宮	計4社	伊勢市
	瀧原宮	計3社	大紀町
	伊雑宮	計5社	志摩市

伊勢信仰の神社

【芝《しば》大神宮】

東京都港区。創建は平安時代。古くは「飯倉《いいくら》神明宮」や「芝神明宮」と称されていた。関東における伊勢信仰の中心的な役割を担い、「関東のお伊勢さま」として崇拝されている。

【仁科《にしな》神明宮】

長野県大町市。創始年代は平安時代と考えられている。当社の周辺は「御厨《みくりや》」とよばれた伊勢神宮(内宮)領で、その鎮護のために伊勢神宮(内宮)が勧請されたことにはじまる。

天《てん》神《じん》信仰

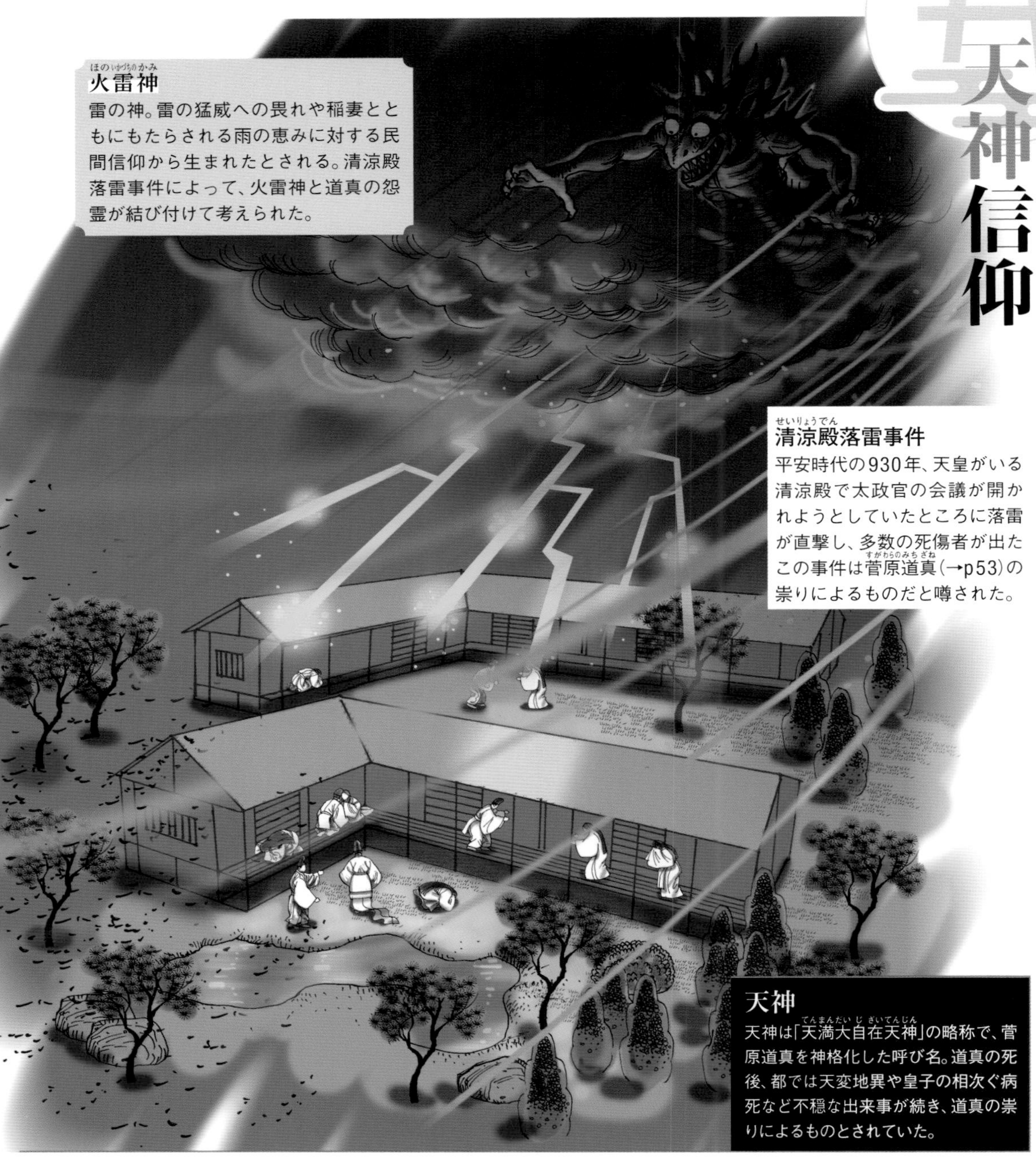

火雷神《ほのいかづちのかみ》

雷の神。雷の猛威への畏れや稲妻とともにもたらされる雨の恵みに対する民間信仰から生まれたとされる。清涼殿落雷事件によって、火雷神と道真の怨霊が結び付けて考えられた。

清涼殿《せいりょうでん》落雷事件

平安時代の930年、天皇がいる清涼殿で太政官の会議が開かれようとしていたところに落雷が直撃し、多数の死傷者が出たこの事件は菅原道真《すがわらのみちざね》(→p53)の祟りによるものだと噂された。

天神

天神は「天満大自在天神《てんまんだいじざいてんじん》」の略称で、菅原道真を神格化した呼び名。道真の死後、都では天変地異や皇子の相次ぐ病死など不穏な出来事が続き、道真の祟りによるものとされていた。

祟り神から学問の神へ

天満宮《てんまんぐう》は、全国で三番目に多い神社だ。「天神様」とよばれ、学問の神様として特に受験生に人気がある。祭神は平安時代初期の、学者であり政治家でもある菅原道《すがわらのみち》真《ざね》だ。天神とは、雷神のことで、道真はそもそも祟り神だった。

右大臣まで出世したことを、ライバルの藤原時平《ふじわらのときひら》に妬まれた道真は、讒言により九州の大宰府《だざいふ》に左遷されてしまう。失意のうちに病に倒れ、赴任2年後に亡くなると、京に異変が続いた。無実の罪を着せた張本人の時平は急死。御所への落雷で多数の死傷者が出たのだ。

原因は道真の祟りとされ、民衆からは同情が高まる。そこで北野の地に神殿が建てられ、霊が鎮められた。これが北野天満宮の始まりだ。朝廷からは「天満大自在天《てんまんだいじざいてん》神《じん》」の称号が贈られ、道真は平安京鎮護の神として祀られた。

さらに道真が和歌や学問に優れていたことから、和歌や芸能の神、そして学問の神へと神格が変わり、江戸時代には天神信仰が庶民に広く浸透したのだった。

天神信仰の広がり

「総本宮」太宰府天満宮と「総本社」北野天満宮は、それぞれ独自に創建された。天神信仰の神社の名前としては、天満宮のほか、天満神社、天神社、菅原神社、北野神社などがある。

❶太宰府《だざいふ》天満宮
菅原道真が埋葬された地に905年に廟所《びょうしょ》が建てられたのがはじまりとされる。祟りというよりも、墓所が神社に発展した側面が強いともいわれる。

太宰府天満宮

↓

❷北野《きたの》天満宮
都では不穏な出来事が続き、当時の御霊《ごりょう》信仰（→p52）の流行もあって、道真の祟りのためとされた。その後神託があって、947年に創建されたとされる。

↓

天神は、もとは中国の天候などを司る神のことで、日本では天つ神の意味でも用いられ、特定の神の名前ではなかったが、死後間もない道真に「天満大自在天神」（天神）という神格で祀られた。また、もともと京には民間信仰として雷神があり、道真の怨霊と結びつけられたとされる。おもに祈雨《きう》、避雷《ひらい》、五穀豊穣《ごこくほうじょう》などの神であった。

↓

平安時代末期になり、道真の祟りへの恐怖が薄れていくと、生前の才能や人柄が慕われ、学問、詩歌、書道、至誠などの神となった。また禅宗とも結びつき、五山僧の間では道真が中国に渡ったという俗説も生まれた。

↓

江戸時代になり、大衆に広まった浄瑠璃・歌舞伎などで道真は学問に優れた高貴な人物として描かれたほか、教育の庶民化による寺子屋の隆盛で、神社だけでなく寺子屋にも天神が祀られ、学問の神様として広く浸透していった。

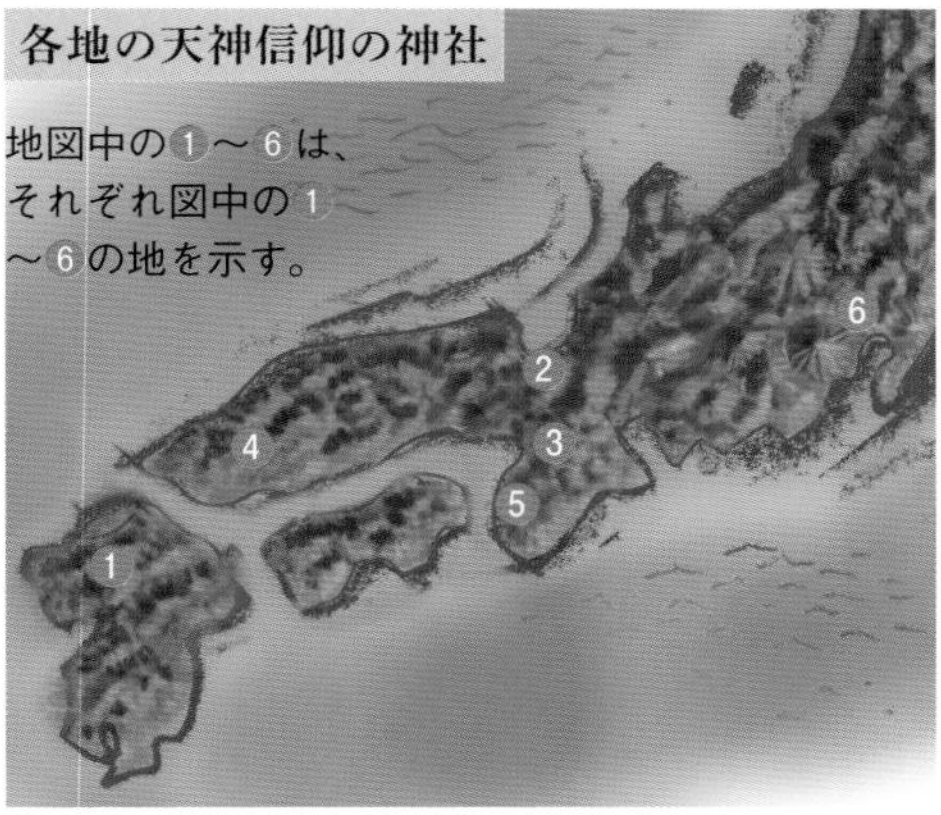

天神信仰の神社

❸【大阪天満宮】

菅原道真が大宰府への下向途中に旅の安全を祈願した大将軍社の前に7本の松が生え、霊光を放ったという奇譚を聞いた村上天皇の勅命で、949年にその地に天満宮が建立された。

❹【防府《ほうふ》天満宮】

菅原道真が亡くなった翌年の904年に創建されたとされる。太宰府天満宮や北野天満宮の創建よりも早く、「日本最初の天神さま」を名のる。防府は、道真の本州で最後の寄港地。

❺【天満神社】

和歌山市。通称「和歌浦《わかうら》天満宮」。大宰府に向かう菅原道真が立ち寄り和歌を詠んだという地に、道真の死後、神殿が建てられ道真の神霊を勧進して祀られたのがはじまりとされる。

❻【亀戸《かめいど》天神社】

東京都江東区。通称「亀戸天満宮」とも。江戸時代に太宰府天満宮の神官だった菅原道真の末裔が当地にたどり着き、もともとあった天神の祠に神像を祀ったのがはじまりとされる。

稲荷《いなり》信仰

ダキニ天

「ダキニ」はサンスクリットの「ダーキニー」を音訳したもので、インドが起源。人を選ばず誰でも願いを成就させると信じられたため、階層を問わず広い人々から信仰を集めた。

宇迦之御魂神《うかのみたまのかみ》

須佐之男命《すさのおのみこと》（→p22）の子。名前の「うか」とは「うけ」＝「食」のことで、穀物・食物を意味し、五穀豊穣を司る神。とりわけ稲との関わりが深いとされる。古くから女神とされる。

稲荷大神《いなりのおおかみ》

伏見稲荷大社の祭神は、宇迦之御魂大神（宇迦之御魂神）をはじめとする5柱の神で、「稲荷大神」と総称する。しかし、稲荷神社によって宇迦之御魂神以外の祭神が異なる場合がある。

宇迦之御魂神の別名とされる「御饌津神《みけつかみ》」と、狐の古名とされるケツの音が通じることから、「三狐神《みけつかみ》」という字をあてたためとする説もある。

キツネ

キツネが稲荷神の神使になった理由には諸説ある。山からやってくる田の神を人里へと導く霊獣と考えられていたためともされる。尾が稲穂にそっくりだったためともされる。

稲荷神

稲荷神は民間から生まれたが、記紀にも登場する宇迦之御魂神だとみなされるようになった。また、神仏習合でダキニ天と同一視されたため、現在の仏教寺院でも祀られている。

現世御利益の人気神

キツネの像と「お稲荷さん」の名で親しまれる稲荷神社は、五穀豊穣《ごこくほうじょう》、商売繁盛《しょうばいはんじょう》の神として広く信仰されている。ただしキツネは稲荷神ではなく、稲荷神の使いだ。

総本宮は、京都府の伏見《ふしみ》稲荷大社。宇迦之御魂大神《うかのみたまのおおかみ》（宇迦之御魂神）が主祭神の一柱として祀られている。もともと稲荷神は、朝鮮半島から渡来してきた秦《はた》氏が、氏神として祀った農耕神だった。それが、共通の神格をもった日本の宇迦之御魂神と結びついたのだという。

平安時代、空海《くうかい》が東寺（京都府）の守護神を稲荷神としたため、真言《しんごん》宗と結びつく。稲荷神は仏教のダキニ天の化身とされ、さまざまな願望をかなえる現世御利益の神格を強めることになった。

さらに室町時代、曹洞《そうとう》宗の鎮守としても祀られる。その中心となったのが豊川《とよかわ》稲荷（愛知県）だ。こうした仏教系を含めると、稲荷はかなりの数にのぼる。

江戸時代から個人的な勧請も進み、小さな社を入れると、全国の稲荷は数万におよぶといわれる。

稲荷信仰の広がり

全国に散らばる「お稲荷さん」の総本宮は伏見稲荷大社。稲荷信仰の神社の名前としては、稲荷神社のほか、宇賀《うが》神社、稲荷社、稲成神社などがある。

伏見稲荷大社

稲荷神は、渡来系豪族の秦氏が、氏神として祀った稲の神だったとされる。あるとき、秦氏の伊侶具《いろぐ》が、餅を的に矢を射ったところ、餅が白い鳥となり降り立った山に稲がなったので、「イナリ」を社名とした。これが奈良時代の711年に創建とされる❶伏見《ふしみ》稲荷大社の起源とされる。

↓

稲荷神は、もともと稲の神であったので、『古事記』などに登場する宇迦之御魂神との親和性が高かった。また、稲作はさまざまな産業の基本であったため、商工業ともつながりやすく、商売繁盛や産業振興などのご利益と結びつきやすい性格をもっていた。

↓

都が平安京に遷されると、この地を基盤としていた秦氏の勢力が増し、氏神の稲荷神も広く信仰されていった。また、稲荷神は、796年の東寺の創建とも関わりが深く、その鎮守となったため、現世利益をもたらす真言密教とともに広がっていった。のちには曹洞宗や日蓮宗にも取り入れられ、稲荷神はダキニ天とみなされ、仏教寺院でも祀られた。

↓

中世以降、商工業が盛んになってくると、稲荷神は農業だけでなく、商工業あるいは屋敷の神など万能の神とみなされるようになった。農村だけでなく、都市部にも盛んに勧請された。江戸時代の江戸では、稲荷のある風景は身近なものとなっていた。

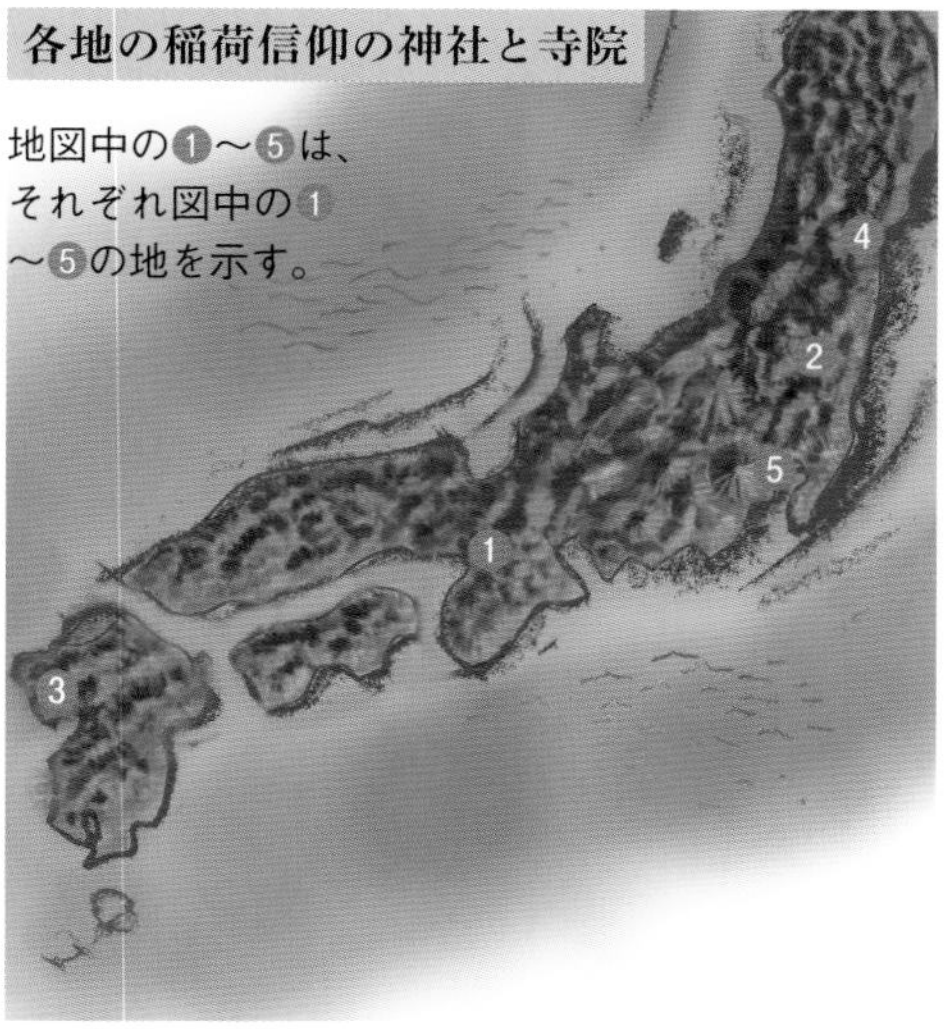

稲荷信仰の神社

❷【笠間《かさま》稲荷神社】

茨城県笠間市。飛鳥時代の651年の創建で1300年以上の歴史があるとされる。庶民のみならず江戸時代の歴代笠間藩主からも篤く信仰されてきた。日本三大稲荷のひとつとされる。

❸【祐徳《ゆうとく》稲荷神社】

佐賀県鹿島市。日本三大稲荷のひとつとされる。創建は、江戸時代の1687年と比較的新しい。貴族出身の当時の鹿島藩主夫人が、朝廷の勅願所であった稲荷大神の分霊を勧請した。

❹【竹駒《たけこま》神社】

宮城県岩沼市。平安時代に奥州(宮城県など)鎮護のための創建と伝える。社名「竹駒」は、所在地の岩沼の旧称「武隈《たけくま》」から転じたものとされ、神仏分離前は「武隈明神」と称した。

❺【穴守《あなもり》稲荷神社】

東京都大田区。江戸時代の新田干拓で、しばしば激波で堤防が決壊したため、堤防の上に祠を勧請し稲荷神を祀ったのがはじまり。社名は堤防の穴の害から守るという神徳にちなむ。

熊《くま》野《の》信仰

仏教と習合して極楽浄土に

２００４年に世界遺産に登録された「紀伊《きい》山地の霊場と参詣道」。この中心が、熊野本宮《ほんぐう》大社（本宮）、熊野速玉《はやたま》大社（新宮《しんぐう》）、熊野那智《なち》大社（那智）で、熊野三山または熊野三所権現《ごんげん》とよばれる。全国約３０００社の熊野神社の総本山だ。

三社を互いに結ぶ参詣道を熊野古道といい、ここを多くの人々が行列をなして歩く様子は「蟻《あり》の熊野詣」と称された。これほどの信者を集めた理由の一つが、この地が極楽浄土《ごくらくじょうど》と見なされたことだ。

奈良時代に仏教が盛んになると、神は仏の仮の姿であるとする「本《ほん》地垂迹説《じすいじゃくせつ》」が生まれる。これにより熊野でも、本宮・新宮・那智の各主神である、家津美御子大神《けつみみこのおおかみ》、熊野速玉大神、熊野夫須美大神《ふすみのおおかみ》は、それぞれ阿弥陀如来《あみだにょらい》、薬師如来《やくしにょらい》、千手観音《せんじゅかんのん》の仮の姿とされた。そこで平安時代、貴族や皇族の熊野詣《もうで》が盛んになり、鎌倉時代には武士や庶民にまで広まったのだ。

ちなみに日本サッカー協会のマークに使われる八咫烏《やたがらす》は、熊野三山の神使だ。

熊野三山《くまのさんざん》

熊野三山は、熊野本宮《ほんぐう》大社、熊野速玉《はやたま》大社、熊野那智《なち》大社の3つの神社の総称。元来はそれぞれ独自の神社だったが、お互いの主祭神を祀りあうようになるなど一体化していった。

	【熊野本宮大社（本宮）】	【熊野速玉大社（新宮《しんぐう》）】	【熊野那智大社（那智）】
所在地	和歌山県田辺市	和歌山県新宮市	和歌山県那智勝浦町
主祭神	家都美御子大神	熊野速玉大神（速玉之男神）	熊野夫須美大神（熊野牟須美神）
古事記	家都御子大神は 素戔嗚尊《すさのおのみこと》（須佐之男命） （→p22）とされる	速玉之男神は 伊邪那岐大神《いざなぎのおおかみ》（伊邪那岐神） （→p18）とされる	熊野牟須美神は 伊邪那美大神《いざなみのおおかみ》（伊邪那美神） （→p18）とされる

熊野信仰の広がり

熊野信仰の神社の名前としては、熊野神社のほか、王子神社、十二所神社などがある。

熊野は、古くから山岳信仰によって、修験道の修行の地とされてきた。平安時代に熊野は、神仏習合の影響を受け、「熊野権現」「熊野三所権現」とも呼ばれるようになった。

↓

平安時代中期ごろから日本では浄土教が普及した。紀伊半島が古事記での根の国・黄泉国（→p16）に関するゆかりの地のひとつであったり、深い森や急峻な山地のすぐ先で海に向かって明るく開かれるような地形だったりしたため、熊野は浄土（来世）との境界あるいは浄土そのものとされるようになった。

↓

浄土とされた熊野を詣でると安楽が得られるとされ、平安時代後期になると上皇・法皇や皇族・貴族などの間に熊野詣が流行。熊野三山が京に勧請されるなど貴族社会からの厚い庇護を受け、熊野は天下一の霊場として称えられていった。

↓

中世に入ると武士や庶民に至るまで多くの階層から信仰を集め、多くの参詣者が熊野三山に押し寄せた。重要な役割を果たしたのが、先達《せんだつ》、勧進聖《かんじんひじり》、比丘尼《びくに》と呼ばれる職業的布教者。曼荼羅《まんだら》という絵を携え各地を回って絵解きによる布教をしたり、牛王宝印《ごおうほういん》という護符を配ったりした。牛王宝印は、起請文《きしょうもん》（誓約書）の用紙としても盛んに使われた。こういった活躍により熊野信仰は全国各地に普及した。

熊野信仰の神社

【熊野神社（山形県南陽市）】

山形県南陽市。通称「熊野大社」。平安時代初期の再建と伝えられ、奈良時代の創建と推定されるが、創建には諸説ある。神仏習合の時代には、熊野修験の霊場としても栄えた。

【熊野神社（福島県喜多方市）】

福島県喜多方市。通称「新宮熊野神社」。本宮・新宮・那智の熊野三山を祀る。平安時代後期の前九年の役における戦勝祈願のため、源頼義が勧請してきたのがはじまりとされる。

【熊野神社・熊野皇大《こうたい》神社】

群馬県安中市・長野県軽井沢町。第12代景行《けいこう》天皇の時代の創建と伝えられる。参道と本宮の中央を県境が通り、群馬側が熊野神社、長野側が熊野皇大神社という別々の宗教法人。

【熊野神社（東京都新宿区）】

東京都新宿区。通称「十二《じゅうに》社《そう》熊野神社」。室町時代（一説に戦国時代）の創建とされる。「十二社」はかつての近辺の地名でもあり、熊野三山から十二所権現を勧請したことにちなむ。

諏《す》訪《わ》信仰

諏訪法性兜《ほっしょうかぶと》

武田信玄が身につけて戦場におもむいたと伝えられる兜。正面上部に小さな角がある鬼の顔がついていて、ふわふわの白い毛に覆われている。諏訪明神をあらわした兜とされる。

諏訪明神《みょうじん》旗《き》

武田信玄が戦場で本陣に立てたと伝えられる旗。「南無諏方南宮法性上下大明神」という諏訪明神の名前が書かれた旗を、自身の所在を明示するための旗印として用いたとされる。

武田《たけだ》信玄《しんげん》

信濃の隣国の甲斐の武田氏は、古くから代々諏訪大社を崇敬していた。信玄の時代には信濃国に侵攻し、諏訪などは武田領国化され、諏訪大社は武田氏の手厚い保護下に置かれた。

武田信玄と諏訪信仰

軍神として武士の信仰の厚かった諏訪信仰は、甲斐（山梨県）を本拠とする戦国大名の武田信玄も崇敬した。諏訪大社に先勝祈願の祈祷を依頼して、諏訪明神《みょうじん》の加護を祈願していた。

信濃《しなの》国をつくった武神

お諏訪様の名で親しまれている諏訪大社は、信濃国（長野県）の一宮。上社《かみしゃ》の本宮《ほんみや》と前宮《まえみや》、下社《しもしゃ》の秋宮《あきみや》と春宮《はるみや》からなる四社が、諏訪湖周辺に建つ。全国2600あまりの諏訪神社の総本山だ。本殿はなく、ご神体は自然物。上社は守屋山《もりやさん》、下社は秋宮がイチイの木、春宮がスギの木だ。

上社本宮の主祭神である建御名方神《たけみなかたのかみ》は、大国主神《おおくにぬしのかみ》の御子神で力自慢。国譲りの神話では、最強の武神・建御雷神《たけみかづちのかみ》に敗れるも、留まった諏訪の地で、信濃の国づくりを行った。雨と風を司り、五穀豊穣、開拓と狩猟の神として祀られる。中世以降は軍神として有名になり、武田信玄《たけだしんげん》をはじめとする戦国武将から崇められた。

前宮の祭神は、建御名方の妃である八坂刀売神《やさかとめのかみ》で、下社には両柱が祀られている。

6年に一度、寅《とら》年と申《さる》年に行われる「御柱祭《おんばしらさい》」は全国的に知られている。モミの巨木を切り出して、急坂の木落《きおと》しを経て、四社の社殿の四隅に立て替える神事だ。

諏訪大社

諏訪大社は、上社本宮《かみしゃほんみや》、上社前宮《まえみや》、下社秋宮《しもしゃあきみや》、下社春宮《はるみや》の4社からなる。祭神の建御名方神《たけみなかたのかみ》と八坂刀売神《やさかとめのかみ》はまとめて「諏訪明神」「諏訪大明神」「諏訪大神」などと総称されることが多い。

	上社		下社	
	【本宮】	【前宮】	【秋宮】	【春宮】
所在地	長野県諏訪市	長野県茅野市	長野県下諏訪町	長野県下諏訪町
祭神	建御名方神・八坂刀売神			
神体	守屋山		イチイの木	スギの木

諏訪信仰の広がり

諏訪信仰の神社の名前としては、諏訪神社のほか南方《みなかた》神社、周方《すわ》神社、洲波《すわ》神社などがある。

『古事記』の国譲りでは、建御雷神に負けた建御名方神が諏訪まで逃れ、以後はこの地を出ないことを約束したとされる。一方で、諏訪に伝わる神話では、建御名方神が諏訪に侵入した征服者とされ、諏訪大社は先住の勢力の上に外から入った勢力によって成立したと考えられている。

↓

建御名方神は、后の八坂刀売神や13柱の子とともに信濃の国造りを進めたといわれることから、開拓神ともされる。また、諏訪大社は古くから風と水の守護神さらに農業神として敬われた。ほかに、山林の多い信濃では狩猟が盛んだったことから狩猟神としても祀られていた。

↓

平安時代、諏訪大社の神職であった諏訪氏は同時に武士としても活躍していた。諏訪大社も、祭神の建御名方神が最強の武神である建御雷神に挑んだ勇気が認められるようになったほか、殺生をともなうという狩猟と武士の親和性から、武神としての性格も帯びるようになってきた。

↓

鎌倉時代に入ると諏訪氏は、幕府の御家人さらに幕府の実権を握った執権北条氏の御内人(家来)となった。このため諏訪大社は、源頼朝から厚く崇敬されたり、幕府から庇護されたりして、武神としての評判も高まり、「日本第一大軍神」と称えられた。武士を中心に全国各地から勧請されるようになった。

諏訪信仰の神社

【諏訪大神《たいじん》】

千葉県東庄町。平安時代に坂上田村麻呂《さかのうえのたむらまろ》が蝦夷《えみし》征討の際、悪神退治の祈願のために祀ったのを創祀とする。4月の神楽、7月の相撲と年2回の例祭がおこなわれる。

【諏訪神社(東京都新宿区)】

東京都新宿区。平安時代の創建と伝える。当初は「松原神社」といったが、江戸時代に諏訪神を勧請・合祀して現社名に改称。かつての近辺の「諏訪町」という地名は当社にちなむ。

【諏訪神社(鳥取県智頭町)】

鳥取県智頭町。鎌倉時代の蒙古襲来のころ、諏訪神を勧請して創建される。江戸時代から現在に至るまで、諏訪大社の御柱祭にならった「柱祭り」が6年ごとにおこなわれている。

【諏訪神社(長崎市)】

長崎市。通称「鎮西《ちんぜい》大社」。戦国時代にイエズス会領となったため破壊された諏訪・森崎・住吉の三社が、江戸時代に合祀・再興されたという。例祭は「長崎くんち」として有名。

祇園《ぎおん》・津島《つしま》信仰

全国に広まった疫病除けの神

京都市の八坂神社も、愛知県津島市の津島神社も、祭神は須佐之《すさの》男命《おのみこと》。天照大御神《あまてらすおおみかみ》の弟神で、八俣《やまたの》遠呂智《おろち》退治で有名な神だ。

須佐之男命は両神社で、仏教系の神・牛頭天王《ごずてんのう》と同一視された。仏教が日本に浸透してから、このように神と仏が同一視される「神仏習合」が、しばしば見られる。明治時代に神仏分離令が出される前は、八坂神社は祇園《ぎおん》社、津島神社は津島牛頭天王社といった。今でもそれぞれの神社は、全国の祇園系神社と天王系神社の総本社になっている。

祇園信仰も津島信仰も、そもそも御霊《ごりょう》信仰だ。平安時代に疫病が流行したとき、須佐之男命を疫神《えきじん》ととらえ、祀ることで祓神に変え、災厄を鎮めようとしたのだ。

一方牛頭天王は、釈迦《しゃか》の説法所である祇園精舎《しょうじゃ》の守護神だ。熱病に効く栴檀《せんだん》の産地・牛頭山の神でもある。このため疫病祓いの須佐之男命と結びついた。

京都の夏の祇園祭は、かつては疫病退散の御霊会だったのだ。

八坂神社と津島神社

八坂神社は祇園信仰の、津島神社は津島信仰の総本社。ただし、祇園信仰の総本社は広峯神社(兵庫県姫路市)とされる場合もある。

	【八坂神社】	【津島神社】
所在地	京都市	愛知県津島市
創建(社伝による)	飛鳥時代の656年	古墳時代の540年
主祭神	素戔嗚尊(須佐之男命)	建速須佐之男命(須佐之男命)
神仏分離前の社名	祇園社または感神院	津島牛頭天王社
信仰が広まった地域	西日本が中心	中部・東海地方が中心
信仰の神社の名前	八坂神社、弥栄神社、祇園神社など	津島神社、天王神社など

祇園・津島信仰の広がり

須佐之男命＝牛頭天王に対する信仰という点で、津島信仰は祇園信仰の一種とみなされることもある。

平安時代初期に京の都で疫病が流行し、多くの人が亡くなった。これは無念の思いで死んだ者が祟り、災厄をふりまいているためと考えられた。この怨霊を退散させるために須佐之男命を祀りはじめたとされる。

↓

また、早くから神仏習合によって須佐之男命は牛頭天王と同一視されており、八坂神社に牛頭天王が勧請されていた。八坂神社は、強い疫病祓いの神徳がある産土神として、朝廷からも深く崇敬されるようになった。

↓

八坂神社は、全国に影響を及ぼす比叡山の傘下にあったほか、平安時代の相次ぐ疫病の流行により、中世までには各地に須佐之男命＝牛頭天王を強い疫病祓いの神として崇敬することが広まったという。

↓

津島神社も八坂神社と同様に須佐之男命＝牛頭天王を祀った。平安時代には神職の御師が信仰を説いて回ったことから、東海地方を中心に広まった。戦国時代には織田氏の崇敬を受け、江戸時代には伊勢神宮への「伊勢参り」とセットで津島神社への参詣が定着した。

須佐之男命を祀る神社

【氷川神社(東京都港区赤坂)】

東京都港区。平安時代の創祀とされる。総本社は、さいたま市大宮区の氷川神社。港区内のほかの氷川神社と区別するため、地名をつけた通称「赤坂氷川神社」が多く用いられる。

【須佐神社】

島根県出雲市。須佐之男命が最後の開拓をした土地で「良い国だから」と自分の名前の「須佐」と命名し自らの御魂を鎮めたということから、古来、須佐之男命の本宮とされてきた。

【熊野大社】

松江市。創建は神代ともいわれ、『日本書紀』にも記録される。祭神は「伊《い》邪《ざ》那《な》伎《ぎの》日《ひ》真《ま》名《な》子《ご》加《か》夫《ぶ》呂《ろ》伎《ぎ》熊《くま》野《のの》大《おお》神《かみ》櫛《くし》御《み》気《け》野《ぬの》命《みこと》」といい、素戔嗚尊(須佐之男命)の別名であるとする。

【須賀神社】

佐賀県小城市。創建は平安時代とされ、神仏分離前までは「祇園社」と称していた。千葉氏の山城跡に鎮座し、麓の神門をくぐると参道として153段の石段が続く。

春日《かすが》信仰

藤原氏の繁栄とともに発展

春日信仰は、奈良市春日野町に建つ春日大社を総本社とする。主祭神は、国の秩序を司る武甕槌命《たけみかづちのみこと》（建御雷神）と経津主命《ふつぬしのみこと》、政治と神事を守護する天児屋根命《あめのこやねのみこと》（天児屋命）と、平和と愛をもたらす比《ひ》売神《めがみ》の四柱だ。

武甕槌命は、鹿島《かしま》神宮（茨城県）から御蓋山《みかさやま》に降り立った神で、このとき白鹿に乗っていたといわれ、鹿は春日神の使いとされる。

大化《たいか》の改新《かいしん》で功があり、藤原の姓を賜った中臣鎌足《なかとみのかまたり》は、一説には鹿島出身といわれ、鹿島神宮を氏神としていた。

また、宮中の祭祀を担当した中臣氏の祖神は、枚岡《ひらおか》神社（大阪府）に祀られる天児屋根命だった。

平城京造営に伴い、鎌足の子の藤原不比等《ふひと》が、そうした藤原氏にゆかりの深い神々を勧請して、平城京鎮護の社として春日大社を創建したのだ。

以後藤原氏は権力を強め、皇室と外戚関係を築く。春日大社は朝廷からも尊崇を受け、やがて広く庶民にも信仰されるようになった。

春日信仰の広がり

春日神社などといった春日信仰の神社に祀られる春日神(「春日四所明神《ししょみょうじん》」「春日皇大神《すめおおかみ》」など)とは、武甕槌命(建御雷神→p31)、経津主命、天児屋根命(天児屋命→p24)、比売神の4柱の総称である。

【枚岡神社】

大阪府東大阪市。もともとの祭神は、中臣氏の祖先神である天児屋根命(天児屋命)と、その妻神である比売御神の2柱。春日大社創建の際には、両神の分霊が勧請されたため「元春日」とも称される。春日大社創建と同時に4祭神に改めたとされる。

【鹿島神宮】

茨城県鹿嶋市にある全国の鹿島神社の総本社。祭神は武甕槌大神。鹿島は、蝦夷《えみし》平定の最前線基地となり、武神を祀ることで東国の守りとされた。また、中臣鎌足の出身地とされるなど中臣氏に関する伝承が多く残り、中臣氏との関係が深かったとされている。

【香取神宮】

千葉県香取市にある全国の香取神社の総本社。祭神は経津主大神で、『古事記』には登場しないが、『日本書紀』では国譲りで活躍した武甕槌命の盟友として登場する。鹿島神宮とセットで東国の守りとされたほか、中臣氏との関係も深かったとされている。

↓

奈良時代のはじまりの710年、遷都された平城京の鎮護のために、遠く鹿島神宮から武甕槌命(武甕槌大神)を勧請して御蓋山の山頂に祀ったのが、春日大社の起源といわれる。その後、香取神宮から経津主命(経津主大神)を、枚岡神社から天児屋根命と比売神(比売御神)が勧請されて、奈良時代の768年に現在の御蓋山の山麓の地に社殿が造営されたとされる。

↓

春日大社の祭神4柱とも中臣氏と関係が深く、中臣氏からわかれた藤原氏の氏神として祀られた。平安時代に入って、藤原氏の繁栄とともに春日大社も隆盛した。藤原氏は天皇の外戚ともなっていたため、朝廷からも篤い崇敬を受けた。850年に創始とされる春日大社の例祭で、現在では勅祭《ちょくさい》(天皇の使者が派遣される祭祀)となっている春日祭は、最初は藤原氏の祭祀としてはじまった。

↓

藤原氏の氏神である春日大社は、藤原氏の氏寺である興福寺《こうふくじ》と関係が深く、神仏習合が進むにつれて一体化していった。本地垂迹説《ほんじすいじゃくせつ》では観音菩薩《かんのんぼさつ》の化身とされた。鎌倉時代には春日神にゆかりのある亡者は必ず極楽へ救済されるという説話も生まれた(春日権現験記)。

↓

室町時代から江戸時代にかけて春日神は、伊勢神宮の天照大御神《あまてらすおおみかみ》、石清水《いわしみず》八幡宮の八幡神と並ぶ日本を代表する神とされた。3つの神号が一幅に並べて書かれた「三社託宣《さんじゃたくせん》」が流布し、庶民にも信仰が広まり、各地に春日講も結成された。

鹿島・香取信仰

春日大社のもととなった鹿島神宮や香取神宮は、それぞれ全国の鹿島神社や香取神社などの総本社となっている。鹿島信仰と香取信仰ともに北関東・南東北を中心に広がっている。

【鹿島神社】

松山市の沖合いにある(北条)鹿島に建つ。祭神は武甕槌命(建御雷神)、経津主神ら。神功《じんぐう》皇后が新羅《しらぎ》征討の際に、当社に寄って戦勝と道中の安全を祈願したと伝えられている。

【香取神社】

東京都江東区。通称「亀戸《かめいど》香取神社」。飛鳥時代の創建と伝えられる。平将門の乱での戦勝祈願など多くの武人に信仰され、今日ではスポーツ振興の神として広く崇敬を集めている。

三《み》島《しま》・大《おお》山《やま》祇《つみ》信仰

大山積神
（大山津見神→p33）の化身

大山祇神社の大祝（大宮司）の娘で、兄がいたとされる鶴姫は成長すると力量なども優れ、男に勝る勇気を備えたため、人々から大山積神の化身ではないかと噂されたという。

水軍を率いる

大山祇神社の大祝は、神職の立場であるため戦場に赴くことはなかったが、一族の者を代理役に立てたという。その役を担った兄が戦死したため、代わって鶴姫が出陣したと伝わる。

悲劇的な最期

大内氏との戦いは不利な戦況だったが、鶴姫の奇襲によって撃退したといわれる。しかし、この戦いで恋人を亡くしてしまった鶴姫は、のちに入水自殺したとも伝えられている。

紺《こん》糸《いと》裾《すそ》素《す》懸《がけ》威《おどし》胴丸《どうまる》

現在も大山祇神社が所蔵する胴丸（鎧）で、鶴姫が着用したと伝えられている。大山祇神社は武神として武士からの信仰も篤く、甲冑や刀剣などの武具類が数多く奉納されている。

近代も武神

大山祇神社の武神としての信仰は近代においてもあつく、海軍の山本五十六《やまもといそろく》などの軍人や軍関係者の参拝があった。現在でも、海上自衛隊・海上保安庁の幹部などの参拝がある。

「大山祇」と「大山積」

現在では、社名が「大山祇」神社で、祭神名が「大山積」神と異なる表記が用いられているが、かつて平安時代の『延喜式』などでは、社名も「大山積」神社と表記されていた。

鶴《つる》姫《ひめ》伝説

戦国時代、周防《すおう》（山口県）の大内氏が伊予《いよ》（愛媛県）に侵攻した際、鶴姫が水軍を率いて迎え撃った。水軍の兵士たちは、鶴姫を大山積神の化身と崇め士気を鼓舞し、勝利したという。

広範囲にわたる神徳で人気

　三島・大山祇信仰は二系統ある。一つは、愛媛《えひめ》県大三島《おおみしま》の大山祇《おおやまづみ》神社を総本社とするもの。もう一つは、静岡県三島市の三嶋大社を総本社とする系統だ。

　大山祇神社の祭神は大山積神《おおやまつみのかみ》（大山津見神）。伊邪那美神《いざなみのかみ》が生んだ神で、邇邇芸命《ににぎのみこと》に嫁いだ木花之《このはなの》佐久夜毘売《さくやびめ》の父だ。初代神武天皇の曽祖父に当たる。三嶋大社の祭神・三嶋大明神も、かつては大山《おおやま》祇命《つみのみこと》（大山津見神）とされていたが、事代主神《ことしろぬしのかみ》説の登場で、現在は二柱となっている。

　大山津見神は、その名の通り山の神の総元締として知られるが、別名を和多志大神《わたしのおおかみ》といい、海の神としての神格ももつ。そのため、陸・海両方を含めた軍事、農業、漁業、鉱業、酒造りと、広範囲の神徳で尊崇された。

　三嶋大明神は、もともと伊豆諸島の開拓神として崇められていた。その後東国武士の守護神を経て、商売繁盛、家内安全、農業、漁業、航海安全の神と神格を広げ、全国各地に勧請されていった。

大山祇神社と三嶋大社

三島・大山祇信仰には、大山祇神社を総本社とする系統と、三嶋大社を総本社とする系統とがあるが、両社とも主祭神は「三島(嶋)大明神」と古くから呼ばれてきた。

	【大山祇神社】	【三嶋大社】
所在地	愛媛県今治市	静岡県三島市
主祭神	大山積神(大山津見神(→p33)) 別名として、「和多志大神《わたしのおおかみ》」とも、 「三島大明神」とも称される。	大山祇命(大山津見神(→p33)) 積羽八重事代主神《つみはやえことしろぬしのかみ》(事代主神(→p30)) 2柱は「三嶋大明神」と総称される。

三島・大山祇信仰の広がり

三島・大山祇信仰の神社の名前としては、大山祇(大山積、大山津見)神社、山祇(山積、山住)神社、三島(三嶋)神社などがある。

海上交通が盛んだった前近代において、航海の安全は最も重要な一つ。瀬戸内海の要衝である大三島に鎮座し、海の神としての性格も併せもっていたとされる大山積神(大山津見神)を祀っていた大山祇神社は、古くから航海安全の神としての信仰を集めてきた。

↓

平安時代に大山祇神社は、朝廷から「日本総鎮守」の称号を与えられた。また、地元の伊予国の越智氏や河野氏をはじめ、平氏、源氏、北条氏など武士から崇敬され、多くの武将が武具を奉納して武運長久を祈るなど、武神としても信仰されてきた。

↓

三嶋大社は、創始は不明だが、富士山や伊豆諸島の噴火造島運動にともなう信仰や、伊豆諸島の島々の海上交通に関わる信仰が背景にあったとされる。伊豆半島・伊豆諸島を中心に信仰が広がり、朝廷からも厚い待遇を受けてきた。

↓

平安時代末期に源頼朝が挙兵に際し戦勝祈願をしたことから深い崇敬を受けると、三嶋大社は鎌倉幕府から重い待遇を受けるようになった。鎌倉時代以降は、伊豆地方の守護神にとどまらず、武士に広く信仰され、東日本を中心に全国各地に勧請された。

↓

大山祇神社・三嶋大社とも創建の由緒ははっきりしないが、古くより両社とも「三島(嶋)大明神」と呼ばれ、中世の説話などでは三嶋大社の神が大山祇神社から来たとする伝承がある。両社とも鎌倉時代以降、武神として広がりをみせた。一方で、祀る大山津見神は、日本の山の神の総元締とされ、その強い神徳は、武神にとどまらず、林業、鉱業、農業、酒造業などの諸産業に及び、全国で広く信仰された。

三島・大山祇信仰の神社

【鴨《かも》神社】

大阪府高槻市。大山積命(大山津見神)は、ここから大山祇神社に移されたといわれており、日本で最初に大山積命を祀った神社とされる。同市内にある三島鴨神社という説もある。

【伊古奈比咩命《いこなひめのみこと》神社】

静岡県下田市。通称「白濱《しらはま》神社」。主祭神は、三嶋大明神の后とされる伊古奈比咩命。三嶋大明神は伊豆諸島の開拓神で、三宅島から当地を経て三嶋大社へ遷座したとも伝える。

【元三島神社】

東京都台東区。本社は大山祇神社。鎌倉時代の創建と伝えられる。同区内にある下谷《したや》三島神社や本社三島神社とは、もともとひとつの神社だったが、移転などにより3社にわかれた。

【大山祇神社(福島県西会津町)】

福島県西会津町。奈良時代の創建と伝えられる。大山祇命(大山津見神)のほか、岩長姫命(石長比売)、木花咲耶姫命(木花之佐久夜毘売)を加えた親子3柱を祭神としている。

金毘羅《こんぴら》信仰

犬も代参したこんぴら参り

「こんぴらさん」の名で親しまれ、全国で600を超える琴平《ことひら》神社。総本宮は、香川県琴平町の金刀比羅宮《ことひらぐう》だ。はじめは航海や漁業の守護神として漁師や船乗りから信仰されていたが、やがて農業守護、商売繁盛などへ神格を広げた。

江戸時代には、伊勢参りと並んで、こんぴら参りが庶民の間で大流行した。しかし都市からの道中が長い上に、琴平山(象頭山《ぞうずさん》)中腹に位置する本宮まで、急な階段が785段続く。さらに奥宮までは1368段だ。途中で諦めた人は知人に旅費と初穂料をわたして代参したもらった。「こんぴら参り」と書かれた袋を首にさげた「こんぴら狗《いぬ》」の代参もあったという。

祭神は大国主神《おおくにぬしのかみ》の霊魂とされる大物主神《おおものぬしのかみ》と、この地に配流された崇徳《すとく》天皇（上皇）。本地垂迹説《ほんじすいじゃくせつ》により、大物主神は仏教の宮毘羅《くびら》と同一視され、神仏分離前は、金毘羅大権現《だいごんげん》と称されていた。宮毘羅の由来は、インドのガンジス川にすむワニ（クンビーラ）。海上交通の守護として神格化された。

金毘羅信仰の広がり

金毘羅信仰の神社の名前としては、琴平神社のほか、金比羅神社、金刀比羅神社、事比羅《ことひら》神社などがある。

金刀比羅宮(香川県琴平町)は、大物主神(→p28)が西日本統治の拠点として行宮を営んだ跡を祀った象頭山の琴平神社からはじまるとされる。大物主神の神徳は多岐にわたるが、国譲り神話にて海原から現れた光り輝く神だったこともあり、もともと海上交通の守護神としての性格も帯びていたとされる。

↓

平安時代になると、神仏習合の影響で、仏教の宮毘羅と習合して金毘羅大権現と称した。金毘羅は、インドのワニを神格化したクンビーラ神がルーツだとされ、日本には仏教伝来とともに伝わり、次第に水神や海神、竜神、船の神、航海の神として信仰されるようになっていた。

↓

平安時代末期には、1156年に起こった保元の乱の首謀者で敗れて四国に流されていた崇徳天皇(上皇)(→p53)が金毘羅大権現に参詣した。その後、崇徳天皇は流されたまま崩御したため、祟り神として恐れられ、その鎮魂のために、金毘羅大権現に合祀された。

↓

金毘羅大権現は、航海や漁業の守護神として、猟師や船乗りなど海辺地域の庶民の多大な信仰を集めていた。同時に、水神や竜神という性格も帯びていたことから、農業守護や商売繁盛の神としても信仰され、内陸部や都市部にも広がっていった。

↓

江戸時代になると、各種航路が開発され、船乗りなどによって寄港地などを中心に全国に広まった。また、金毘羅道者が全国を巡り信仰を普及させた。各地に金毘羅講が組織され、多くの人がこんぴら参りに訪れた。「金毘羅船々」という民謡までできて、庶民に歌いつがれていった。

↓

明治時代の神仏分離によって、仏教色が廃され、金毘羅大権現の号をあらため琴平神社その後まもなく金刀比羅宮と称するようになり、主祭神は大物主神、相殿神は崇徳天皇となった。また各地の金毘羅宮・金毘羅権現社などの多くは、大物主神を主祭神とする琴平神社・金刀比羅神社などになった。

金毘羅信仰の神社

【金刀比羅神社(北海道根室市)】

北海道根室市。江戸時代、北洋漁業の開拓者である高田屋嘉兵衛《たかたやかへえ》によって守護神として祀られたのをはじまりとする。千島列島5島にあった11社の御神体もそれぞれ預かっている。

【金刀比羅宮(東京都港区)】

東京都港区。通称「虎ノ門《とらのもん》金刀比羅宮」。江戸時代に丸亀《まるがめ》藩の藩邸内に勧請され、その後は藩邸とともに現在地に移転。月1回藩邸を開き、江戸市民の参拝を許可していたという。

【琴平神社(川崎市)】

川崎市。通称「武州柿生《ぶしゅうかきお》琴平神社」。戦国時代には神明社がこの地に祀られていたという。江戸時代に再建の折、金刀比羅宮の祭神を勧請し、神明社・琴平社の合社が建てられた。

【安井金比羅宮《やすいこんぴらぐう》】

京都市。飛鳥時代に藤原鎌《ふじわらのかま》足《たり》が一堂を創建したことにはじまる。あらゆる悪縁を断ってより良い縁を授けてくれるという「縁切り」のご利益で有名。詳しくは100ページを参照。

住《すみ》吉《よし》信仰

皇后の航海を守った三柱

4つの本宮が船団のように、大阪湾のある西を向いて建ち並ぶ。そんな住吉大社は、古くから海の神として崇められた。現人神《あらひとがみ》として、老人や童の姿で現れる住吉大《すみよしのおお》神《かみ》は、底筒男命《そこつつのおのみこと》(底筒之男命)、中筒男命《なかつつのおのみこと》(中筒之男命)、表筒男《うわつつのお》命《みこと》(上筒之男命)の総称。それぞれが第一本宮から第三本宮に祀られている。三柱は、伊邪那岐神《いざなぎのかみ》が黄泉国《よみのくに》での穢《けが》れを祓《はら》ったとき生まれたため、住吉大社は祓いの神としても名高い。

住吉大神は、第14代仲哀《ちゅうあい》天皇の妻・神功《じんぐう》皇后に、新羅《しらぎ》遠征を託宣したという。身重の皇后だったが、新羅を平定し、凱旋後応神《おうじん》天皇を産んだ。加護を感謝した皇后に、さらに墨江《すみのえ》の地(大阪市住吉区)に祀るようにとの託宣がある。それを受けて社を創建したことが、住吉大社の始まりとなった。このときが卯年卯月卯の日だったことから、ウサギが住吉大社の神使とされている。

その後神功皇后自身も、息長足《おきながたらし》姫命《ひめのみこと》として第四本宮に祀られた。

住吉信仰の広がり

住吉信仰の神社の名前としては、住吉神社などがある。古くから航海の守護神として祀られたことから瀬戸内海を中心に広がっている。

住吉大社

住吉大神は、もともと黄泉国から帰って来た伊邪那岐神の禊ぎによって生まれた神であるため、古くより人々の罪や穢れを除く禊祓を司る神とされている。

↓

住吉大神の託宣によって、神功皇后の新羅遠征が促され、その航海の安全を守った。凱旋後、神功皇后が戦勝をおさめたことに感謝して、三神を摂津国墨江《すみのえ》の地（大阪市住吉区）に祀ったのが住吉大社のはじまりとされる。その後、神功皇后を加えた4神が祀られるようになった。

↓

住吉大社は、その由緒により海上交通の守りとして信仰を集めるようになった。朝廷からも厚く敬われ、遣唐使が派遣されるようになると、渡航する際には出発時に必ず住吉大社に寄って航海の安全を祈願するのが恒例だったという。その後も海運に関わる人々の崇敬を集めていった。

↓

住吉大社のある住吉は風光明媚なことから、歌枕の地でもあった。平安時代には、住吉大神を和歌の神とした文学作品が多く書かれており、しばしば歌会などもおこなわれた。住吉大社は、和歌文学の神としても信仰されるようになり、歌人、作家、文人らの参詣が絶えない。

↓

住吉大社は海上交通の守りという神徳から、物資の流通がうまくいくという交易の神としても崇敬された。江戸時代には、江戸や大坂をはじめとする廻船、材木、鉄、木綿などの各種業者による住吉講などから多くの灯籠が奉納されるなど、庶民からの信仰を集めた。

住吉大神《すみよしのおおかみ》

底筒男命（底《そこ》筒《つつ》之《の》男《おの》命《みこと》）・中筒男命（中《なか》筒《つつ》之《の》男《おの》命《みこと》）・表筒男命（上《うわ》筒《つつ》之《の》男《おの》命《みこと》）の総称。いずれも伊邪那岐神の禊ぎで誕生した（→p21）。白い髭をはやした翁の姿で表現されることが多い。

住吉信仰の神社

【住吉神社（山口県下関市）】

山口県下関市。神功皇后への神託により、住吉大社が住吉三神の和魂《にぎたま》を祀ったのに対して、荒魂《あらたま》を祀ったといわれる。住吉大社などとともに「三大住吉」のひとつとされる。

【住吉神社（長崎県壱岐市）】

長崎県壱岐市。神功皇后が、新羅遠征の帰途に壱岐島に上陸して、新羅遠征を守護した住吉三神を祀ったのにはじまると伝えられる。そのため、「日本最初の住吉神社」ともされる。

【住吉神社（広島県呉市）】

広島県呉市。江戸時代後期に建設された千《ち》砂《さ》子《ご》波《は》止《と》という防波堤の鎮守社として建立。社殿は大阪の豪商の鴻池《こうのいけ》より寄進されたもので、住吉大社を2分の1に正確に模している。

【住吉神社（東京都中央区）】

東京都中央区。徳川家康と深い関わりを持つようになった摂津（大阪府）佃《つくだ》村の漁民らが、家康の江戸下向に従って移り定住した佃島に佃村の住吉神社を勧請したのにはじまる。

宗像《むなかた》・厳島《いつくしま》信仰

瀬戸内海の制海権を掌握して西日本へ勢力を拡大し、日宋貿易を進めていった平家にとって、瀬戸内海に鎮座し海上交通の安全を守護してくれる嚴島神社は欠かせないものだった。

弁財天と習合して広まる

宗像大社（福岡県）は、本土の総社・辺津宮《へつぐう》、筑前大島の中津宮《なかつぐう》、さらにその延長線上にある沖ノ島の沖津宮《おきつぐう》からなる。それぞれに市《いち》杵島姫神《きしまひめのかみ》（市寸島比売命、末女神）、湍津姫神《たぎつひめのかみ》（多岐都比売命、次女神）、田心姫神《たごりひめのかみ》（多紀理毘売命、長女神）の宗像三女神が祀られている。

この三女神は、天照大御神《あまてらすおおみかみ》と須《す》佐之男命《さのおのみこと》が高天原《たかまのはら》で誓約をしたとき、天照大御神の息吹から生まれ、天照大御神から命じられて海の守護神となったとされる。

そして三女神は、厳島（広島県）の嚴島神社の祭神でもある。6世紀末に造営された嚴島神社は、その後平清盛《たいらのきよもり》により、現在のような海上建築につくり変えられた。貿易や港湾開発に力を入れた清盛は、海の神としてあつく信仰したのだ。

また、三女神の中での末女神は、七福神《しちふくじん》の弁財天《べんざいてん》と習合した。弁財天はもともとヒンドゥー教の川の女神。仏教に取り入れられ、弁舌、音楽、学問、財運などを司る。弁財天への信仰と重なって、宗像・厳島信仰は全国に広まっていった。

宗像大社と嚴島神社

宗像大社、嚴島神社ともに祭神として宗像三女神(→p23)を祀っており、宗像大社は嚴島神社の元宮ともいう。

	【宗像大社】	【嚴島神社】
所在地	福岡県宗像市	広島県廿日市市
祭神	田心姫神(多紀理毘売命):沖津宮 湍津姫神(多岐都比売命):中津宮※ 市杵島姫神(市寸島比売命):辺津宮※	市杵島姫命(市寸島比売命) 田心姫命(多紀理毘売命) 湍津姫命(多岐都比売命)

※田心姫神(多紀理毘売命)は、『古事記』でも『日本書紀』本文でも、長女神で沖津宮に祀られるとする。湍津姫神(多岐都比売命)は、『古事記』では末女神で辺津宮に祀られるとするが、『日本書紀』本文では、次女神で中津宮に祀られるとする。市杵島姫神(市寸島比売命)は、『古事記』では次女神で中津宮に祀られるとするが、『日本書紀』本文では、末女神で辺津宮に祀られるとする。現在の宗像大社は『日本書紀』本文と同じ。

宗像・厳島信仰の広がり

宗像・厳島信仰の神社の名前としては、宗像神社、胸方《むなかた》神社、宗形《むなかた》神社、厳島(嶋)神社などがある。おもに西日本に広がる。

宗像大社は、もともとは九州北部にいて、朝鮮半島との交易で財をなした宗像氏という地方豪族が代々祀ってきていた神がはじまりとされる。ヤマト王権は、交易・軍事などの重要拠点とされた北九州を治める宗像氏との関係強化につとめていたといわれる。

↓

宗像大社は、九州と大陸を結ぶ交易の重要ルートである古代の「海の道」の安全を守る「道の神」として、航路となる玄界灘などの海域を鎮め、交易などに携わる人々の崇敬を集めてきた。朝廷からも篤い崇敬を受け、手厚い保護を受けた。

↓

嚴島神社は、飛鳥時代の593年に安芸(広島県)の豪族だった佐伯氏によって創建されたといわれる。厳島(「斎く島」、つまり神を祀る島)・宮島という名前の通り、古代の人々が島そのものや島にそびえる山を神聖視して崇めていたことにはじまるとされる。

↓

嚴島神社は、もともとは伊都岐島神という海の神を祀っていたが、「イツクシマ」と「イチキシマ」というように名前が似ていて、しかもともに海の神としての神徳をそなえていた市杵島姫命(市寸島比売命)と同一視されるようになったといわれる。

↓

神仏習合によって、ヒンドゥー教の川の女神をルーツとする仏教の弁財天が、水の神としての神格が共通することから、宗像三女神のうち、とりわけ美しいとされる市杵島姫命と習合した。海上の守護神としてはもちろんのこと、音楽、芸能、財宝の神ともされるようになり、現世利益の七福神の1柱として広く信仰されるようになった。

↓

また、宗像大社は、海域を鎮めるということで、漁民の神としても信仰を集めている。日本が近代化してからは、交通安全の神として、とくに北部九州を中心とした地域から、鉄道や自動車などの安全を祈願する参拝者が多く訪れている。

↓

また、嚴島神社は、平安時代末期には、日宋貿易の加護などのために平清盛が崇敬したことにより、平氏一門の氏神的存在となったほか、貴族の間にも広まった。戦国時代には、安芸の戦国大名である毛利氏の深い崇敬を受けるなど、軍神としても信仰された。

宗像・厳島信仰の神社

【嚴島神社(山口県下関市)】

山口県下関市。嚴島神社の分霊として平家の船に祀られたが壇《だん》ノ《の》浦《うら》の戦い後に放棄されたとされる御鏡太刀様の物を、地元住民が見つけて社殿を建立しあらためて勧請したという。

【厳嶋神社(東京都新宿区)】

東京都新宿区。平安時代の創建とされる。境内が南北に通り抜けでき、また苦難を切り抜けられる弁天社ということで、通称「抜《ぬけ》弁天《べんてん》」で知られ、交差点などの名に使われている。

貴《き》船《ふね》信仰

絵馬が発祥した「水」の神社

貴船神社（京都府）を本社する貴船信仰の主祭神は高龗神《たかおかみのかみ》。雨乞いを受けて雨を降らせたり、大雨を止めたり、水全般を司る神だ。

あるとき浪花《なにわ》の津（大阪湾）に黄色い船が現れ、乗船していた玉依《たまより》姫《ひめ》が「船の留まる場所に神を祀れば、国土を潤し、民に福運を与える」と告げたという。黄船は賀茂《かも》川を上り、水源近くに留まったため、緑豊かな現在の地に、黄船にちなんだ貴船神社が創建された。

本宮からさらに500メートルほど上流方面に奥宮がある。祀られている闇龗神《くらおかみのかみ》は、高龗神の別名の同一神ともいわれている。

古来天皇は、高龗神に祈るとき、雨乞いでは黒馬、雨止めには白馬か赤馬を捧げたが、ときには板に馬の絵を描いた「板立馬」を奉納したといわれる。実はこれが「絵馬」の原形になったという。

平安京遷都後の貴船神社は、上賀茂神社、下鴨神社と並ぶ、格式高い神社として、京の鎮護神社として崇拝された。また縁結びのご利益も広まり、信仰を広げた。

貴船信仰の広がり

貴船信仰の神社の名前としては、貴船神社のほか、貴舟神社、貴布禰神社、貴布祢神社、意賀美《おかみ》神社、雄神《おかみ》神社などがある。

貴船神社(京都市)の創建に関しては、黄船にちなむ伝説もあるが、年代は不明で、飛鳥時代の677年には社殿の造替があったとされる。所在地の鞍馬《くらま》一帯の地主神であるとともに、鴨川の水源地に鎮座するため、古くから雨の神・水の神として崇められてきたといわれる。

↓

平安京遷都後は、京を守護する神とされた。この頃は農業が生活の基盤だったので、天候は重大な問題で、貴船神社は雨の神・水の神として、為政者たる朝廷によって祈雨・止雨祈願がおこなわれていた。また貴船神社の由緒となった黄船にちなむ伝説では「民に福運を与える」とされたため、庶民の幸福をもたらすものとして民衆からも篤く信仰された。

↓

平安時代には、女流歌人の和泉式部が不和となった夫との復縁を願い、叶ったといわれるなど、すでに縁結びのご利益が広まっていた。貴船神社の本宮と奥宮の間に位置する結社《ゆいのやしろ》(中宮)では磐長姫命《いわながひめのみこと》(石長比売→p32)を祀っており、縁結びの神として知られる。また、水の神であることから、水を扱う商売として飲食、醸造、浴場業者などが、現在でも篤く信仰している。

貴船神社信仰の神社

【貴船神社(群馬県みどり市)】

群馬県みどり市。平安時代に関東地方がひどい干ばつになった際、貴船神社の分霊を祀ったのがはじまりとされる。江戸時代に渡《わた》良瀬《らせ》川流域の山地から現在地に遷座したという。

【貴船神社(静岡県清水町)】

静岡県清水町。創建年代は不明。富士山の雪解け水の湧水群を水源とする清流である柿田《かきた》川の上流部の柿田川公園内にある。「えんむすびおむすび」や「水みくじ」などで知られる。

日吉信仰

貴船神社と同様に平安京の守りとされた日吉大社は、全国の日吉神社・日枝《ひえ》神社・山王《さんのう》神社などの総本社となっている。関係の深い比叡山延暦寺の勢力拡大とともに広まっていった。

【日吉《ひよし》大社】

大津市。祭神は、山の神である大山咋神《おおやまくいのかみ》、および大己貴《おおなむちの》神《かみ》(大国主神《おおくにぬしのかみ》)。もともとは比叡山の地主神であったが、平安京の表鬼門(北東)にあたったため、魔除けなどを担った。

【日吉《ひよし》神社】

福岡県柳川市。鎌倉時代にはじまり、村の産土神であったが、柳川城が築かれた際、その鎮守となったとされる。毎年12月下旬～4月上旬には、神門前に巨大お多福面が登場する。

【日枝神社】

東京都千代田区。戦国時代に江戸城の鎮守として創建。永田町、霞ケ関、丸の内など、日本の中枢と皇居を守護する鎮守で、日本を代表する企業などが参拝する。山王祭でも知られる。

【山王神社】

長崎市。江戸時代の島原の乱の頃にはじまるとされる。「浦上皇大神宮《うらかみこうたいじんぐう》」や「山王《さんのう》日《ひ》吉《よし》神社」とも称す。原爆の爆風によって半分が吹き飛ばされた状態で立つ「一本柱鳥居」が有名。

恵《え》比《び》寿《す》信仰

西宮神社と美保神社

恵比寿信仰には２系統あり、水蛭子《ひるこ》(→p19)系は西宮神社、事代主神《ことしろぬしのかみ》(→p30)系は美保神社が総本社とされる。

	【西宮神社】	【美保神社】
所在地	兵庫県西宮市	島根県松江市
祭神	えびす大神(蛭児大神、水蛭子)、天照大御神《あまてらすおおみかみ》、大国主大神《おおくにぬしのおおかみ》(大国主神)、須佐之男大神《すさのおのおおかみ》(須佐之男命)	事代主神(えびす様)、三穂津姫命《みほつひめのみこと》

恵比寿信仰の広がり

恵比寿信仰の神社の名前としては、恵比寿神社のほか、西宮神社、戎神社、蛭子神社、事代主《ことしろぬし》神社などがある。近畿・中国・北陸地方を中心に広がる。

本来、恵比寿は漁業の神として崇められており、「夷」や「戎」といった字があてられ、異郷から寄り来て福をもたらすとされた。やがて、魚が売買される市にも祀られるようになり、商売神としての性格ももつようになったとされる。

↓

西宮神社では、もともと恵比寿が祀られており、室町時代には西宮に市が設けられ発展するにつれて、商業神として信仰を集めた。なお、そのころ恵比寿を水蛭子とみる説があらわれたという。

↓

また、西宮神社を拠点とする傀儡師が人形芝居をしながら全国行脚することで、信仰が各地に広まった。江戸時代には、西宮神社の神札が恵比寿講などを通じて、各地に普及していった。

↓

美保神社は、もとから事代主神を祀っていたが、古事記の「国譲り」で事代主神が釣りをしていたことと漁業の神の恵比寿が結びつき、江戸時代には両者を同一視する説があらわれたという。

↓

美保神社のように以前から事代主神を祀っていたが、恵比寿と結びつけて祀った神社も多数ある。また、江戸時代にあらわれた説にもとづき、祭神を恵比寿から事代主神に改めた神社も存在する。

恵比寿信仰の神社

【堀川《ほりかわ》神社】

大阪市。通称「堀川戎神社」が多く用いられる。祭神は、蛭児大神らで水蛭子系。第29代欽明《きんめい》天皇の時代の創祀と伝えられる。今宮戎《いまみやえびす》神社とともに大阪の戎神社の代表。

【恵比寿神社】

東京都渋谷区。創建年代は不明。もともとは「天津《あまつ》神社」と名乗ったが、戦後の区画整理による遷座の際、西宮神社から事代主命(事代主神)を勧請・合祀して、現在の社名に改名。

海からやってきた恵比寿

招福で人気の七福神の一柱。右手に釣竿、左手に鯛を抱えた姿でおなじみなのが恵比寿様だ。豊漁、豊作、商売繁盛の神として知られている。

恵比寿信仰にはいくつかの説がある。「えべっさん」の名で親しまれている西宮《にしのみや》神社（兵庫県）の祭神は「蛭児大神《えびすおおかみ》」。伊邪那岐神《いざなぎのかみ》と伊邪那美神《いざなみのかみ》が国生みに失敗してできた水蛭子《ひるこ》が、葦舟で流れ着き、漁業の神として祀られたという。

西宮で商業が発展すると、恵比寿は産業全般に神格を広げた。信仰を広めたのは、室町時代の傀儡《くぐ》師《つ》だ。操り人形劇で恵比寿の神徳を説いて回った。

一方、美保《みほ》神社(島根県)の祭神の「えびす様」は事代主神《ことしろぬしのかみ》だ。国譲りのとき海に身を隠した大国主《おおくにぬし》神《かみ》の御子神で、漁業の神とされた。

ところで、古代の漁民たちの言葉で漂着物をエビスといった。古来日本には、遠方より流れ来るものは神からの贈り物という考え方があった。この思想が根底にあっての恵比寿信仰といわれる。

七福神

恵比寿は、福をもたらすとして親しまれる七福神の一員として有名である。七福神は、商業が発達した室町時代に都市部の商人の間からはじまり、江戸時代には全国に広まった。

毘沙門天《びしゃもんてん》

もとはヒンドゥー教の外敵から身を守る勇気と戦いを象徴する神。日本では邪悪を打ち破り正義を守る神として武将たちから篤い信仰を受けた。槍と宝塔を持つ姿であらわされる。

大黒天《だいこくてん》

もとはヒンドゥー教で創造と破壊を司るシヴァ神の化身だが、日本では大国主神と結びついた豊穣・財福の神。打出の小槌を持ち、袋を背負い、米俵に乗った姿であらわされる。

寿老人《じゅろうじん》

もとは道教の南極星を神格化した神で、福禄寿と同神説もある。健康・幸福・福徳・長寿の神で、長い白髭を生やした老人の姿であらわされることもある。

恵比寿《えびす》

七福神の中では唯一の日本生まれの神。もとは漁業の神で、水蛭子や事代主神などと結びつき、商売繁盛の神様としても信仰が篤い。釣竿を持ち、鯛を抱えた姿であらわされる。

弁財天《べんざいてん》

もとはヒンドゥー教の河川や水の女神で、日本では市《いち》杵《き》嶋《しま》姫命《ひめのみこと》と同一視されるようになった。財や富のほか、音楽、芸能、学問の神としても知られ、琵琶を弾く姿であらわされる。

布袋《ほてい》

もとは中国の唐代の実在の禅僧で、太鼓腹に半裸で放浪していた。物欲を離れて楽しみながら一生を送ったことから福の神とされたほか、良縁、夫婦円満、子宝の神ともされる。

福禄寿《ふくろくじゅ》

もとは道教の南極星を神格化した神で、名前は幸福の「福」、富貴をあらわす「禄」、寿命の「寿」の3文字からなる。頭が異様に長く、白髭をたくわえた老人の姿であらわされる。

浅《せん》間《げん》信仰

浅間大神《あさまのおおかみ》
もともとは富士山本宮浅間大社の祭神名だったが、のちに木花之佐久夜毘売（→p33）と同一視されるようになった。現在では主祭神である「木花之佐久夜毘売命」の「別称」とされている。

神体山である富士山は、現在では日本を代表する観光スポットとして老若男女問わず登山しているが、かつては、いつ怒りを発して噴火するかわからない恐ろしい存在とされた。

富士山の噴火
現在は火山活動を休止している富士山だが、かつては何度も噴火した。とくに平安時代と江戸時代の大噴火が知られる。噴煙があがり、爆発が起きると、人々は神の怒りだと恐れた。

富士に結びついた美貌の女神

第7代孝霊《こうれい》天皇の御代に、富士が大噴火したという。人々は逃げ去り、国が荒廃したため、第11代垂《すい》仁《にん》天皇が、山麓の山足の地に浅間《あさまの》大神《おおかみ》を祀った。これが富士山本宮浅間《せんげん》大社の起源だ。

実は「あさま」とは、元来「火山」を意味する普通名詞で、浅間《せんげん》は火山としての富士を指している。

806年、坂上田村麻呂《さかのうえのたむらまろ》が現在の富士宮《ふじのみや》市の地に社殿を移す。やがて富士の麗峰の姿から、神話に登場する美貌の木花之佐久夜毘売《このはなのさくやびめ》が連想され、浅間大神と同一視されるようになった。

神話で、貞節を疑われた木花之佐久夜毘売は、燃え盛る火中で三柱の御子神を産んでみせて、潔白を証明した。そのことから火を鎮める祭神としても祀られる。以後噴火が治まるに伴い、神徳が広く知られることになった。室町時代ごろから富士登山者が増加。江戸時代には庶民の間でも流行し、各地に浅間神社が勧請された。

奥宮は山頂に鎮座し、鳥居の立つ8合目からは、奥宮の境内だ。

浅間信仰の広がり

浅間信仰の神社の名前としては、浅間神社などがある。関東・東海地方の富士山を望める地域を中心に東日本に多い。

第7代孝霊天皇の時代に富士山が大噴火を起こして、人々は離散し土地は荒れ果てたのを憂いた第11代垂仁天皇が、山麓に浅間大神を祀ったのが富士山本宮浅間大社(静岡県富士宮市)の起源といわれる。実際の創建は平安時代初期で、奈良時代末期の富士山噴火をうけてのこととされる。

富士山本宮浅間大社

↓

富士山の噴火が鎮まったことによって、神徳が広く知られ、朝廷をはじめ、源頼朝《みなもとのよりとも》、北条義時《ほうじょうよしとき》、足利尊氏《あしかがたかうじ》、武田信玄《たけだしんげん》、豊臣秀吉《とよとみひでよし》、徳川家康《とくがわいえやす》など代々の武家からも手厚い保護と信仰を受けるようになった。とくに戦勝を祈る神として、関東の武将たちから大きな崇拝を受けた。

↓

一方、平安時代以降、浅間信仰は修験道との関わりをもち、御師や先達とよばれる宗教者が参詣のご利益を説いてまわった。信者の集まりの団体である講を先導して富士山を目指し、室町時代には富士山頂への参拝が盛んとなった。江戸時代には庶民にも広まっていった。

↓

なお、江戸時代初期までには、浅間大神が木花之佐久夜毘売と同一視されるようになった。富士山の美しい姿から女神を連想されるほか、自ら火を放った産屋で無事出産したという神話によって、火を鎮める神とされたためだという。その神話から、安産の神ともされるなど神徳も多い。

↓

江戸時代になると富士登拝が伊勢参りとならぶほどの大流行となった。関東・東海地方など、富士山を望める地域を中心に浅間神社が勧請された。江戸には、富士山を模したミニチュア版である富士塚が数多く築かれた。庶民はそこに登り、富士山に参拝したのと同じご利益を得ようとした。

浅間信仰の神社

【浅間神社《せんげんじんじゃ》(静岡市)】

静岡市。平安時代に駿河(静岡県)国府の近くに浅間神社を勧請し、それ以来「富士新宮」として崇敬されてきた。富士山本宮浅間大社の「本宮」は、この「新宮」に対する。

【北口本宮冨士浅間《せんげん》神社】

山梨県富士吉田市。第12代景行《けいこう》天皇の時代のはじまりとされ、奈良時代の富士山の噴火による影響で、現在地に社殿を建立したという。富士山の「吉田口登山道」の起点にあたる。

【浅間《せんげん》神社(東京都大田区)】

東京都大田区。通称「多摩川浅間神社」。鎌倉時代初期の創建と伝えられる。参道には多数の溶岩が置かれ、富士登山を模している。条件が整えば、快晴時に富士山の遥拝も可能。

【浅間《せんげん》神社(千葉市)】

千葉市。通称「稲毛浅間神社」。平安時代初期の創建と伝えられ、地元武士の千葉氏の信仰が代々あつかった。社殿は東京湾の向こうの富士山を正面に望むように建立されたという。

秋《あき》葉《は》信仰

秋葉大権現の由緒などについては諸説あるが、神仏分離前の秋葉信仰の神社の祭神だった。神仏分離によって多くの秋葉信仰の神社は、火之迦具土神を祭神とする秋葉神社となった。

秋葉山の信仰は古代にまで遡るともいわれるが、広く知られるようになったのは江戸時代になってからのこと。急速に参詣者が増え、秋葉山に至る道は秋葉街道とよばれていた。

秋葉大権現

仏教の仏が仮の姿で現れたことを示す「権現」の名があらわすように神仏習合の神で、観音菩薩が本地仏とされる。火の神として、役に立つ火を守り、災厄をもたらす火を鎮める。

火を畏怖して火神を祀る

日本家屋は火に弱く、古来「火《ひ》伏《ぶ》せ」(防火)は切実な願いだった。火伏せの神として名高いのは、静岡県の秋葉《あきは》山本宮《さんほんぐう》秋葉《あきは》神社だ。

秋葉山はもともと神体山として崇められており、赤石《あかいし》山脈の最南端にあたる。山頂の社には、伊邪《いざ》那美神《なみのかみ》が産んだ火之迦具土大神《ひのかぐつちのおおかみ》(火之迦具土神)が祀られている。

だが明治時代の神仏分離前は、習合神の秋葉大権現《だいごんげん》が祀られていた。三尺坊《さんじゃくぼう》という修験者を、没後に崇めたのが始まりという。

火は人の生活を豊かにし、文化を発展させるが、制御を誤ると怖い存在だ。そんな古代人の思いから、秋葉信仰は誕生したのだろう。

江戸時代には火事が多く、江戸の町には秋葉講という互助組織があった。皆で金を積み立て、代表者が秋葉大権現にお参りに行ったのだ。秋葉大権現を招く勧請も当然行われ、現在の秋葉原(東京都)の由来もここにある。

秋葉神社は今、火除け厄除け、産業発展、商売繁盛に霊験を表す文明の神として崇拝されている。

秋葉信仰の広がり

秋葉信仰の神社の名前としては、秋葉神社などがある。
東海地方を中心に全国に広がっている。

秋葉《あきは》山本宮《さんほんぐう》秋葉《あきは》神社(浜松市)の創建は、飛鳥時代と伝えられる。古くは「岐《き》陛保神《へのほのかみ》ノ《の》社《やしろ》」といったが、神仏習合によって観音菩薩を本地仏とする秋葉大権現と称され、火防の神様として祀られた。神体とされた秋葉山は修験道場としても知られ、修験者が信仰を広めた。戦国時代には、武田信玄《たけだしんげん》など武将たちの崇敬を受けた。

秋葉山本宮秋葉神社

↓

秋葉信仰が広く知られるようになったのは江戸時代。とくに江戸では非常に火事が多かったため、各地に秋葉講という互助会がつくられたほか、そもそも近くに来てもらえればよいということで、勧請もよくおこなわれた。そうして、庶民の間でも秋葉詣が盛んになった。

↓

明治時代の神仏分離によって、秋葉大権現の号をあらため、火の神である火之迦具土大神(火之迦具土神→p21)を祭神とした。火の幸を恵み、悪火を鎮め、諸疫諸病を払い除く火防開運の神として、火災消除、家内安全、厄除開運、商売繁盛、工業発展に霊験あらたかとされ、広く信仰されている。

秋葉信仰の神社

【秋葉《あきば》神社(新潟県長岡市)】

新潟県長岡市。江戸時代に秋葉権現の「本山」の地位をめぐる裁判が起こったが、当社を「古来の根元」、秋葉山本宮秋葉神社を「今の根元」として、いずれも「本山」と裁定された。

【秋葉《あきば》神社(東京都台東区)】

東京都台東区。明治初期の大火によって、火災鎮護の祈願所として現在の秋《あき》葉原《はばら》にあたる地に建立された。のちに現在地に移転したが、当社が地名「秋葉原」の起源となっている。

白山《はくさん》信仰

白山信仰は秋葉信仰と同様、神仏分離前には「権現」を名乗り、山岳信仰や修験道と深い関わりをもって展開していった。東日本を中心に広まり、白山比咩《しらやまひめ》神社を総本社としている。

【白山比咩神社】

石川県白山《はくさん》市。古くから白《はく》山《さん》を神体と仰ぐ。祭神は、白山比咩大神(白山比咩神)で、『日本書紀』において伊邪那《いざな》岐神《ぎのかみ》と伊邪那美神《いざなみのかみ》を仲裁したという菊理媛神《くくりひめのかみ》と同一神とされる。

【白山《はくさん》神社(福井県勝山市)】

福井県勝山市。通称「平泉《へいせん》寺《じ》白山神社」。奈良時代の創建とされ、白山信仰の越前(福井県)側の拠点。神仏分離前までは平泉寺という寺院で、戦国時代には巨大な宗教都市を形成した。

【白山《はくさん》神社(新潟市)】

新潟市。創建は平安時代とされ、戦国時代の記録に残り、すでに大きな神社だった。江戸時代から続く旧新潟町の市街地である古町地域の起点となっており、「新潟総鎮守」を名乗る。

【白山《はくさん》神社(東京都文京区)】

東京都文京区。平安時代の創建とされ、江戸時代に2度の移転があり現在地に至る。2度目の移転の関わりで将軍家の信仰が厚かった。当社を含む一帯の地名「白山」の由来となる。

コラム 4

海外にある神社

戦前は多数創建

神社は日本国内だけでなく海外にもあり、「海外神社」とよばれる。

明治時代、日本人の海外移住が始まり、和風の生活習慣を現地でも続けたいと願った移民たちにより、神社が創建された。

たとえばハワイでは、サトウキビ栽培のための集団移住をきっかけに、オアフ、マウイ、カウアイ、ハワイの各島に、神社がつくられた。

また、海外進出や侵略戦争により、日本政府の海外統治の一環として神社が建てられた。台湾、韓国などには、近代の社格制度に則った、社格の高い神社も創建された。これらには天照大《あまてらすおお》御神《みかみ》が祀られることが多かった。

そのほか、樺太《からふと》（現サハリン）、満《まん》州《しゅう》（中国東北部）、サイパン、パラオなどにも創建され、戦前のアジア太平洋地域の神社数は、１６００にものぼったという。

海外で独自に発展

戦後、多くの海外神社は廃されたが、新たに創建された神社や、移民の多いハワイ、ブラジルなどでは、引き継がれた神社もある。これらの神社のほとんどで、祝詞《のりと》は日本語であげられ、神職は装束を着用するなど、伝統が受け継がれている。

いっぽうで、ハワイ出雲大社では、大国主大神《おおくにぬしのおおかみ》（大国主神）とハワイ産土《うぶすな》神《がみ》を両方祀ったり、同じくハワイの金《こ》刀比羅《とひら》神社と太宰府《だざいふ》天満宮をあわせた神社では、大物主神《おおものぬしのかみ》と菅原道真《すがわらのみちざね》などを並べて祀ったりするなど、独自の展開を見せる神社もある。

ハワイ大神宮では、天照皇大神（天照大御神）らとともに、アメリカ初代大統領のワシントンや、カメハメハ大王も合わせて祭神とするなど、文化を融合して発展した神社もある。

オランダのオランダ山蔭神道斎宮は、日本で神道を学んだオランダ人が宮司を務める神社だ。また、ブラジルのサンパウロ市にある南米神宮は、静岡県の浅間《せんげん》神社の宮司が開いた神社で、日系人のための冠婚葬祭のほか、世界平和記念の神事なども行うなど、精力的に活動している。

おもな日本国外の神社

神社は、ハワイやブラジルのように戦前に移住した日本人が多く現在でも日系人が多い地域を中心に日本国外にも存在する。戦中・戦後に廃絶したものの復興された神社もある。

国・地域	神社	創建など
ハワイ	ヒロ大神宮	1898年創祀
	ハワイ大神宮	1903年創祀
	ハワイ出雲大社	1906年創祀
	ハワイ石鎚《いしづち》神社	1913年創祀
	ハワイ金刀比羅《ことひら》神社・ ハワイ太宰府《だざいふ》天満宮	1920年創建 1952年併設
サイパン	彩帆《さいぱん》香取《かとり》神社	1914年創建 1985年再建
アメリカ本土	アメリカ椿大神社《つばきおおかみやしろ》	1986年創建
台湾	高士《くすくす》神社	1939年創建 2015年再建
ブラジル	ブラジル大神宮	1942年創祀
	ブラジル石鎚神社 スザノ遙拝所《ようはいじょ》	1956年創建
	太平山《たいへいざん》三吉《みよし》神社	1960年創始
	南米神宮	1978年創祀
	ブラジル熊野神社	1986年創建
オランダ	オランダ山蔭神道斎宮	1981年創祀
フランス	和光神社	2006年創建
サンマリノ	サンマリノ神社	2014年創建

第4章

ご利益と神社の深い関係

神社の参拝者はさまざまなご利益を求める。
しかし、神社に祀られている神は万能ではない。
多種多様な神が存在し、それぞれご利益も異なる。
本章では得意なご利益ごとに神社を紹介していく。

神社とご利益について

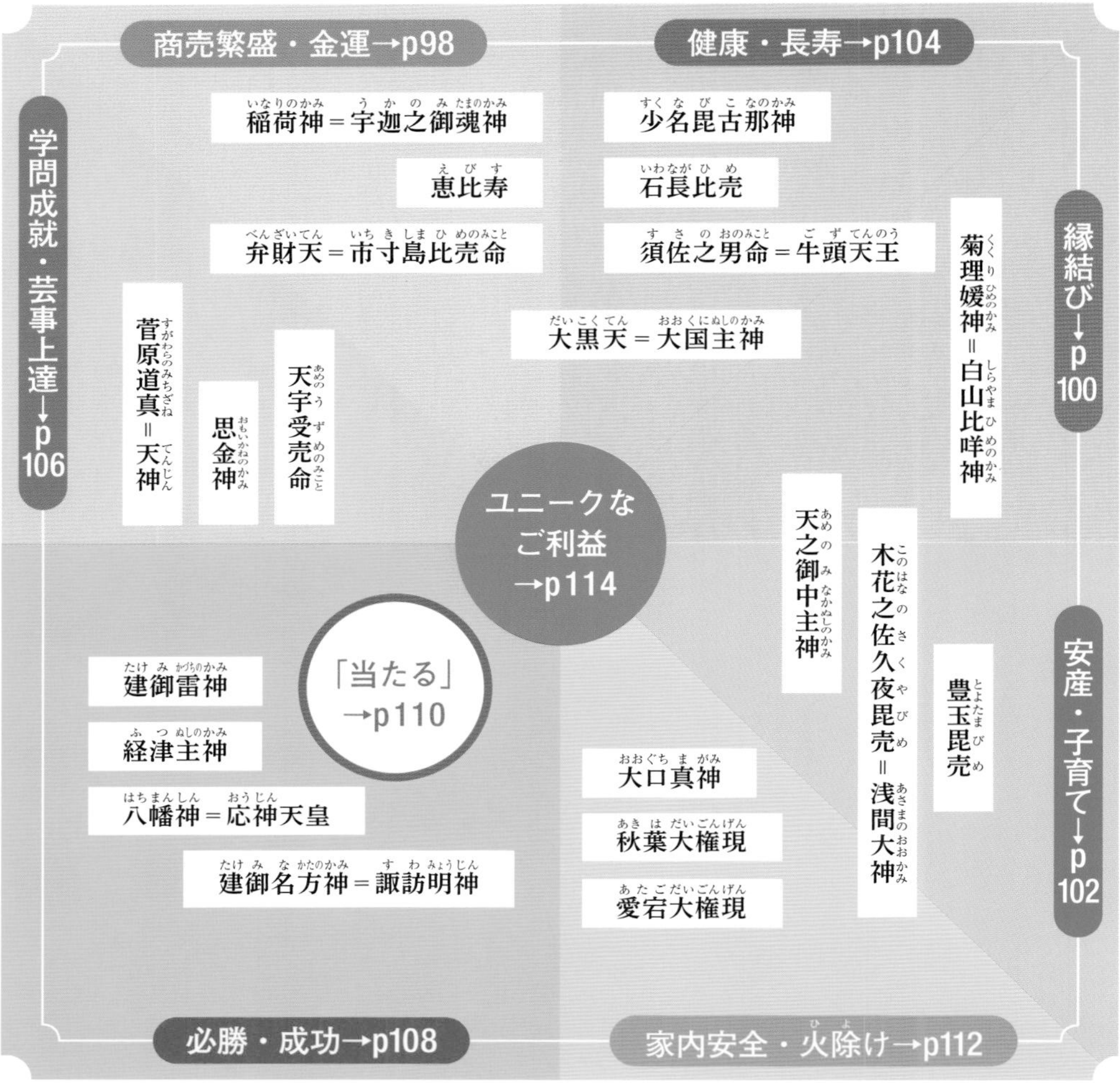

神々のご利益の得意分野

ご利益にはさまざまあるが、神々にとって、それぞれ得意・不得意の分野があり、得意分野を掛け持ちしていることも多い。ここでは、あくまでも代表的な得意分野を紹介する。

願かけは神聖なもの

我々が神社へお参りに行く目的で最も多いのは願い事だろう。開運のご利益を求めて参詣する。

開運にはいろいろなジャンルがある。商売繁盛、金運、縁結び、出世、学業、安産などなど。我々は、それらを司る神様に願をかけるわけだ。

願をかけるとは元来、その神様を手本にして学んだり、あるいは感化されたりしながら、手助けを頼むことだ。たとえば商売繁盛の神・恵比寿《えびす》は、鯛を一尾だけ抱えている。これは欲張らずに足るを知れというおしえだ。また、金運の神社「銭洗弁天《ぜにあらいべんてん》」でお金を洗うことは、よこしまな欲望を祓い清める意味をもつ。

つまり願かけは神事のひとつなので、社会の不利益になることや強欲は、受け入れられない。商売繁盛を願うのは世のため、学業成就や出世を望むのも、ひいてはよい社会を築くためであるべきなのだ。願いがかなったときはお礼参りをして、願を解くところまでを1セットと考えたい。

『古事記』に登場する神とご利益

本書の第1章「神話と神社」で紹介している『古事記』に登場する神とご利益との関係は下記のようになる。

『古事記』に登場する神	ご利益	祀る神社
伊邪那岐神《いざなぎのかみ》(→p18)	延命長寿・縁結び・夫婦和合・出世開運など	江田神社(宮崎市)など
伊邪那美神《いざなみのかみ》(→p18)	延命長寿・縁結び・夫婦和合・出世開運など	揖夜《いや》神社(島根県松江市)など
水蛭子《ひるこ》(→p19)	豊漁守護・海上安全・商売繁盛など	岩樟《いわくす》(楠)神社(兵庫県淡路市)など
火之迦具土神《ひのかぐつちのかみ》(→p21)	火難除け・郷土守護・厄除《やくよ》け開運など	火男火売《ほのおほのめ》神社(大分県別府市)など
天照大御神《あまてらすおおみかみ》(→p22)	国土平安・五穀豊穣・生命力向上など	天岩戸《あまのいわと》神社(宮崎県高千穂町)(→p25)など
須佐之男命(→p22)	五穀豊穣・厄除け開運・縁結びなど	須佐神社(島根県出雲市)(→p75)など
月読命《つくよみのみこと》(→p23)	五穀豊穣・漁猟守護・海上安全など	月読宮《つきよみのみや》(伊勢神宮別宮)(三重県伊勢市)など
天宇受売命(→p24)	芸能上達・夫婦和合・縁結びなど	椿岸《つばききし》神社(椿大神社別宮)(三重県鈴鹿市)(→p106)など
櫛名田比売《くしなだひめ》(→p27)	五穀豊穣・夫婦和合・縁結びなど	稲田神社(島根県奥出雲町)など
大国主神(→p28)	夫婦和合・病気平癒・縁結び・厄除けなど	出雲大社(島根県出雲市)(→p100)など
少名毘古那神(→p29)	病気平癒・国土平安・諸産業繁盛など	五條天神社《ごじょうてんじんしゃ》(京都市)など
建御名方神(→p31)	農業守護・狩猟守護など	諏訪大社(長野県諏訪市ほか)(→p73)など
建御雷神(→p31)	武道守護・国家鎮護・病気平癒など	鹿島神宮(茨城県鹿嶋市)(→p77)など
邇邇芸命《ににぎのみこと》(→p32)	国家安泰・家内安全・五穀豊穣など	霧島神宮(鹿児島県霧島市)(→p33)など
猿田毘古神《さるたひこのかみ》(→p32)	厄除け開運・交通安全・殖産興業など	椿大神社《つばきおおかみやしろ》(三重県鈴鹿市)など
木花之佐久夜毘売(→p33)	火難除《かなんよ》け・五穀豊穣・醸造など	都萬《つま》神社(宮崎県西都市)(→p33)など
大山津見神《おおやまつみのかみ》(→p33)	山林守護・漁業守護・鉱山業守護など	大山祇《おおやまづみ》神社(愛媛県今治市)(→p79)など
火遠理命《ほおりのみこと》(山佐知毘古)(→p34)	諸産業繁盛・海上安全・勝運招来《しょううんしょうらい》など	青島神社(宮崎市)など
豊玉毘売(→p34)	安産・子孫繁栄・農業守護など	豊玉姫神社(鹿児島県南九州市)など
神倭伊波礼毘古命《かむやまといわれびこのみこと》(神武《じんむ》天皇)(→p36)	国家安泰・延命長寿・開運招福《しょうふく》など	橿原《かしはら》神宮(奈良県橿原市)(→p37)など

信仰のグループとご利益

本書の第3章「信仰のグループはなぜできたのか？」で紹介している信仰のグループとご利益との関係は下記のようになる。

信仰のグループ	本社祭神	ご利益
八幡信仰(→p62)	八幡神(応神天皇)	武勇長久・勝利祈願・出世開運など
伊勢《いせ》信仰(→p64)	天照大御神	諸願成就《しょがんじょうじゅ》・国家安寧《あんねい》など
天神信仰(→p66)	天神(菅原道真)	受験・学業など
稲荷信仰(→p68)	稲荷神(宇迦之御魂神)	五穀豊穣・商売繁盛など
熊野《くまの》信仰(→p70)	家都美御子神《けつみみこのかみ》(須佐之男命)ら	縁結び・安産・健康長寿など
諏訪信仰(→p72)	諏訪明神(建御名方神ら)	勝利祈願・商売繁盛・子授《こさず》けなど
祇園《ぎおん》・津島信仰(→p74)	須佐之男命(牛頭天王)	厄除け・疫病《えきびょう》退散・病気平癒・良縁成就・商売繁盛など
春日《かすが》信仰(→p76)	春日神(建御雷神ら)	勝負運上昇・縁結びなど
三島・大山祇《おおやまつみ》信仰(→p78)	三島(嶋)大明神(大山津見神)	商売繁盛・勝負運上昇など
金毘羅《こんぴら》信仰(→p80)	大物主神《おおものぬしのかみ》(金毘羅大権現)	航海安全・商売繁盛・病気平癒・縁切りなど
住吉信仰(→p82)	住吉大神	航海安全・芸能上達・開運出世など
宗像《むなかた》・厳島《いつくしま》信仰(→p84)	宗像三女神	航海安全・容姿端麗・水難守護・商売繁盛・技能向上など
貴船《きふね》信仰(→p86)	淤加美神《おかみのかみ》	縁結び・航海安全・夫婦円満など
恵比寿信仰(→p88)	恵比寿(水蛭子、事代主神《ことしろぬしのかみ》)	商売繁盛・除災招福《じょさいしょうふく》・五穀豊穣など
浅間《せんげん》信仰(→p90)	浅間大神(木花之佐久夜毘売)	安産祈願・子育て大願・容姿端麗・火防《かぼう》守護など
秋葉信仰(→p92)	火之迦具土神(秋葉大権現)	火伏《ひぶ》せ・商売繁盛・縁結びなど

五　商売繁盛・金運

【酉《とり》の市（鷲《おおとり》神社）】

東京都台東区。鷲神社は江戸庶民らの崇敬を集め、地元で「おとりさま」として親しまれ、日本武尊《やまとたけるのみこと》（倭建命）らを祀る。酉の市発祥の地と伝わり、毎年11月には多くの人が集まる。

倭建命はもともと戦いの神だが、酉の市では倭建命の戦勝お礼参りに由来するとされる熊手が福をかき集める縁起物として販売される。それが人気となり、商売繁盛の神ともなった。

熊手

鷲神社では、倭建命が戦勝お礼参りの際に熊手をおさめたと伝わる。それが11月の酉の日だったことから、酉の市の起源とされた。熊手は、福を集める縁起物として人気となった。

金に困らないありがたいご利益

商売繁盛も金運も、ほぼ同じご利益としてくってよいだろう。

これらを司る代表的な神として、まず稲荷信仰で祀られる宇迦之御魂神《うかのみたまのかみ》があげられる。ウカとは、食物を意味する古語だ。稲荷の名の通り、稲の魂の神とされる。一粒からいくつもの実がなることから、商売繁盛の神として全国各地で信仰されている。

名前に「財」が含まれる弁財天《べんざいてん》も、財をもたらす金運の神として名高い。銭洗弁財天宇賀福神社《ぜにあらいべんざいてんうがふく》（神奈川県）では、御神体でもある霊水でお金を洗うと、倍になってもどってくるとされる。

宮城県石巻市の黄金山《こがねやま》神社に祀られているのは、日本五大弁財天の一柱。3年続けて参拝すれば、一生お金に困らないとされる。国内で最初に金が産出されたことを機に創建された神社だ。

倭建命《やまとたけるのみこと》は戦いの神だが、商売繁盛の神として鷲神社（東京都台東区）に祀られている。戦勝を熊手で祝ったことから、熊手が福をかき集める縁起物となった。

商売繁盛・金運の神様

そもそも日本には、「福」を専門とする神様はいなかったが、商業が発展した室町時代頃から、豊作・豊漁の守り神を福の神として信仰の対象とするようになり、庶民に広まった。

稲荷神《いなりのかみ》(宇迦之御魂神《うかのみたまのかみ》)(→p68)

本来は農耕や稲作の神で、農耕や稲作は諸産業の基本だったため、室町時代頃から商業など諸産業が盛んになってくると、稲荷神は商業をはじめ万能の神とみなされるようになった。

弁財天《べんざいてん》(市寸島比売命《いちきしまひめのみこと》)(→p89)

もともと河川や水の神なので豊穣などの神徳はあったが、江戸時代になると七福神の1柱となり、「弁才天」から「弁財天」と表記され、財福の神として庶民の間で人気を得た。

恵比寿《えびす》(水蛭子《ひるこ》／事代主神《ことしろぬしのかみ》)(→p89)

本来は漁業の神で、魚が売買される市にも祀られるようになり、商売の神としての性格ももつようになったとされる。水蛭子(→p19)や大国主神の子の事代主神(→p30)などと同一視される。

大黒天《だいこくてん》(大国主神《おおくにぬしのかみ》)(→p89)

「だいこく」と音が通じることから、大国主神(→p28)と習合して、豊穣の神となった。さらに室町時代の商業の発展により、豊作を保証することから福をもたらす神へとつながっていった。

商売繁盛・金運の神社

【神田《かんだ》神社】

東京都千代田区。通称である「神田明神」が多く用いられる。祭神3柱のうち、二之宮の少彦名命《すくなひこなのみこと》(少名毘古那神)は「えびす様」の愛称で親しまれ、商売繁盛の神様とされている。

【今宮戎《いまみやえびす》神社】

大阪市。祭神は天照《あまてらす》皇大神《すめおおかみ》(天照大御神)、事代主命《ことしろぬしのみこと》(事代主神)ら5柱。創建は推古天皇の時代という。堀《ほり》川《かわ》神社(大阪市)とともに大阪を代表する「えべっさん」となっている。

縁結び

【出雲大社】

島根県出雲市。「国譲り」の際の創建とされ、祭神は大国主大神（大国主神）。神々による縁結びの会議がおこなわれるとされる、まさに縁結びの本場として、全国的に有名。

大国主神を祀る縁結びの神社

- 出雲大社（島根県出雲市）
- 氣多《けた》大社（石川県羽咋市）
- 地主《じしゅ》神社（京都市）
- 夫婦大國社《めおとだいこくしゃ》（春日大社摂社）（奈良市）

など

大国主神《おおくにぬしのかみ》（→p28）

地上世界の開拓、統治をした美男の神。各地の女神と恋仲になって、全国津々浦々に妻を持ち、正妻である須勢理毘売《すせりびめの》命《みこと》に嫉妬されるが、最後には仲直りをし、末永く仲良く暮らした。

大国主神は、「国譲り」で「目に見える」世界を譲った後に、「目に見えない」世界を統治するようになったことから、目に見えない人と人との縁を司る縁結びの神の代表格とされる。

出雲の神無月

出雲大社には、毎年の旧暦10月（神無月）になると、全国から神々が集まり、大国主神をリーダーとして縁結びの会議が開かれ、直接関わりのない縁を結びつけるとされる。

人とつながって幸福になる

縁結びの代表的な神社といえば出雲《いずも》大社（島根県）だ。祭神は大国《おおくに》主神《ぬしのかみ》。多くの妻をもち、180余柱もの神が生まれた。神無月《かんなづき》（10月）には全国の神々が集まり、縁結び会議を開く。

縁とは何だろう。恋愛・結婚はもちろんだが、家族や地域の人々の結びつきも縁だ。子どもや富、文化をつくり出し、皆が幸福になるためのつながりを意味している。

たとえば氷川《ひかわ》神社（埼玉県川越市）は、素戔嗚尊《すさのおのみこと》（須佐之男命）と、奇稲田姫命《くしいなだひめのみこと》（櫛名田比売）と、その御子神・大己貴命《おおなむちのみこと》（大国主神）のほか、櫛名田比売の両親も祀っており、家庭円満のご利益で人気を博す。

一方、悪縁を断ち切るご利益で有名なのは、安井金比羅宮《やすいこんぴらぐう》（京都府）だ。祭神は崇徳《すとく》上皇。皇位継承の戦い（保元《ほうげん》の乱）で敗れ、讃岐《さぬき》へ配流された。だがその後はこの地の金刀比羅宮で、すべての欲を断ち切って暮らしたといわれ、そのことから、「縁切り」の御霊神を祀る信仰が生まれた（81ページ）。

縁結びの神様

『古事記』などの神話では、女神の恋愛模様や仲睦まじい夫婦像が描かれており、良縁を持った神々に縁結びの神徳があるとされる。夫婦となった2神をともに祀る神社も多い。

夫神		妻神		夫婦ともに祀られている縁結びの神社
伊邪那岐神《いざなぎのかみ》(→p18)	＋	伊邪那美神《いざなみのかみ》(→p18)	＝	自凝島《おのころしま》神社(兵庫県南あわじ市) 筑波山《つくばさん》神社(茨城県つくば市)　など
須佐之男命(→p22)	＋	櫛名田比売《くしなだひめ》(→p27)	＝	八重垣《やえがき》神社(松江市) 氷川《ひかわ》神社(埼玉県川越市)　など
邇邇芸命《ににぎのみこと》(→p32)	＋	木花之佐久夜毘売《このはなのさくやびめ》(→p33)	＝	箱根《はこね》神社(神奈川県箱根町) 富士山本宮浅間《せんげん》大社 (静岡県富士宮市)(→p91)　など
火遠理命《ほおりのみこと》(→p34)	＋	豊玉毘売《とよたまびめ》(→p34)	＝	和多都美《わたつみ》神社(長崎県対馬市) 青島《あおしま》神社(宮崎市)　など
猿田毘古神《さるたびこのかみ》(→p32)	＋	天宇受売命《あめのうずめのみこと》(→p24)	＝	荒立《あらたて》神社(宮崎県高千穂町)　など

神名	縁結びの神となった経緯など	神社
菊理媛神《くくりひめのかみ》 (白山比咩神《しらやまひめのかみ》) (→p93)	菊理媛神は、全国の白山神社などの総本社である白山比咩神社の主祭神である白山比咩大神(白山比咩神)と同一視される。『日本書紀』において、黄泉国から逃げてきた伊邪那岐神と追いかけてきた伊邪那美神の言い争いを黄泉比良坂で仲裁したという伝承や、「くくり」と読むことから、縁結びの神徳があるとされる。	白山比咩神社 (石川県白山市) など
造化三神《ぞうかさんしん》 ・天之御中主神《あめのみなかぬしのかみ》 ・高御産巣日神《たかみむすひのかみ》 ・神産巣日神《かみむすひのかみ》	『古事記』などの神話において最初に登場する3柱で、いずれも性別がなく、かつ人間界から姿を隠している。天之御中主神は、天地世界の始源、宇宙の中心に位置し、高御産巣日神は天を創造し、神産巣日神は地を創造したとされる。天下の万物を産み育てるという、「むすひ(産霊)」の働きをつかさどることから、縁結びの神徳があるとされる。	東京大神宮 (東京都千代田区) など

縁結びの神社

【東京大神宮】

東京都千代田区。明治時代にはじまる「東京のお伊勢さま」。天照皇大《あまてらすすめおお》神《かみ》(天照大御神)らに加え、造化三神を祀る。初めて民間の神前結婚式をおこなった神社としても知られる。

【氷川《ひかわ》神社(埼玉県川越市)】

埼玉県川越市。通称「川越氷川神社」。古墳時代の創建とされ、戦国時代以来、川越の総鎮守とされてきた。2組の夫婦神らを祀り、古くから縁結びの神社として信仰を集める。

安産・子育て

子宝いぬ

安産の神として知られる東京水天宮（東京都中央区）の境内にある親子犬の像。お産が軽く、多くの子を生む犬にあやかった安産祈願は昔からさまざまな神社でおこなわれてきた。

安産・子育ての神社

【水天宮《すいてんぐう》】

福岡県久留米市。日本各地などにある水天宮の総本宮。天《あめの》御《み》中主《なかぬしの》大《おお》神《かみ》（天之御中主神）らを祀る。もともと水徳の神、水難除けの神だったが、江戸時代から安産の神として知られる。

【安産まつり（諏訪神社）】

山梨県山中湖村にあり、豊玉姫命《とよたまひめのみこと》（豊玉毘売）らを祀る諏訪神社（通称「山中諏訪神社」）の例大祭。夜祭のみこしをかついだ氏子の女性には、安産が約束されるといわれる。

ご利益がある神社に大行列

安産・子育ての無事は、古来人々の重大な関心事で、その切実な願いから産神《うぶがみ》信仰が生まれた。産神信仰で名高い神社のひとつが水天宮《すいてんぐう》。福岡県久留米《くるめ》市に総本宮があり、江戸時代に現在の東京都中央区に勧請された。

祭神は四柱。高天原《たかまのはら》に最初に現れたとされる天之御中主神《あめのみなかぬしのかみ》、壇ノ《だんの》浦《うら》で悲劇の入水をした安徳《あんとく》天皇、そのとき幼い天皇を抱いていた二《に》位《い》の尼《あま》、そして母・建礼門院《けんれいもんいん》だ。

諏訪《すわ》神社（山梨県山中湖村）で毎年9月に催される安産祭りにも、全国から参拝者が集まる。祭神の豊玉姫命《とよたまひめのみこと》（豊玉毘売）は海神の娘。山佐知毘古と結婚して鵜葺草葺不《うがやふきあえ》合命《ずのみこと》を産んだことで、安産の神として信仰されている。

富士山本宮浅間《せんげん》大社祭神の木花《このはな》之佐久夜毘売命《のさくやびめのみこと》は、火中で御子神を産んだことから、鎮火の神として祀られるが、同時に安産の神としても崇められている。木花之佐久夜毘売は、子安《こやす》神社（東京都）でも安産・子育ての神として祀られ、全国各地に勧請されている。

安産・子育ての神様

安産・子育ての神の多くは天皇の祖先神やその妻神で、安産神話は『古事記』の神々によってさまざまに描かれている。それぞれ、民間の産神信仰を背景にして、祀られている。

木花之佐久夜毘売《このはなのさくやびめ》(→p33)

火中で無事出産をしたので、安産の神徳があるとされる。また、民間の土着的な産神信仰の中で信仰されてきた子安神とも結びついて、子授け・子育ての神様としても信仰されている。

神功《じんぐう》皇后(→p82)

新羅遠征の際に呪術的な方法で出産をコントロールして無事に子の応神《おうじん》天皇を出産したと伝えられ、そこから民間の母子神信仰と結びつき、安産・子育て守護の神様とされてきた。

豊玉毘売《とよたまびめ》(→p34)

出産の際に本来のサメの姿を見られたため、泣く泣く子を置いて故郷の海へ帰ったが、乳房を残したという岩から滴る水で子を育てたと伝えられ、安産・子育ての神徳があるとされる。

伊邪那美神《いざなみのかみ》(→p18)

火の神を生んだため、大やけどを負って亡くなったが、それまでに「国生み」や「神生み」で国土とその中で活動するさまざまな神を生んだので、子授け・安産の神徳があるとされる。

神名	安産・子育ての神となった経緯など
天之御中主神《あめのみなかぬしのかみ》	天地創造の最初に宇宙の中心の神として高天原に現れたといわれる神様。日本の神々の祖先神であることから、子授け、安産の神徳があるとされる。
玉依毘売《たまよりびめ》(→p35)	姉の子である鵜葺草葺不合命を姉に代わって養育し、鵜葺草葺不合命が成長すると結婚して神武天皇を生んだことから、子育て・安産の信仰が生まれた。

五 健康・長寿

祇園御霊会

平安時代では疫病が大きな災いで、怨霊の祟りによると考えられていた。京都の祇園祭は、怨霊を鎮め、疫病の退散を願うために、平安時代におこなわれた祇園御霊会が起源とされる。

健康・長寿の神社

【五條天神社】

東京都台東区。倭武《やまとたけるの》尊《みこと》が東征の折、大《おお》己《な》貴《むじの》命《みこと》(大国主神)と少彦《すくなひこ》名命《なのみこと》(少名毘古那神)を併せて祀ったのが由緒とされる。少なくとも戦国時代からは、その存在が確認される古社。

【高良大社】

福岡県久留米市。第17代履《り》中《ちゅう》天皇の時代の創建と伝えられる。古くから祀られている高《こう》良《ら》玉《たま》垂《たれの》命《みこと》は建《たけ》内《うちの》宿《すく》禰《ね》と同一神とする説があるため、延命長寿の神徳があると考えられている。

無病息災を願う神事

安産・子育てと同様、人々が切実に願うのは、健康だろう。疫病《えきびょう》退散のご利益で崇められているのは「祇園《ぎおん》さん」こと八坂《やさか》神社(京都府)。祭神は、牛頭天王《ごずてんのう》と同一視された素戔嗚尊《すさのおのみこと》（須佐之男命）だ。夏の風物詩として有名な祇園祭は、疫病退散の祇園御霊会《ぎおんごりょうえ》が起源となる。

八坂神社の夏越《なごし》の祓《はらえ》の神事では、茅《ち》の輪をくぐることで疫病除けを願う。素戔嗚尊をもてなした蘇民将来《そみんしょうらい》という男が、茅の輪を授けられて以後、疫病から逃れられたという故事に由来する。

また、五條天神社《ごじょうてんじんじゃ》（東京都）の祭神は、少彦名命《すくなひこなのみこと》（少名毘古那神）だ。温泉療法や百薬の長ともされる酒をこの世にもたらしたとされ、「医薬の祖神」として知られる。五條天神社では、薬草を焚いて無病息災を願う「うけらの神事」が行われている。

一方、高良《こうら》大社（福岡県）の祭神・高良玉垂命《こうらたまたれのみこと》は長寿の神だ。約300歳まで生きたという白髭の建内宿禰《たけうちのすくね》と同一神とされている。

健康・長寿の神様

日本の風土では、湿気の多い夏は疫病による死者が多かったため、疫病を流行らせるとされる悪霊を防ぐ神様が、健康・長寿のために祀られた。長寿だった人物が祀られる場合もある。

少名毘古那神《すくなびこなのかみ》(→p29)

大国主神といっしょに全国を回って「国造り」をした。大国主神が国土の開発に当たり、少名毘古那神が医療の普及につとめたとされることから、古くから健康の神徳で知られる。

大国主神《おおくにぬしのかみ》(→p28)

皮を剝がされてしまった稲羽《いなば》の素兎《しろうさぎ》に対して、正しい治療法を教えて治したことから、少名毘古那神だけではなく、大国主神自身も病気や怪我を治してくれる神徳があるとされる。

牛頭天王《ごずてんのう》(須佐之男命《すさのおのみこと》)(→p74)

牛頭天王は神仏習合で須佐之男命(→p22)と同一視されていた。八俣遠呂智《やまたのおろち》を退治するなど荒ぶる猛々しい須佐之男命を祀ることにより、罪穢れなどを祓い疫病を止める力があるとされる。

建内宿禰《たけうちのすくね》(→p82)

第12代景行《けいこう》から第16代仁徳《にんとく》までの5代にわたる各天皇および神功《じんぐう》皇后に仕えたという伝説上の忠臣といわれ、約300歳まで生きたとされる。長寿の神徳もあると祀られている。

神名	健康・長寿の神となった経緯など
石長比売《いわながひめ》(→p32)	木花之佐久夜毘売《このはなのさくやびめ》の姉。名前から石のように長い寿命の象徴とされる。石長比売の輿入れがならなかったため、天皇は命に限りがあるようになったとされる。
淡島明神《あわしまみょうじん》	全国の淡島神社などで本来祀られていた神。女性特有の病気を中心に、女性のすべての災厄を除く神徳があり、女性の守り神として信仰されている。

学問成就・芸事上達

受験合格祈願の絵馬
絵馬は、神社に奉納される馬の代わりとして登場(→p86)。昭和以降は、学問の神様として菅原道真を祀った天満宮などに受験生が合格祈願の絵馬を奉納する風習が盛んになった。

学問成就･芸事上達の神社

【湯島《ゆしま》天満宮】

東京都文京区。第21代雄略《ゆうりゃく》天皇の時代の創建とされる。南北朝時代から祭神に菅原道真を加えた。古くから通称「湯島天神」だが、2000年までの正式名称は「湯島神社」だった。

【椿岸神社《つばききし》(椿大神社別宮)】

三重県鈴鹿市。全国の天鈿女命(天宇受売命)を祀る神社の総本宮とされる。天鈿女命の夫である猿田彦大神《さるたひこのおおかみ》(猿田毘古神)を祀る全国の神社の総本社とされる椿大神社の境内別宮。

向上心からの願かけ

人間の英知が産業や文化を発展させ、芸術が生活に潤いをもたらす。学問成就や芸事上達は、人間の向上心として当然の願かけだ。

学問の神として筆頭にあげられるのは天神《てんじん》様こと菅原道真《すがわらのみちざね》だろう。北野《きたの》天満宮（京都府）、太宰府《だざいふ》天満宮（福岡県）を総本社として、全国各地に勧請されている。東京都の湯島《ゆしま》天満宮の祭神は、元来天《あま》之手力雄命《のたちからをのみこと》（天手力男命）だったが、14世紀に道真も合祀した。その後徳川家康《とくがわいえやす》が保護したことで、江戸の天神信仰の中核となった。

また、門下から幕末の志士を多数輩出した吉田松陰《よしだしょういん》は、松陰神社（東京都、山口県）に祀られ、勤勉で知られる農政家の二宮尊徳《にのみやそんとく》は、報徳《ほうとく》二宮神社（神奈川県）に祀られている。どちらも学業成就のご利益で人気を博している。

芸能の神の筆頭といえるのは、天宇受売命《あめのうずめのみこと》。天岩戸《あまのいわと》に隠れた天《あま》照大御神《てらすおおみかみ》を誘い出すために舞い踊った女神だ。椿大神社《つばきおおかみやしろ》別宮の椿岸《つばききし》神社（三重県）などに祀られ、崇められている。

学問成就・芸事上達の神様

文化や芸能などの神様は、日本の文化を豊かにし、潤いのある生活を守ってくれていると考えることができる。そのなかで若者との関わりが密接なのは受験合格祈願の神様である。

国立国会図書館所蔵

菅原道真《すがわらのみちざね》(天神《てんじん》)(→p66)

最初は祟り神として祀られていたが、時代がくだり祟りの恐怖が薄れてくると、幼少から優れ政治家としても卓越した手腕を発揮した生前の才能が慕われ、学問などの神となった。

天宇受売命《あめのうずめのみこと》(→p24)

天岩戸で踊りを披露したことは、神楽舞に通じる面もあり、芸能のはじまりとされ、一心不乱に踊り神々を魅了したことは、俳優の起源とも考えられ、神楽・技芸の祖神とされる。

吉田松陰《よしだしょういん》

長州藩(山口県)の松下村塾で、身分や階級にとらわれずに人材を受け入れ、門下からは明治政府の重鎮などとして活躍した人物を輩出したことなどから、学問の神徳で知られる。

思金神《おもいかねのかみ》(→p24)

「思」=「思慮」、「金」=「兼ね」を示し、数人分の知恵という意味とされる。天岩戸で一計を案じるなど、知恵に関して多彩な能力を持つため、学問などの神として崇敬されている。

神名	学問成就・芸事上達の神となった経緯など
二宮尊徳《にのみやそんとく》(金次郎)(→p51)	小田原藩(神奈川県)の農民として生まれ、両親を亡くし生家を失うも、働きながら学問に精を出し再興したことなどから、学問の神徳でも知られる。
弁財天《べんざいてん》(市寸島比売命《いちきしまひめのみこと》)(→p89)	江戸時代には財福の神として庶民の間で人気を得たが、一方で芸術や学問についても得意とされており、琵琶を弾く姿であらわされることが多い。

必勝・成功

戦勝祈願

明日をも知れぬ乱世に生きた戦国武将のほとんどは、複数の神を守護神として崇めた。彼らの信仰の対象となった武門の神は、現在では成功・勝利につながる勝負強さを授けている。

必勝・成功の神社

【高麗《こま》神社】

埼玉県日高市。未開の地の開拓を進めた渡来人のリーダー高麗王若光《こまのこきしじゃっこう》を祀る。近代に入って、参拝者から歴代首相や最高裁長官、検事総長などを輩出し、「出世明神」と呼ばれるようになった。

【東照宮《とうしょうぐう》(東京都台東区)】

東京都台東区。通称「上野東照宮」。各地の東照宮では、江戸幕府の開祖となった徳川家康《とくがわいえやす》を東照大権現として祀り、その業績にあやかり、出世や成功の強運を招くことが期待される。

軍神が勝利の神に

日本神話では、神々が仕事をし、ものを創り、征服する。働いて生活を豊かにすることは尊い行為で、その過程での成功や勝利には価値があるのだ。競い合う点で、スポーツでの勝利もまた尊い。

必勝・成功のご利益がある神には、軍神が多い。全国各地にある八幡《はちまん》神社の祭神は、武勇に優れた応神《おうじん》天皇だ。石清水《いわしみず》八幡宮（京都府）は、かつて軍神として源氏の氏神だったが、今は勝利・成功、厄除けのご利益を発揮している。

諏訪《すわ》大社に祀られるのは建御名《たけみな》方神《かたのかみ》。神話の国譲りで、建御雷神《たけみかづちのかみ》と戦った豪傑神だ。武運長久のご利益がある神として、平安時代から、幾多の武将たちの崇敬を集めてきた。現在では勝負の神として、特にスポーツでの必勝祈願を受けている。

利根《とね》川をはさんで建つ鹿島《かしま》神宮（茨城県）と香取《かとり》神宮（千葉県）の各祭神、武甕槌大神《たけみかづちのおおかみ》（建御雷神）と経津主大神《ふつぬしのおおかみ》（経津主神）も、国譲りで登場する剣の神だ。やはり必勝・成功の神として祀られる。

必勝・成功の神様

仕事などにつきものの競争に勝利をもたらす武神・軍神や、優れた才能を発揮して実際に成功をおさめた歴史上の偉人などが、必勝・成功の神徳がある神様として信仰されている。

八幡神《はちまんしん》(応神《おうじん》天皇)(→p62)
平安時代後期に武家の棟梁である源氏との結び付きを強めると、弓矢の神などとしての性格を強め、武神・軍神として崇敬される。今は成功・勝利などの神徳として発揮されている。

建御名方神《たけみなかたのかみ》(諏訪明神《すわみょうじん》)(→p31)
平安時代初期から武神として広く知られ、多くの武士たちから武運長久の神として崇敬された。現在は勝負の神としてスポーツ競技一般の勝利の守り神とされている。

建御雷神《たけみかづちのかみ》(→p31)
「国譲り」を成功に導き、「神武東征」では神武《じんむ》天皇に剣を与えるなど、武神・軍神の要素を強く持つ。中世以降、武運守護の神として崇敬され、武芸、成功・勝利などの神徳がある。

天手力男神《あめのたぢからおのかみ》(→p24)
天岩戸で戸をこじ開けたという力強さから戦いの神となった。武神、スポーツの神、必勝の神として神徳が伝わり、祭神となっている戸隠《とがくし》神社は、スポーツの必勝祈願で知られる。

神名	必勝・成功の神となった経緯など
経津主神《ふつぬしのかみ》(→p77)	『古事記』には登場しないが、『日本書紀』では「国譲り」で建御雷神の盟友として登場。建御雷神と同様に武道の神、勝運祈願の神として有名。
三島《みしま》(嶋)大明神《だいみょうじん》(→p78)	多くの武士の信仰の対象となった武神・軍神で、今日では平和的な神様となっているが、成功・勝利の守り神としての霊威は変わることがない。

「当たる」

百人組は江戸幕府草創期からある組織。編成当初は伊賀・甲賀・根来といった鉄砲の扱いに優れた地域の者を召抱えた。合計4組からなり、各組に100人ずつの鉄砲足軽が配された。

皆中稲荷神社の氏子地域の(大久保)百人町(新宿区)は、百人組に由来する。かつては、青山百人町(港区)や根来百人町(新宿区)も存在したが町名の統廃合で姿を消している。

百人組の屋敷は、甲州街道沿いなど江戸城の西に設けられた。百人組は、江戸城の本丸と二の丸へ通じる要所である大手三之門の前に建てられた百人番所に、昼夜交代で詰めていた。

鉄砲百人組

鉄砲百人組は、江戸の西の備えとして創設。その地に祀られた稲荷神の霊験で百発百中の命中率となり、評判になったことから、「皆《みな》中《あたる》の稲荷」と称えられるようになったという。

社名にあやかった神徳

努力だけではかなわない、のるかそるかの勝負は「運」や「ツキ」が左右する。この目に見えない力にご利益を発揮するのが勝負運の神だ。

唐津湾(佐賀県)の高島にある宝《ほう》当《とう》神社はクジ運のご利益で知られる。祭神は、戦国時代に高島を海賊から救った野崎隠岐守綱吉《のざきおきのかみつなよし》。もとは高島の主産業である製塩の守護神だったが、社名に注目して参拝した人が宝くじを当てたことから信仰が広まった。

このように社名から神徳が生まれた神社は少なくない。皆中稲荷《かいちゅういなり》神社(東京都)は、「皆《みな》当《あ》たる」ほどのツキが授かるという。江戸時代、夢枕に神が立った鉄砲百人組の一人が、百発百中の腕前になったことから信仰が生まれた。

調《つき》神社(埼玉県)には、天照大御《あまてらすおおみ》神《かみ》をはじめ三柱が祀られている。律令制度時代、調《ちょう》という税で織物や特産物が徴収されており、その倉庫の守護神だった。しかし今では「ツキを呼ぶ」神として信仰を集めている。

「当たる」神社

【皆中稲荷《かいちゅういなり》神社】

東京都新宿区。戦国時代の創建とされる。祭神は倉稲之魂之大神《うかのみたまのおおかみ》(宇迦之御魂神)ら。江戸時代、霊験によって鉄砲百人組が百発百中になったと評判になり、射撃だけでなくさまざまな願いごとをする参詣者が増えて「皆中の稲荷」と称えられ、現在の社名になったという。例祭では、鉄砲百人組を再興した「鉄砲組百人隊行列」が2年に1度おこなわれている。

【調《つき》神社】

さいたま市。第9代開化《かいか》天皇の時代の創建と伝わる。祭神は天照大御神《あまてらすおおみかみ》ら3柱。律令制下の税制の租庸調《そようちょう》のうち、繊維製品などで納めた調の倉が前身といわれる。調の運搬の妨げになるとして取り払われたとされる鳥居は現在もない。社名が「月」と同じ読みから、月の動物といわれた兎《うさぎ》が神使とされるほか、勝負事の「ツキ」をよぶ神徳があるとして知られる。

【八坂《やさか》社】

大分県国東《くにさき》市。通称「富来《とみく》神社」が多く用いられる。平安時代に広峯《ひろみね》神社(兵庫県)の牛頭天王《ごずてんのう》の神託を賜ることによる創建とされ、地元の富来地区の産土神。主祭神は素戔嗚尊《すさのおのみこと》(須佐之男命)。本殿裏の「開運運玉唐獅子《からじし》像」にはご利益があるとされる。通称が「富が来る」や「富くじ」につながることから、とくに宝くじ運アップのご利益で人気がある。

【闘雞《とうけい》神社】

和歌山県田辺市。第19代允恭《いんぎょう》天皇の時代にはじまるとされる。熊野三山の別宮的存在として熊野信仰の一翼を担ってきた。社名の由来は、『平家物語』において、源氏と平氏の双方から熊野水軍の援軍を要請された際、神社本殿の前で白を源氏、赤を平氏に見立てた紅白の鶏を闘わせたという故事によるもので、勝運導きの神としてご利益があるといわれている。

【宝当《ほうとう》神社】

佐賀県唐津市の唐津湾に浮かぶ高島に建ち、戦国時代に海賊を退け島を守った野崎隠岐守綱吉を祀る。明治時代に製塩業で島が潤ったお礼に鳥居が奉納された際、島の宝ということで「宝当神社」と記されたという。社名にあやかって参拝者が増え、その中から宝くじの高額当選者が多数出たという話が広まり、宝くじが当たる神社として知られるようになった。

【勝馬《かちうま》神社(大杉神社境内社)】

茨城県稲敷市。関東・東北地方に分布する大杉神社の総本社である大杉神社の境内社。平安時代の官営牧場の馬体を守護する神社がルーツ。その後大杉神社境内に移され、現社名となった。昭和初期までは馬場で競馬が開催されたという。現在は日本中央競馬会(JRA)のトレーニングセンターの近所ということもあり、競馬関係者や競馬ファンの参拝者が訪れる。

家内安全・火《ひ》除《よ》け

竈神《かまどがみ》

神道では、初めて火をおこし煮て食べることを教えたとされる奥津日子神《おきつひこのかみ》と奥津比売神《おきつひめのかみ》に加え、火の神である火産霊神《ほむすびのかみ》(火之迦具土神→p21)の3柱を竈神とする。

庶民の家庭内で祀られた神々は、竈神のほかにもある。台所では恵比寿《えびす》(→p89)や大黒天《だいこくてん》(→p89)が祀られたり、納戸《なんど》や、厠《かわや》(便所)、門の神など、いろいろなところに存在し、暮らしを守っている。

三宝荒神《さんぼうこうじん》

三宝荒神については解釈がさまざまあり、謎も多いが、おもに修験道と仏教で祀られてきた。かつて神仏習合だった時代においては、三宝荒神と竈神が同一視され、広く信仰された。ただし、竈神とされるのは、三宝荒神だけではない。秋葉大権現《あきはだいごんげん》などを竈神として祀るところもあれば、非業の死をとげた祟り神の御霊を竈神として祀るところもあるという。

竈

今では台所から竈がなくなってしまったが、古くから竈の火は貴重で神聖なものとされ、竈神が祀られた。竈神は、火の神であるとともに家族や家畜、農業を守る守護神ともされる。

荒ぶる神を祀って家内安全

神道の神は八百万《やおよろず》の神。家の中のさまざまな場所に宿り、我々の生活を見守っている。特に家族の食事に直結する竈《かまど》は、神聖な場所とされ、竈神が祀られた。

竈神信仰では、祀られる神様はいろいろだが、代表格が荒神《こうじん》だ。人に災厄をもたらす荒ぶる神だが、正しく祀れば火除けの霊験あらたかという。穢《けが》れが焼き尽くされて浄化されることで、家内安全のご利益にもあずかれるというのだ。

荒神に、さらにインドの夜叉神《やしゃじん》などが習合したのが三宝荒神《さんぼう》だ。三宝とは、仏教語では「仏法僧」だが、神道では火産霊神《ほむすびのかみ》(火之迦具《ひのかぐ》土神《つちのかみ》)、奥津日子神《おきつひこのかみ》、奥津比売神《おきつひめのかみ》のこともいう。荒神山《こうじんやま》神社(滋賀県)では、この三柱が祀られている。奥津日子神と奥津比売神は、初めて火をおこして調理したとされる兄妹神。ご利益は家庭繁栄だ。

荒神信仰は西日本を中心に発展した。笠山《かさやま》荒神社《こう》(奈良県)は、日本三大荒神の一つとされ、やはり奥津日子神、奥津比売神が祀られている。

家内安全・火除けの神様

木や紙などで造られる日本の家は火事に弱く、とくに江戸時代の江戸といった家屋が密集した大都市は火事が多かったので、火除けは大きな関心事であり家内安全にもつながった。

秋葉《あきは》大権現《だいごんげん》※(→p92)
古くから火の神の座す山として認識されていた秋葉山の山岳信仰と修験道が習合した神。秋葉権現は火の神として、役に立つ火を守り、災厄をもたらす火を鎮めるとされてきた。

浅間大神《あさまのおおかみ》(木花之佐久夜毘売《このはなのさくやびめ》)(→p90)
浅間大神は、そもそも富士山の噴火を鎮めるために祀られた。自ら火を放った産屋で無事出産した神話によって鎮火の神とされた木花之佐久夜毘売と同一視されるようになった。

神名	家内安全・火除けの神となった経緯など
愛宕《あたご》大権現《だいごんげん》※	愛宕山(京都市)の山岳信仰と修験道が習合した神。愛宕山周辺から雷雲が発生するため、愛宕山の神＝雷神との認識が生まれ、火を鎮める霊力が期待されたという。
大口真神《おおぐちまかみ》	かつて日本に生息していた狼(ニホンオオカミ)の神格化。猪や鹿から作物を守る聖獣として信仰され、とくに火難・盗難・病難などの災難除けの力が強いとされた。

※明治の神仏分離によって、秋葉大権現や愛宕大権現を祀る神社(秋葉神社・愛宕神社など)のほとんどは、火之迦具土神などを祭神としたが、神徳に対する信仰は現在でも変わらない。

家内安全・火除けの神社

【愛宕《あたご》神社】

東京都港区。総本社は京都市の愛宕神社。主祭神は火《ほ》産霊命《むすびのみこと》(火之迦具土神)。江戸初期に防火の神様として創建。自然地形としては東京23区内で最も高い愛宕山の山頂に建つ。

【三峰《みつみね》神社】

埼玉県秩父《ちちぶ》市。第12代景行《けいこう》天皇の時代の創建とされ、祭神は伊弉諾尊《いざなぎのみこと》(伊邪那岐神)ら。眷属《けんぞく》に大口真神がおり、江戸時代に眷属信仰が広まり、境内摂末社「お仮《かり》屋《や》」で祀られている。

ユニークなご利益

8つの気象条件

日本唯一の気象神社の祭神である八意思兼命(思金神)は、その名前のとおり「晴」「曇」「雨」「雪」「雷」「風」「霜」「霧」という8つの気象条件を司ることができるとされている。

現代人のニーズに対応

産業が発展し、社会が変化するにつれて、人々の求めるものも変わる。必然的に神様に願うことも変わり、幅広いニーズに対応したユニークなご利益も生まれている。

天気の願いをかなえてくれるというのが、気象《きしょう》神社(東京都)。祭神の八意思兼神《やごころおもいかねのかみ》(思金神)が、八つの気象現象を制するという。もとは陸軍気象部内の守護神だったが、今では氷川《ひかわ》神社の末社だ。

久伊豆《ひさいず》神社(埼玉県)は、社名が「くいず」と読めることから、クイズ番組の参加者たちが参詣し、ご利益が評判になっている。祭神は大国主命《おおくにぬしのみこと》(大国主神)で、もとは縁結びや商売繁盛の神社だった。

ペットの無病息災にご利益を発揮するのは、市谷亀岡八幡宮《いちがやかめがおかはちまんぐう》(東京都)。ペット共に参詣し、昇殿しての特別祈祷も受けられる。

一方、來宮《きのみや》神社(静岡県)のように、古くから断ちもの信仰、特に禁酒で名の知られた神社もある。神前で願かけをし、紙のお札を身につけておいたことにより、禁酒に成功した人は数多いという。

天気

【気象《きしょう》神社（氷川神社境内社）】

東京都杉並区。氷川神社の境内社。祭神は八意思兼命（思金神）。もとは陸軍気象部の構内に造営され、気象観測員が予報的中を祈願した。戦後に現在地に遷座され、晴天祈願や雨乞いの参拝者のほか、気象予報士の志願者や天気で仕事が左右される関係者の参拝も多い。

クイズ

【久伊豆《ひさいず》神社（埼玉県越谷市越ヶ谷）】

埼玉県越谷市越ヶ谷。祭神は大国主命（大国主神）ら。創建年代は不詳だが、平安時代中期以降には、「久伊豆大明神」として、武士・庶民の崇敬・信仰を多く集めてきた。社名が「くいず」とも読めることから、クイズ番組の参加者や関係者の参拝が増えている。

ペット

【市谷《いちがや》亀岡《かめがおか》八幡宮】

東京都新宿区。祭神は誉田別命《ほんだわけのみこと》（応神《おうじん》天皇）ら。戦国時代に江戸城西方の守護神として鶴岡八幡宮から勧請され、鶴に対し亀を称した。その後荒廃するが江戸時代に復興。ペットと参詣できる神社の草分け的存在で、ペット用のお守りや祈祷を授ける神社としても知られる。

禁酒

【來宮《きのみや》神社】

静岡県熱海《あたみ》市。祭神は大己貴命《おおなもちのみこと》（大国主神）ら。創建は奈良時代のころといわれ、古くは「来宮大明神」などと呼ばれ、熱海の地の守護神として、来福・縁起の神として、信仰されてきた。「きのみや」を「忌の宮」と解して、タバコや酒など断ち物の祈願をする者も多い。

航空

【飛行《ひこう》神社】

京都府八幡《やわた》市。日本初の飛行原理の研究者である二《にの》宮忠八《みやちゅうはち》が、航空事故による犠牲者の慰霊のため、大正時代に磐船《いわふね》神社（大阪府交野市）から分霊して創建し、航空安全と航空事業の発展を祈願した。祭神は、飛行機の神・航空の神といわれる饒速日命《にぎはやひのみこと》（邇芸速日命）ら。

交通安全

【谷保《やぼ》天満宮】

東京都国立市。地名の「谷保《やほ》」も本来の読み方は「やぼ」である。祭神は菅原道真《すがわらのみちざね》公ら。平安時代の創建で、東日本最古の天満宮とされる。明治時代に日本初のドライブツアー一行が昇殿参拝したあと、故障や事故もなく無事に帰宅したことから、交通安全発祥の地とされる。

安眠

【日根《ひね》神社】

大阪府泉佐野市。祭神は鵜葺草葺不合命《うがやふきあえずのみこと》ら。初代神武《じんむ》天皇による創建とされる。もともとは安産や子宝の神で村の娘たちが枕を奉納し子授け祈願する習慣があったが、奉納する枕はご利益があるとされ、「枕＝睡眠」ということから、安眠の神や寝室の守護神などとされる。

人形

【淡嶋《あわしま》神社】

和歌山市。第16代仁徳《にんとく》天皇の時代の創建とされる。全国の淡島神社、粟島神社などの総本社。婦人病祈願や針供養のほか、人形供養の神社としても有名。祭神である少彦名命《すくなひこなのみこと》（少名毘古那神）と息長《おきなが》足姫命《たらしひめのみこと》（神功皇后）の神像が雛《ひな》人形の起源とされているためである。

コラム 5

企業と神社

企業も繁栄を祈る

人々が自分の幸福と繁栄を願って神社にお参りするのと同様に、企業にも、企業と従業員の繁栄、作業の安全などを祈るための神社をもつものが多い。

たとえば三井グループは、東京都墨田区の三圍《みめぐり》（囲）神社を信仰している。祭神は女神の宇迦之御魂命《うがのみたまのみこと》。江戸時代の呉服商「越後屋」のときから信仰が続いている。

いっぽう三菱グループが信仰するのは、大阪市西区の土佐《とさ》稲荷神社だ。もともとは土佐藩主が勧請した神社だが、廃藩置県後、創業者の岩崎弥太郎《いわさきやたろう》が、この地で三菱を興したときに、守護神とした。

トヨタ自動車には、独自の神社がある。トヨタ自動車の創業と同年に創建された豊興《ほうこう》神社には、金山彦神《かなやまひこのかみ》と金山《かなやま》比売神《ひめのかみ》という、鉄の神様が祀られており、年始めに、トヨタ自動車の幹部役員が参詣している。

●三圍(囲)神社(東京都墨田区)

「三囲稲荷」とも呼ばれる。平安時代初期の草創と伝わっており、社名は、南北朝時代の修復の際に白狐が現れ、発掘された神像の回りを3度回って去ったという伝説に由来する。

数多い事例

以後、名の知れた企業を例にあげていこう。

日立製作所では、茨城県日立市で工場を拡張する際、拡張地内に熊野《くまの》神社があったため、これを守護神として祀り、今日に至っている。

京都市のワコールは、創業の地にあった古木が、和江《わこう》大龍神の依代《よりしろ》とされたことから、これを社名の由来とし、ワコールの神として祀ったという。

テレビ朝日は、東京都港区の朝日神社を守護神とし、本社ビル屋上にもテレビ朝日稲荷神社を創建している。

東京都銀座の資生堂《しせいどう》本社ビルの屋上には、成功稲荷《せいこういなり》神社がある。初代社長が、商売繁盛、事業成功にご利益があるとして、愛知県の豊川《とよかわ》稲荷から勧請したものだ。

東芝は、グループ全体で一つの神社を守護神とするのでなく、事業所ごとに神社を決めて祀っている。たとえば東芝の事業所跡にある川崎市のショッピングモールには、事務所で祀られていた出雲神社が建てられている。

神のご加護を精神的な支えにしながら、企業や日本の経済は、成長・発展してきたといえるだろう。

●熊野神社(茨城県日立市)境内の桜

熊野神社は江戸時代初期に熊野神を祀ったことにはじまると伝わる。祭神は伊邪那伎命《いざなぎのみこと》、伊邪那美命《いざなみのみこと》、熊野櫲樟日命《くまのくすひのみこと》の3柱。桜が数多く植えられた境内は「花見の名所」とされる。

第5章

神社の歴史

神社の歴史は１０００年を超える。
長い年月の間には仏教などの影響も受けながら、
神社は時代ごとに大きく変化してきている。
本章では神社に関する変遷を時代ごとに見ていく。

神社の起源 ―縄文時代〜古墳時代

神社信仰の起源

神社信仰のおもな基盤は弥生時代からの農耕儀礼だが、古代の信仰はそればかりではなく、さまざまな要素がからみ、古墳時代の間に徐々に熟成され、基盤が整っていったとされる。

	信仰の体系化	神社の発生
縄文時代	**縄文時代の神** 狩猟採集文化・経済の縄文人 ↓ 山や森や獣などの自然の精霊を崇拝する。	
弥生時代	**縄文時代の神は「荒ぶる神」や「邪《いや》しき神」とみなされながらも、共存。** **弥生時代の神** 鉄器や稲作技術をもった弥生人が移住してくる。 ↓ 農耕文化・経済が広まる。 ↓ 作物に豊穣をもたらす太陽神や農耕神を祀る。	**臨時の祭場** 神を崇敬して大切に祀ることで自然と調和し、平穏な生活を守ろうとし神祭りをおこなった。神祭りのたびに、神が降臨する祭場を選んでいた。 **常設の簡易的な施設** 神祭りの規模が拡大し、儀礼が複雑化してくると、臨時の祭場だったところに仮屋など常設の簡易的な施設がつくられるようになった。
古墳時代	**国家の成り立ちと神** 各共同体（ムラ、クニ）が統合・淘汰されて国家が成り立っていく過程で、それぞれ特定の一族や地域でのみ信仰されていた神々が国家の神話の中に統合され、国家の信仰体系の中に位置づけられていった。 ↓ **記紀神話などの信仰体系の基盤が形成されていく**	↓ **常設の神社へ**

神を招く聖域の祭壇

古代人は狩猟や採集で生活し、やがて農耕を覚えた。自然は豊かな恵みをもたらすが、ときには災厄ももたらす。彼らは自然への感謝と恐れの気持ちから、自然界の森羅万象《しんらばんしょう》に精霊が宿ると考えた。これが八百万《やおよろず》の神だ。

人々は神を崇敬し、祭りを始めた。神は祭りのたびごとに招く存在（来訪神《らいほうしん》）で、神が宿るようすがを依代《よりしろ》という。美しい山、高常緑樹、大岩などが依代と考えられ、そこが聖地とされた。

依代が山の場合は「神奈備《かんなび》」、岩の場合は「磐座《いわくら》」、木の場合は「神籬《ひもろぎ》」とよばれる。これらの周辺は神域として分けられ、祭壇が設けられた。神域を分ける石を磐境《いわさか》という。樹木で分ける場合、それも神籬とよび、榊《さかき》が用いられた。

やがて祭りの規模が大きくなると、祭壇を風雨から守る建物が設けられ、祭り終了後も残されるようになった。これが神社の始まりだ。臨時の小屋を「屋代《やしろ》」、これに御をつけた「御屋《みや》」が、それぞれ「社《やしろ》」、「宮《みや》」の語源とされる。

神社の起源

神社は、元来は神の降臨する空間であった。神社の本質とは、人間をはじめ、鳥や獣でさえも踏み込むことを禁じられた聖地で、神のための聖なる空間そのもののことであった。

神奈備《かんなび》

姿形の優美な山や峻厳な山岳、壮麗な秀峰などは、神の籠もる聖地である神体山として信仰の対象になった。その美しい姿や鉱脈などが感じさせる神聖さや力を人々は崇めてきた。

磐座《いわくら》

巨岩・奇岩は、神が降臨する依代とされる自然物の代表的なものとして崇拝された。巨大なものから小振りなものまで形式はさまざま。「磐境」も磐座と同義にあつかう説もある。

神籬《ひもろぎ》

天に向かって高くのびる木は、神が降臨する標識ともなり、依代としてもふさわしかった。また、樹齢の長い巨木などは強い生命力の象徴とされ、古くから神が宿るといわれてきた。

神は常時一定の場所に鎮まるのではなく、祭祀などのときに神が降臨してくるものと考えられていたため、神が籠もるとされる山などをそのまま神の宿るものとしたり、あるいは祭祀をするごとに樹木や岩石に神を招き寄せたりして、神祭りをおこなっていた。

▼

やがて稲作農耕がはじまり、季節の変わり目にさまざまな祭りがおこなわれるようになるなど、神祭りの規模が拡大し、儀礼が複雑化してきた。祭りの規模や儀礼の変化に対応するかたちで、いつでも神が宿るような簡易的な施設が設けられるようになった。

▼

簡易的な施設は恒久的な施設へと発展し、古墳時代末から飛鳥時代になると、かなり本格的に社殿が造営されるようになった。仏教寺院の影響ともされる。同時に「神が鎮座する」という考え方も生まれ、いつでも神に奉仕できる専任者（神職）も生まれた。

簡易的な施設

恒久的な施設

神社を意味する言葉

「もり」は、元来、木の生えた「森」ではなく、「神のための空間」を意味した。そこは人の立ち入りが許されなかったため、おのずと樹木が茂って、こんもりとした森となった。

社＝やしろ	「やしろ」とは「屋代」のことで、「屋」（建物）を建てるための土地や、「屋」の代わりといった意味がある。つまり本来は神を祀るための場所を「やしろ」といい、建物を指すわけではなかった。
宮＝みや	「みや」とは「御屋」のことで、神が住まう尊い建物という意味である。臨時の祭場から時代が下ると、神に住居が必要と考えられるようになり、次第に常設の建物が建てられるようになった。
神社＝もり	現在は「じんじゃ」と読むのが一般的だが、奈良時代に成立した現存する最古の和歌集『万葉集』では、「神社」を「もり」と読んでいる。「やしろ」とほぼ同義で、神の占有地であることを示している。

古代の神社 ―古墳時代〜奈良時代

神社の成立

古墳時代に神社の原型ともいえるべきものが形成されていき、律令国家の成立とともに統一的な神祇制度も確立していったため、神社も社殿などの施設が整っていったとされる。

弥生時代

神殿・宮殿と推定する説のある大型建物跡の発掘

・池上《いけがみ》・曽根《そね》遺跡（大阪府）から発掘された大型建物跡（紀元前1世紀頃）
・纏向《まきむく》遺跡（奈良県）から発掘された遺構（3世紀頃）
↓
神社社殿のルーツのひとつと考えることも可能。

古墳時代

原初的な神社の成立（4世紀後半）

・大神《おおみわ》神社（→p44）の神体である三輪山《みわやま》山麓に磐座《いわくら》や遺物をともなう祭祀遺跡（奈良県）
・宗像《むなかた》大社（→p23）の沖津宮《おきつぐう》が鎮座する沖ノ島《おきのしま》に磐座や遺物をともなう祭祀遺跡（福岡県）
↓
常設の社殿が設けられる前の神社のルーツとして遡ることができる。

飛鳥時代・奈良時代

社殿造営の本格化

一部は6世紀段階で成立したものもあるが、7世紀に入ると各地の有力な神社で次々に社殿が造営されるようになった。

← 影響

律令国家の成立と神祇制度の確立

・祭祀の執行や全国の神社を総括する神祇官が定められ太政官と並ぶ政治機構の最高位とされた。
・「神祇令」や施行細則である「神祇式」が定められ、「律」で神祇関係の刑罰規定が定められた。
・「官位令」や「職員令」には、祭祀に関わる職制の規定が定められた。
・「太政官式」に祭祀の執行に関する詳細な規定が定められた。
・神社の社格が定められた（→p137）。

仏教の影響で社殿建設

3世紀初めに成立していた邪馬《やま》台国《たいこく》では、卑弥呼《ひみこ》による神事が宮殿内で行われていた。また同じく3世紀の纏向《まきむく》遺跡（奈良県）から出土した首長の宮殿跡にも、祭祀を行った形跡が見られる。

しかし日本各地で行われた原始的な宗教祭祀は、野天での簡単なものだったと考えられている。大神《おおみわ》神社（奈良県）の御神体である三輪山《みわやま》山麓には、磐座《いわくら》を伴う祭祀遺跡がある。宗像《むなかた》大社沖津宮《おきつぐう》のある沖ノ島《おきのしま》にも、祭祀遺跡が出ている。これらはいずれも4世紀後半（古墳時代）のものとされるが、はっきりした建物跡は見られない。これ以後徐々に、神酒や神《しん》饌《せん》の準備や神宝類《じんぽうるい》の収納に用いる、簡単な建造物が常設されるようになったのだろう。

明確な社殿建設は、仏教伝来の6世紀以後始まったと考えられる。仏教では仏像を祀るため、屋根のある寺院を設ける。神社もこれを真似たという説が有力だ。造営が本格化したのは7世紀。天武《てんむ》天皇が社殿造営の詔《みことのり》を発令している。

律令国家成立時の有力神社

中央集権をめざす律令国家では、各地の神々の祭祀も一元化して、神話の体系の中に位置づけようとした。その核となることを期待された有力神社には、経済基盤などが特設された。

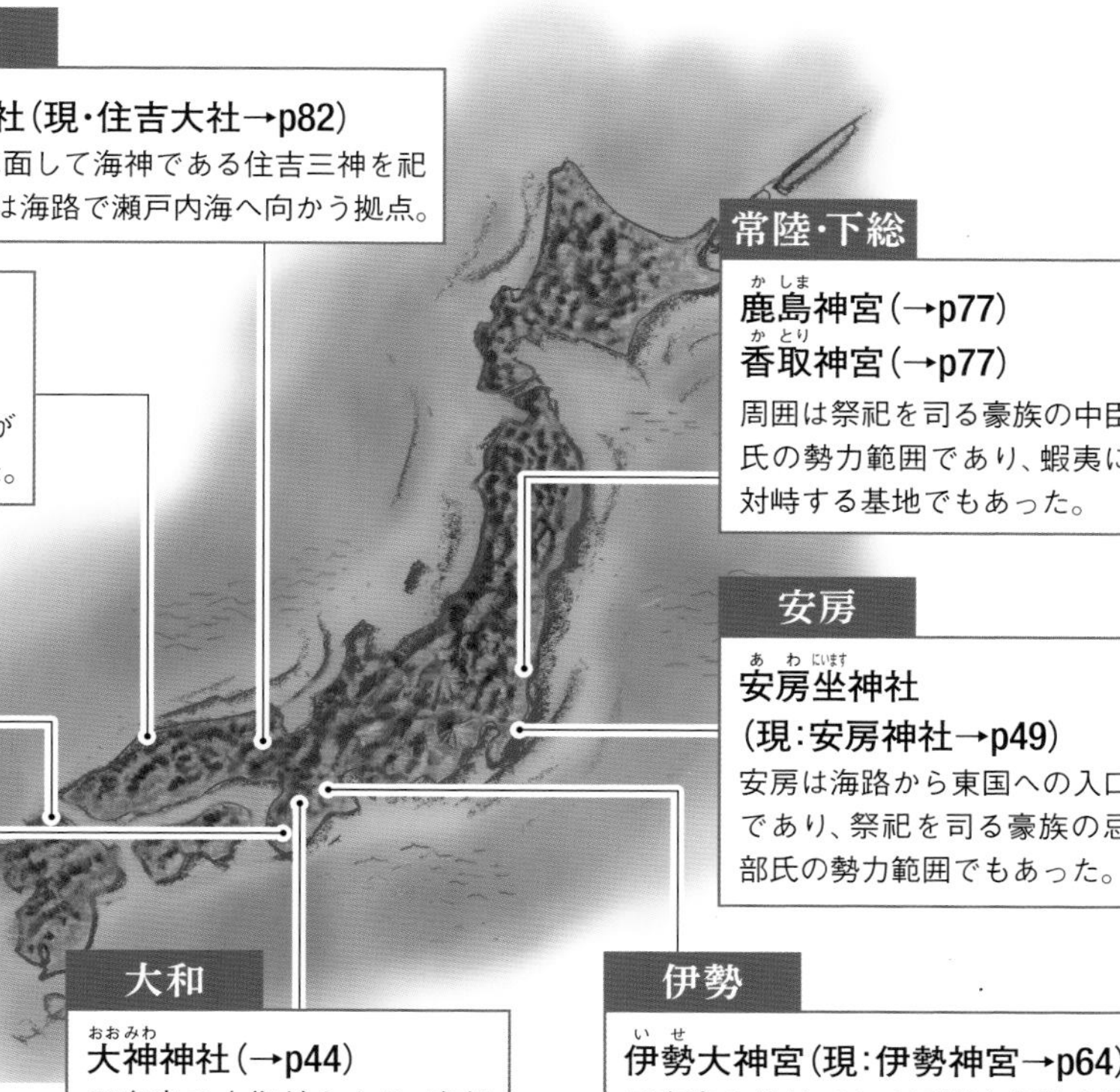

摂津

住吉《すみよし》神社（現・住吉大社→p82）
大阪湾に面して海神である住吉三神を祀る。摂津は海路で瀬戸内海へ向かう拠点。

出雲

熊野坐《くまのにいます》神社（現・熊野大社→p75）
杵築大社《きづきのおおやしろ》（現・出雲大社→p100）
出雲には大和に拮抗するほどの大勢力が存在した。朝鮮半島への窓口でもあった。

筑前

宗像《むなかた》神社（現・宗像大社→p23）
天孫を助けることを役割とされた宗像三女神を祀り、大陸・朝鮮半島への航路を守る。

紀伊

日前《ひのくま》神社（現・日前神宮→p25）
國懸《くにかかす》神社（現・國懸神宮→p25）
紀伊は有力豪族である紀氏の根拠地で、瀬戸内海の出入口を押さえる地でもあった。

大和

大神《おおみわ》神社（→p44）
天皇家の本拠地となり、宮都が置かれた飛鳥など奈良盆地東南部の産土神を祀る。

伊勢

伊勢《いせ》大神宮（現：伊勢神宮→p64）
天皇家の祖神である天照大御神を祀る。伊勢は海路で東国へ向かう拠点でもあった。

常陸・下総

鹿島《かしま》神宮（→p77）
香取《かとり》神宮（→p77）
周囲は祭祀を司る豪族の中臣氏の勢力範囲であり、蝦夷に対峙する基地でもあった。

安房

安房坐《あわにいます》神社
（現：安房神社→p49）
安房は海路から東国への入口であり、祭祀を司る豪族の忌部氏の勢力範囲でもあった。

神社の創建年代の神話・社伝等とほかの史料等の違い

神社の創建年代は神話・社伝等とほかの史料等では異なっていることも多い。史料等での創建では7世紀が画期で、律令国家が形成していくのと並行して、神社が確立していったと考えられている。

神社名	神話・社伝等	ほかの史料等
宗像大社（福岡県宗像市）	神代（『古事記』など）	（祭祀遺跡の最古は4世紀後半）
大神神社（奈良県桜井市）	第10代崇神《すじん》天皇の時代（『日本書紀』）	（祭祀遺跡の最古は4世紀後半）
出雲大社（島根県出雲市）	神代（『古事記』など）	659年か（『日本書紀』）
鹿島神宮（茨城県鹿嶋市）	初代神武《じんむ》天皇の時代（『鹿島宮社例伝記』）	668～672年頃（『常陸国風土記』）
龍田《たつた》大社（奈良県三郷町）	第10代崇神天皇の時代（「龍田風神祭祝詞」）	675年（『日本書紀』）
伊勢神宮（三重県伊勢市）	第11代垂仁《すいにん》天皇の時代（『日本書紀』など）	（最初の式年遷宮は690年）
白山比咩《しらやまひめ》神社（石川県白山《はくさん》市）（→p93）	第10代崇神天皇の時代（「白山大神宮御鎮座伝記」）	718年か
香椎宮《かしいぐう》（福岡市）	神功《じんぐう》皇后摂政の時代	724年か（『香椎宮編年記』）
建部《たけべ》大社（大津市）	第12代景行《けいこう》天皇の時代	675年か
箱根《はこね》神社（神奈川県箱根町）	第5代孝昭《こうしょう》天皇の時代	757年か
北口本宮冨士浅間《きたぐちほんぐうふじせんげん》神社（→p91）（山梨県富士吉田市）	第12代景行天皇の時代	788年か
浅間《あさま》神社（山梨県笛吹市）	第11代垂仁天皇の時代（『甲斐国一宮 浅間神社略誌』）	865年か（『日本三代実録』）

五 神《しん》仏《ぶつ》習《しゅう》合《ごう》 ―奈良時代～平安時代

神仏習合の展開

日本固有の神道信仰と伝来してきた仏教信仰は、お互いを受け入れ、相互補完しながら融合・調和していった。さまざまなかたちで展開しながら明治に神仏分離となるまで続いた。

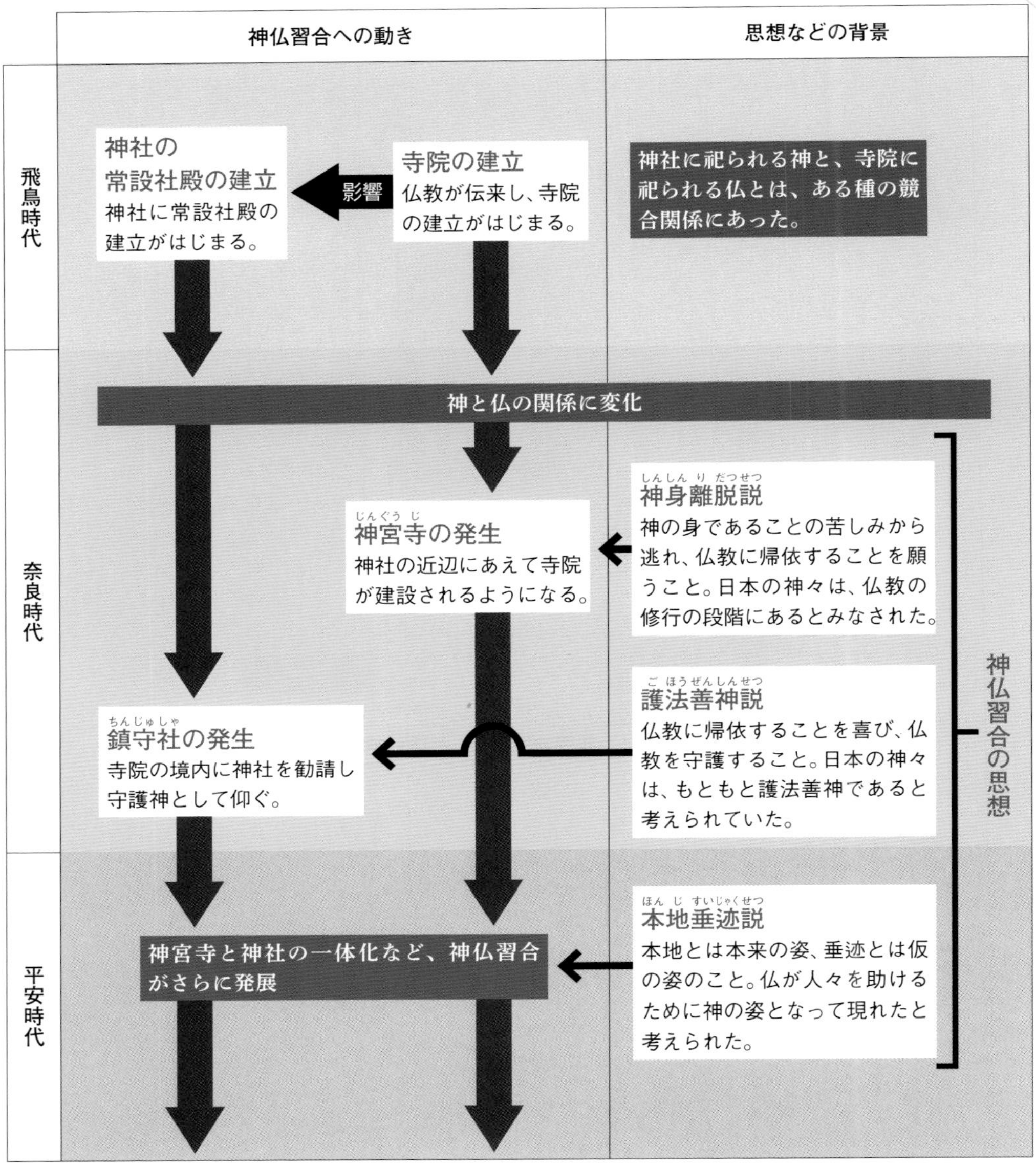

補完し合いながら共存

仏教が日本に伝来したのは6世紀の中頃。日本人の気質ゆえなのか、その後二宗教は、特に対立することもなく、共存していく。

奈良時代になると、「人間と同様に神も仏法に帰依したいと考え、輪廻《りんね》からの解脱《げだつ》を求めている」とする「神身離脱説《しんしんりだつせつ》」が生まれた。そして神社の境内に寺院が建てられ（神宮寺《じんぐうじ》）、社僧によって神前でお経が読まれた（「神前《しんぜん》読経《どきょう》」）。こうすることにより、神威も高まると考えられたのだ。

また一方で、神は仏教を加護する「護法善神《ごほうぜんしん》」の存在との考えも生まれる。その考えに基づき、寺の中に鎮守社《ちんじゅしゃ》が置かれた。

平安時代には「本地垂迹説《ほんじすいじゃくせつ》」が登場する。本地とは本来の姿、垂迹は仮の姿のこと。神は、仏が人々を救うために現れた仮の姿だとする説だ。だが鎌倉時代の元寇《げんこう》後は日本の神が見直され、神を主とする「神本仏迹説《しんぽんぶつじゃくせつ》」も生まれた。

神道と仏教は、このようにお互いを補完し合う形で融合していった。これを神仏習合という。

おもな神宮寺

奈良時代に発生し、平安時代には神社との一体化が進んでいった。以後、各地の神社に波及していき、江戸時代までに全国の主要神社のほとんどで神宮寺が営まれるようになった。

神宮寺創建・初見		旧国	神宮寺	『延喜式』等神社名	現在の神社名、現在地
奈良時代	715年	越前	気比《けひ》神宮寺	気比神社	氣比神宮(福井県敦賀市)
	725年	豊前	弥勒《みろく》寺	八幡大菩薩《だいぼさつ》宇佐宮	宇佐《うさ》神宮(大分県宇佐市)(→p62)
	749～757年	常陸	鹿島《かしま》神宮寺	鹿嶋神宮	鹿島神宮(茨城県鹿嶋市)(→p77)
	758年	摂津	住吉《すみよし》神宮寺	住吉坐神社	住吉大社(大阪市)(→p82)
	766年	伊勢	伊勢大神宮寺	太神宮	伊勢神宮(三重県伊勢市)(→p64)
	784年	下野	二荒山《ふたらさん》神宮寺	二荒山神社	二荒山神社(栃木県日光市)
	785年	近江	日吉《ひよし》神宮寺	日吉神社	日吉大社(大津市)(→p87)
平安時代	810年	山城	賀茂《かも》神宮寺	賀茂御祖《みおや》神社	賀茂御祖神社(京都市)
	847年以前	尾張	熱田《あつた》神宮寺	熱田神社	熱田神宮(名古屋市)
	863年	山城	護国《ごこく》寺	岩清水《いわしみず》八幡宮寺	石清水八幡宮(京都府八幡市)(→p62)
	866年	大和	石上《いそのかみ》神宮寺	石上坐《にます》布留《ふる》御魂《のみたま》神社	石上神宮(奈良県天理市)
	885年以前	出羽	大物忌《おおものいみ》神宮寺	大物忌神社	大物忌神社(山形県遊佐町)
	1096年	肥後	青龍寺	健磐龍命《たけいわたつのみこと》神社	阿蘇神社(熊本県阿蘇市)(→p49)
	1135年	伊予	神宮寺	大山積神社	大山祇神社(愛媛県今治市)(→p78)
平安時代以降	1192年	筑前	香椎《かしい》神宮寺	香椎廟	香椎宮(福岡市)
	1208年	相模	神宮寺	鶴岡八幡宮寺	鶴岡八幡宮(神奈川県鎌倉市)(→p62)
	1292年	信濃	諏訪《すわ》神宮寺	南方刀美《みなかたとみ》神社	諏訪大社(長野県諏訪市ほか)(→p72)
	1386年以前	下総	香取《かとり》神宮寺	香取神宮	香取神宮(千葉県香取市)(→p77)

※石清水・鶴岡などの八幡宮の場合は、そもそも八幡神が八幡大菩薩という仏でもあったため、神宮寺とは一体のものであり、もっとも神仏習合が進んでいた神社といえる。

稲荷神《いなりかみ》＝ダキニ天(→p68)

本地垂迹説による神と仏

日本の著名な神々には、その大部分に本地となる仏があてはめられた。そもそも仏教は、日本に伝来する以前も、インドやチベットなどの土着の神々を取り入れ柔軟に変遷してきた。

日本の神(垂迹)	仏(本地)
伊邪那岐神《いざなぎのかみ》(→p18)	釈迦如来《しゃかにょらい》、阿弥陀如来《あみだにょらい》
伊邪那美神《いざなみのかみ》(→p18)	千手観音《せんじゅかんのん》
火之迦具土神《ひのかぐつちのかみ》(→p21)	千手観音
天照大御神《あまてらすおおみかみ》(→p22)	大日如来《だいにちにょらい》、十一面観音《じゅういちめんかんのん》
市寸島比売命《いちきしまひめのみこと》(→p23)	弁財天《べんざいてん》(→p89)
大国主神《おおくにぬしのかみ》(→p28)	大黒天《だいこくてん》(→p89)
少名毘古那神《すくなびこなのかみ》(→p29)	金剛蔵王権現《こんごうざおうごんげん》
建御名方神《たけみなかたのかみ》(→p31)	普賢菩薩《ふげんぼさつ》
邇邇芸命《ににぎのみこと》(→p32)	釈迦如来
木花之佐久夜毘売《このはなのさくやびめ》(→p33)	阿弥陀如来
東照大権現《とうしょうだいごんげん》＝徳川家康(→p50)	薬師如来
八幡神《はちまんしん》＝応神《おうじん》天皇(→p62)	阿弥陀如来
天神《てんじん》＝菅原道真《すがわらのみちざね》(→p66)	十一面観音

須佐之男命＝牛頭天王(→p74)

朝廷と神社 ―平安時代

律令国家の変容と神社

平安時代に入って、律令国家が徐々に変容していくとともに、その下にあった統一的な神社制度も変容していった。そのなかで、二十二社《にじゅうにしゃ》や一宮《いちのみや》などといったものが生まれていった。

律令国家における神社の社格（→p137）

・律令国家は全国各地に官社＝式内社を定め、全国の神社を統括した。

・式内社以外を式外社、式内社の中でもとくに重要視したものを名神大社とした。

律令国家の変容

	京都とその周辺	地方
平安時代	朝廷が、天皇家と藤原家にゆかりのある神社を中心として、京都とその周辺から有力な神社を選び、重点的に祀っていった。	地方行政の権限は各国の国司に大きく委ねられるようになり、国司は天皇や朝廷の代理として国内の神社を統制していった。
	当初、そういう神社は16社であったが、その後19社、20社、21社と増えていき、最終的には22社で固定化した。	国司は、朝廷から任命されて任国に赴くと、国内の重要な神社を巡拝したが、神社の格の高い順にするようになった。
	二十二社 年2回の恒例行事のほか、国家の重大事や天変地異、あるいは祈雨・止雨の際の臨時の祈願の際に朝廷の奉幣を受けた。	**一宮** 巡拝順に従って、一宮・二宮・三宮…とよばれるようになった。とくに一宮は、その国の総鎮守に位置づけられた。
平安時代以降	二十二社は室町時代まで続くが、朝廷が衰退し、各神社自体が国家的な祭祀の機能を喪失したことにより、以降途絶した。	一宮は、鎌倉・室町時代の守護などの武士によって受け継がれ、江戸時代には全国の一宮を巡拝する風習が広がった。

中央集権から二十二社へ

律令制《りつりょうせい》では、朝廷の神祇官《じんぎかん》から各地の官社へ幣帛《へいはく》が頒布された。その後平安時代の法令・延喜式《えんぎしき》では、全国2861（うち特に霊験あらたかな名神は306）の官社が、官幣社《かんぺいしゃ》と国弊社《こくへいしゃ》に分けられ、後者は国司から幣帛を頒布された。

だがこの制度は、平安時代中期頃から律令制の衰えとともに形骸化した。そこで朝廷は、都とその周辺の、天皇家と藤原氏にゆかりの深い神社に限定して、幣帛を渡すようになる。この神社は十六社から始まり、11世紀末には二十二社に固定化した。以後この神社は、国家の重大事や天変地異の際に祈祷を行う役目を果たした。

いっぽう地方では、国司と国弊社との結びつきが強まり、神社行政は国司に委ねられていく。赴任した国司が国内の神社を巡拝する際、その土地の歴史との結びつきが強い由緒ある神社から回ったため、序列が生まれた。それが一宮《いちのみや》、二宮、三宮…という社格だ。国司によっては、有力な神社をまとめて「総社《そうじゃ》」を建てることもあった。

二十二社《にじゅうにしゃ》

官社が律令国家の全国組織だったが、二十二社は天皇と都の守護を目的とした。太神宮・石清水・住吉・廣田は天皇家の祖先神にあたり、春日・大原野・吉田は藤原氏の氏神である。

	国	神社名	現在の神社名、現在地	古代社格	近代社格
上七社	伊勢	太神宮	伊勢神宮(三重県伊勢市) (→p64)	式内社	–
	山城	石清水《いわしみず》	石清水八幡宮(京都府八幡市) (→p62)	式外社《しきげしゃ》	官幣大社
	山城	賀茂《かも》	賀茂別雷《わけいかづち》神社(京都市)	式内社(名神大社)	官幣大社
			賀茂御祖《みおや》神社(京都市)	式内社(名神大社)	官幣大社
	山城	松尾《まつのお》	松尾大社(京都市)	式内社(名神大社)	官幣大社
	山城	平埜《ひらの》	平野神社(京都市)	式内社(名神大社)	官幣大社
	山城	稲荷《いなり》	伏見《ふしみ》稲荷大社(京都市) (→p68)	式内社(名神大社)	官幣大社
	大和	春日《かすが》	春日大社(奈良市) (→p76)	式内社(名神大社)	官幣大社
中七社	山城	大原野《おおはらの》	大原野神社(京都市)	式外社	官幣中社
	大和	大神《おおみわ》	大神神社(奈良県桜井市) (→p44)	式内社(名神大社)	官幣大社
	大和	石上《いそのかみ》	石上神宮(奈良県天理市)	式内社(名神大社)	官幣大社
	大和	大和《おおやまと》	大和神社(奈良県天理市)	式内社(名神大社)	官幣大社
	大和	廣瀬《ひろせ》	廣瀬大社(奈良県河合町)	式内社(名神大社)	官幣大社
	大和	龍田《たつた》	龍田大社(奈良県三郷町)	式内社(名神大社)	官幣大社
	摂津	住吉《すみのえ》	住吉《すみよし》大社(大阪市) (→p82)	式内社(名神大社)	官幣大社
下八社	近江	日吉《ひえ》	日吉《ひよし》大社(大津市) (→p87)	式内社(名神大社)	官幣大社
	山城	梅宮《うめのみや》	梅宮大社(京都市)	式内社(名神大社)	官幣中社
	山城	吉田	吉田神社(京都市)	式外社	官幣中社
	摂津	廣田《ひろた》	廣田神社(兵庫県西宮市)	式内社(名神大社)	官幣大社
	山城	祇園《ぎおん》	八坂神社(京都市) (→p74)	式外社	官幣大社
	山城	北野	北野天満宮(京都市) (→p66)	式外社	官幣中社
	大和	丹生《にう》	丹生川上神社(中社) (奈良県東吉野村)	式内社(名神大社)	官幣大社
			丹生川上神社上社(奈良県川上村)		
			丹生川上神社下社(奈良県下市町)		
	山城	貴布禰《きふね》	貴船神社(京都市) (→p86)	式内社(名神大社)	官幣中社

全国の一宮《いちのみや》の例

もともと一宮は、1国に1社ずつ存在したが、複数存在して正統性を争ったり、二宮以下が一宮に代わるなど、時代によって交代した国もある。

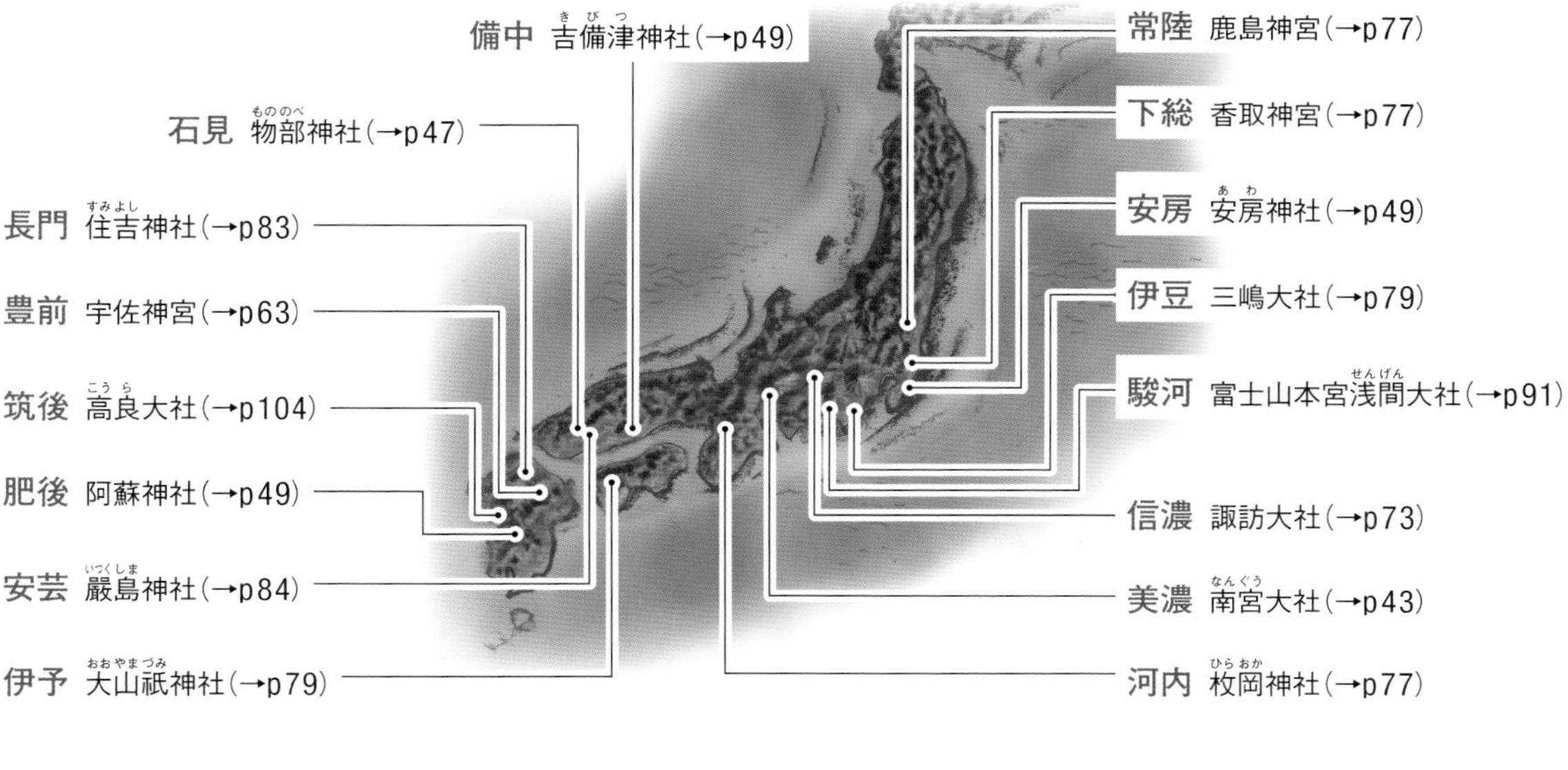

武家と神社 ―平安時代〜江戸時代

武家と神社

武家政権の基礎を確立した源頼朝《みなもとのよりとも》の方針を継承し、具体的に文章によって明示された『御成敗式目《ごせいばいしきもく》』の敬神と祭祀励行の精神は、その後の武家政権にも一貫して受け継がれていった。

	武士の神社信仰	武家政権の神社政策
平安時代	**源頼義《みなもとのよりよし》** 源氏の東国進出の拠点となった鎌倉に八幡神を勧請した（鶴岡若宮）。 **平清盛《たいらのきよもり》** 安芸守《あきのかみ》となることによって、安芸国一宮である嚴島神社（→p84）との結び付きが生まれ、嚴島神社は平家一門の信仰の対象となった。	
鎌倉時代	**源頼朝《みなもとのよりとも》** 鶴岡若宮を（鶴岡八幡宮→p62の）現在地に遷し、源氏の氏神、鎌倉幕府の守護神とする。伊勢神宮（→p64）・伊豆山《いずさん》神社・箱根神社・三嶋大社（→p78）なども崇敬した。	頼朝の政治理念は、神社の崇敬と神事第一とするところであった。 **『御成敗式目《ごせいばいしきもく》』** 敬神を御家人など武士らに示し、それによって治めることを根本思想とした。
室町時代		**室町《むろまち》幕府** 武家政権の基本法として『御成敗式目』を踏襲した。
戦国・織豊時代	**戦国大名** 合戦に際して領国の神社に戦勝の祈りを捧げたり、お守りを携えたりした。	**分国法** 『御成敗式目』の骨子はおおむね踏襲し、神社などを重視した条項がみられた。
江戸時代		江戸時代になると、『御成敗式目』は習字の手本として広く民間に普及し、日本人の敬神の基礎になったともいわれる。

日本人の神仏崇敬の精神

平安時代末期に成立する武家政権により、武士の神社信仰が盛んになる。安芸《あき》（広島県）国司となった平清盛《たいらのきよもり》は、嚴島《いつくしま》神社を修造。以後同社は平氏の守護神となった。

平氏を倒して鎌倉幕府を開いた源頼朝《みなもとのよりとも》は、鶴岡《つるがおか》八幡宮を源氏の氏神として篤く信仰する。そのため八幡宮は御家人たちの心のよりどころとなり、全国に勧請された。

鎌倉幕府執権《しっけん》・北条泰時《ほうじょうやすとき》が定めた「御成敗式目《ごせいばいしきもく》」第一条には「神社の修理や祭祀を行うことで神威は高まり、信仰する人は神徳を受けて運が開かれる」と記された。この式目は武家政治の規範として、室町〜江戸時代まで影響する。そしてそれとともに、日本人の神仏崇敬の精神を築いたといわれる。

戦国時代には、各地の戦国大名が領国内での法律「分国法《ぶんこくほう》」を定め、神社と信仰を重視した。武将たちは合戦に臨む際、戦う理由を神に告げて必勝を期し、気持ちを奮い立たせた。天下統一事業の主役だった織田信長《おだのぶなが》、豊臣秀吉《とよとみひでよし》、徳《とく》川《がわ》家康《いえやす》のいずれも、敬神家だった。

戦国大名が崇拝した神社

実力次第の世の中だったともされる戦国時代だが、戦国大名は意外と思えるほどに神の力を頼りにし、戦勝祈願のみならず、領国を守り、治世を安泰とするために神社を崇拝した。

織田《おだ》信長《のぶなが》(1534－1582)

●津島《つしま》神社(愛知県津島市)(→p74)
門前町が織田氏の経済拠点。
●熱田《あつた》神宮(名古屋市)
桶狭間《おけはざま》の戦いの戦勝祈願。
●手力雄《てぢからお》神社(岐阜県各務原《かがみばら》市)
美濃攻略の戦勝祈願。
●活津彦根《いくつひこね》神社(滋賀県近江八幡市)
安土城築城の祈願。
●伊勢《いせ》神宮(三重県伊勢市)(→p64)
式年遷宮の復興に寄与。

豊臣《とよとみ》秀吉《ひでよし》(1537－1598)

●伏見《ふしみ》稲荷神社(京都市)
幼少期から稲荷神を信仰。
●出世《しゅっせ》稲荷神社(京都市)
聚楽第《じゅらくてい》の邸内社として創建。
●櫛田《くしだ》神社(福岡市)
九州征伐後の博多復興の際に造営。
●御香宮《ごこうのみや》神社(京都市)
朝鮮出兵の戦勝祈願。
●満足《まんぞく》稲荷神社(京都市)
伏見城内に勧請して創建。

徳川《とくがわ》家康《いえやす》(1542－1616)

●浅間《せんげん》神社(静岡市)(→p91)
武田氏攻略の戦勝祈願。
●愛宕《あたご》神社(東京都港区)(→p113)
江戸移封後の天下取り祈願。
●神田《かんだ》神社
(東京都千代田区)(→p99)
関ヶ原《せきがはら》合戦の戦勝祈願。
●日枝《ひえ》神社
(東京都千代田区)(→p87)
江戸城の裏鬼門の鎮守。

毛利《もうり》元就《もとなり》(1497－1571)

●清《すが》神社(広島県安芸高田《あきたかた》市)
吉田郡山《よしだこおりやま》の鎮守神。
●宮崎《みやざき》神社(広島県安芸高田市)
毛利氏の氏神。
●旭山《あさひやま》神社(広島市)
厳島の戦いの戦勝祈願。
●嚴島《いつくしま》神社
(広島県廿日市《はつかいち》市) (→p84)
厳島の戦い後に庇護。

武田《たけだ》信玄《しんげん》(1521－1573)

●菅田天神社《かんだてんじんしゃ》(山梨県甲州市)
古くから甲斐源氏の鎮守神。
●富士御室浅間《ふじおむろせんげん》神社
(山梨県富士河口湖町)
武田氏が信仰。
●諏訪《すわ》大社
(長野県諏訪市ほか)(→p72)
信玄が篤く信仰。

上杉《うえすぎ》謙信《けんしん》(1530－1578)

●春日《かすが》神社(新潟県上越市)
春日山城の山頂に鎮座。
●武水別《たけみずわけ》神社(長野県千曲《ちくま》市)
第3次川中島の戦いの戦勝祈願。
●彌彦《いやひこ》神社(新潟県弥彦《やひこ》村)
第5次川中島の戦いの戦勝祈願。

前田《まえだ》利家《としいえ》(1539?－1599)

●菅原《すがわら》神社(石川県宝達志水《ほうだつしみず》町)
前田家の守護神。
●氣多《けた》大社(石川県羽咋《はくい》市)
能登の歴代領主から篤く崇敬。
●白山比咩《しらやまひめ》神社
(石川県白山《はくさん》市)(→p93)
荒廃から復興させ庇護。

伊達《だて》政宗《まさむね》(1567－1636)

●成島《なるしま》八幡神社(山形県米沢市)
生誕の地の産土神。
●梁川《やながわ》八幡宮(福島県伊達市)
初陣にあたって戦勝祈願。
●大崎《おおさき》八幡宮(仙台市)
仙台城の天門(北西)の鎮め。

庶民と神社 ―江戸時代

旅の楽しみと行楽

江戸時代、平和な世が訪れた。交通の安全が確保され、庶民の旅が可能になる。制約は多かったが、旅の目的が社寺参詣の場合は許可されやすかったため、有名社寺巡りが全国的に流行した。

〝一生に一度は〟といわれた「伊勢参り」はもちろん、讃岐《さぬき》（香川県）の「こんぴら参り」、宮島（広島県）の嚴島《いつくしま》神社への「嚴島詣」などが人気だった。

富士山は古来、信仰の対象だったが、実際に登山して、山頂の神社へ参拝する「富士詣」も盛んになった。旧暦の6月1日～21日まで登山が許され、人々は山頂で御来光を拝んだ。

江戸の庶民には、近場の大山《おおやま》阿《あ》夫利《ふり》神社、江島《えのしま》神社（いずれも神奈川県）も人気が高かった。大山は修験道の盛んな地で女人禁制。参拝者は都市の穢れを祓うために、滝で水垢離《みずごり》をとったという。

江島神社には、芸能の神である弁財天《べんざいてん》が祀られていて、特に女性の参拝者で賑わった。島内巡りは行楽の一つでもあった。

『伊勢参宮膝《いせさんぐうひざ》くりげ道中寿語録《どうちゅうすごろく》』
(国立国会図書館蔵)

江戸時代末期の歌川広重《うたがわひろしげ》によって描かれた絵双六。江戸住人の弥次郎兵衛《やじろべえ》と喜多八《きたはち》が伊勢参りの旅に出かける珍道中が書かれた、十返舎一九《じっぺんしゃいっく》の戯作『東海道中膝栗毛《とうかいどうちゅうひざくりげ》』になぞらえたもの。当時、多くの庶民や武士が伊勢参りなどでの旅を経験し、『東海道中膝栗毛』にその思い出を重ね合わせ、あるいは旅へあこがれる広範囲な読者層の共感を呼んだ。また、双六は、古来からの遊戯として江戸時代の庶民にも定着しており、『東海道中膝栗毛』などの道中を描いたものなどが広く受け入れられた。

右下の「ふりだし」日本橋から時計回りに品川、川崎、神奈川、程ヶ谷《ほどがや》(保土ヶ谷)、戸塚、藤沢、平塚、大磯、小田原、箱根、三嶋(三島)、沼津、原、吉原《よしわら》、蒲原、由比、奥津《おきつ》(興津)、江尻、府中、鞠子《まりこ》、岡部、藤枝、島田、金谷《かなや》、日坂《にっさか》、掛川、袋井、見附《みつけ》、浜松、舞阪、荒井(新居)、白須賀《しらすか》、二川《ふたがわ》、吉田、御《ご》油《ゆ》、赤坂、藤川、岡崎、池鯉鮒《ちりゅう》、鳴海《なるみ》、宮、桑名、四日市、神戸《かんべ》、白子、上野《うえの》、津、雲津《くもづ》(雲出)、松坂、小《お》俣《ばた》と続き、中央の「あがり」が内宮・外宮・二見の浦となっている。

大山道《おおやまみち》の道標

東京都世田谷区三軒茶《さんげんぢゃ》屋《や》に残っている大山道の道標。大山道とは、江戸時代に大山阿夫利神社から放射状に広がっていた関東各地からの参詣者が通った道の総称。その中には、江戸の赤坂を起点としていた道もあり、東海道の脇街道「矢倉沢往還《やぐらさわおうかん》」としても有名。写真の道標は、矢倉沢往還が三軒茶屋を通るところに1749年に建立、1812年に再建されたとされる。

江戸時代の庶民の参詣ブーム

参詣の本来の目的である神仏の加護やご利益を得ることのほか、道中での各地の名所旧跡を巡るなど旅の楽しみも含まれており、庶民は各地の神社へのお参りを楽しみにしていた。

	参詣先(現在名、現在地)	参詣ブームになった経緯など
伊勢《いせ》参り	伊勢神宮(三重県伊勢市) (→p64)	とくに約60年周期で起こった集団参詣を「お陰《かげ》参り」という。
こんぴら参り	金刀比羅宮《ことひらぐう》(香川県琴平町) (→p80)	江戸時代中期以降は、庶民の間で盛んとなった。
嚴島《いつくしま》詣	嚴島神社(広島県廿日市市) (→p84)	西日本の庶民を中心に盛んにおこなわれた。
富士詣	富士山本宮浅間《せんげん》大社奥宮(富士山頂) (→p90)	旧暦6月1日〜21日の間の「富士詣」が盛んになった。
大山《おおやま》詣	大山阿夫利《あふり》神社(神奈川県伊勢原市)	江戸など関東各地から庶民が登拝をおこなうようになった。
江ノ島《えのしま》詣	江島《えのしま》神社(神奈川県藤沢市)	江戸の庶民にとって比較的手軽に行ける参詣先だった。

神仏分離
——明治時代

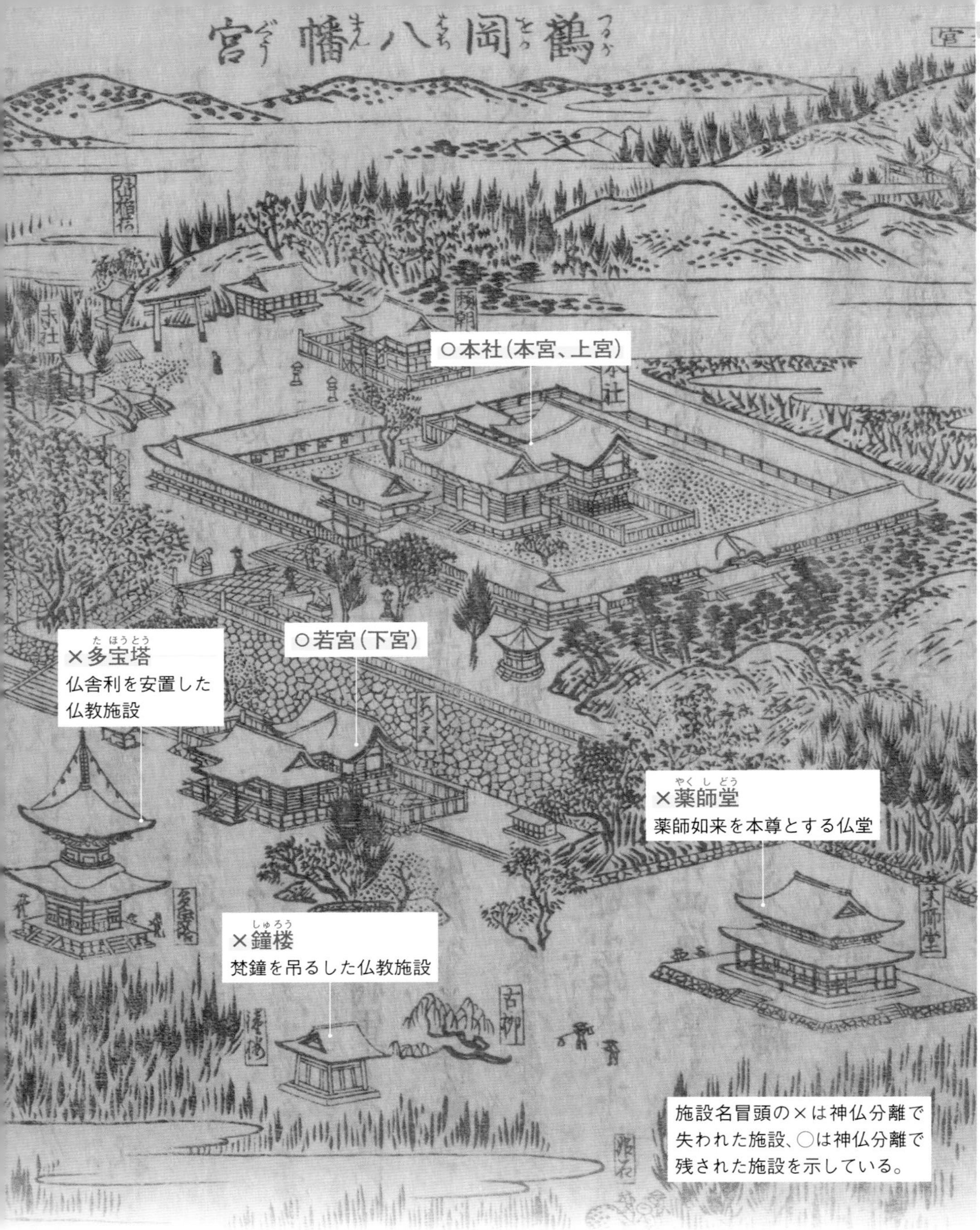

神道が仏教から独立

１８６７年、王政復古《おうせいふっこ》の大号令《だいごうれい》が出され、明治新政府が誕生した。天皇を中心に神権政治が行われていた時代に立ち帰ろうとして、翌年「神仏分離令」が布告された。

これは、長年行われていた神仏《しんぶつ》習合《しゅうごう》を否定し、神道を仏教の影響を受ける前の姿にもどそうとする政策。尊皇《そんのう》思想を国民レベルで徹底させるねらいがあった。神社と寺、神職と僧侶は区別され、神社内の仏像や仏具が取り除かれた。

だがこれを機に、各地で、寺院や仏像などを破壊焼却する仏教排撃運動が発生した。江戸時代の寺請制度による寺院の支配に対し、庶民の怒りが爆発した意味もあった。こうした「廃仏毀釈《はいぶつきしゃく》」は神仏分離とは異なるがその後も続き、貴重な仏教文化財が失われた。

また、仏教の影響を受けていた神社は、名前が変わるなど混乱も生じた。例えば京都の祇園社《ぎおんしゃ》は、釈迦《しゃか》が説法を行なった祇園精舎《ぎおんしょうじゃ》にちなんだ名のため、八坂《やさか》神社となり、祭神の牛頭天王《ごずてんのう》は素戔嗚尊《すさのおのみこと》（須佐之男命）になったのだった。

「鶴岡八幡宮」(『東海道名所図会』)
神仏分離以前の神仏習合の時代は、神社境内や社殿内に仏堂や仏像があるのが当たり前だった。とくに全国の八幡宮の場合は、そもそも八幡神が八幡大菩薩という仏でもあったため、神宮寺とは一体のものであり、もっとも神仏習合が進んでいた神社といえる。この絵図は1797年に出版された『東海道名所図会』の挿絵のひとつで、江戸時代の鶴岡八幡宮が描かれたもの。境内には仏教施設が多かったことがわかる。これらは神仏分離により失われた。

神仏分離により加えられたもの

神仏分離によって、なくなったものや残ったものばかりではない。仏教的な要素が神社から払拭されてしまった結果、その代替となるものが必要になり、新たに創られていったものもあった。

仏教式で挙行されていた行事の代わりとしては、明治8年(1875)、式部寮の『神社祭式』頒布などにより、各神社の年中行事に祈年祭、例祭、新嘗祭、元始祭、紀元節、天長祭などが加えられた(祈年祭、例祭、新嘗祭については、近世に行っているところもあるが、全国的に行われるようになるのは明治以降)。これにより、式次第やお供え物である神饌の内容もおおよそ規定された。

神社の別当や社僧などといった僧侶は、解職となるか、還俗して神職になった。あらためて神職制度も制定されていく中で、祭服の制度も新たに定められ、衣冠、狩衣などが正式な祭服とされた。

神仏分離による社名・祭神の変更

神仏分離は神社にとって決して有利なことばかりではなく、社名と祭神の変更が強行された。
現在の神社の多くは、現行の社名や祭神としての歴史は意外に浅いものとなっている。

社名	祭神
仁王護国寺《にんのうごこくじ》➡鵜戸《うど》神宮(宮崎県日南市)(→p35)	鵜戸山大権現《うどさんだいごんげん》➡ 日子波瀲武鸕鶿草葺不合尊《ひこなぎさたけうがやふきあえずのみこと》(鵜葺草葺不合命→p35)
金毘羅《こんぴら》大権現➡金刀比羅《ことひら》宮(香川県琴平町)(→p81)	金毘羅大権現➡大物主神《おおものぬしのかみ》(→p28)
祇園社《ぎおんしゃ》(感神院《かんしんいん》)➡八坂《やさか》神社(京都市)(→p74)	牛頭天王《ごずてんのう》(→p74)➡素戔嗚尊《すさのをのみこと》(須佐之男命→p22)
白山寺白山本宮➡ 白山比咩《しらやまひめ》神社(石川県白山市)(→p93)	白山妙理権現➡白山比咩大神ら
江島《えのしま》弁天(江島明神)➡江島神社(神奈川県藤沢市)	弁財天(→p89)➡宗像《むなかた》三女神(→p23)

近現代の神社——明治時代〜現代

近代国家と神社

明治維新以降は、神社は国家の制度として営まれた。それは、のちに「国家神道」とよばれるようになるが、第二次世界大戦の終戦後、国家神道の体制は解体されることになった。

明治時代

明治維新

↓

近代国家の形成と神社

- 「神社は国家の宗祀」とほかの宗教の上の、事実上の国教に近く位置づけた。
- 近代的な中央集権化を、神社に関しても適応する新たな体制が着手された。

神社行政機関の設置
全国の神社が国家の管理下に置かれ、神社に関するあらゆる事柄が国家の法制度により規定された。

社格制度
全国的な神社調査に基づいて、新たな社格制度を定め、全国の神社の格を分類した(→p137)。

祭祀制度
古代からの伝統を踏まえつつも、皇室祭祀を中心に国家的規模での祭祀の体系化が進められた。

↓

神社に対する近代合理主義政策

- 国家財政の緊縮などにより、公費支出が停止されたり、神職数が減らされたりした。
- 「国家の宗祀」としての基準を満たさない神社を統廃合する神社整理が展開された。

大正時代

↓

昭和時代

第二次世界大戦終戦

↓

戦後の神社

- 国家の管理下にある神社は「国家神道」とよばれ、国家と神社の結びつきは廃止された。
- 「国家神道」と切り離された「神社神道」は、国民それぞれの個人的宗教として存続した。

神社行政機関の廃止と神社の宗教法人化

神社に関する法令や制度の廃止

神社の式典に対する国家の指令の廃止

国家神道から政教分離へ

明治政府は1870年「大教宣《たいきょうせん》布《ぶ》」の詔で天皇を神と定め、神道を国教とする。天皇は天孫より続く万世一系で、現人神《あらひとがみ》とされた。大日本帝国憲法で信教の自由は明記されるも、神道は宗教の上位に位置づけられたのだ。

伊勢神宮を頂点に、神社の格式(社格)も定められ、1906年には「神社合祀令《ごうしれい》」が出される。神道の権威を高めるため、小さい祠《ほこら》や格を持たない神社は取り潰しになった。こうした明治維新から第二次世界大戦敗北までの神道は、後に「国家神道」とよばれた。

敗戦後の1945年、連合国軍総司令部(GHQ)は日本政府に対し、政教分離政策として「神道指令」を発令した。これにより国家神道は廃止。国の管理を離れ、神道は他の宗教と同列となった。

その翌年、全国の神社を包括する神社本庁(東京都渋谷区)が設立された。伊勢神宮を本宗とする宗教法人で、47都道府県に神社庁を置き、現在も全国78000を超える神社を組織している。

明治以降に誕生した神社

明治天皇を祀る明治神宮や、戊辰《ぼしん》戦争以来の戦没者らを祀る靖国神社などが誕生。天皇の可視化や功績者の表彰は、近代国家にとって大きな意義をもっていた。

靖国《やすくに》神社

1869年に「東京招魂社」として創建され、1879年に靖国神社と改称。なお、全国各地にも招魂社《しょうこんしゃ》は建てられ、靖国神社を総本社とされた。各招魂社は、のちに護国《ごこく》神社と改称した。

湊川《みなとがわ》神社

1872年に創建。南北朝時代の武将の楠《くすの》木正成《きまさしげ》を祀る。明治維新前後、天皇中心の近代国家を建設しようとしていた時代にかつての天皇の忠臣だった楠木正成の評判が高まっていた。

明治《めいじ》神宮

近代国家日本の指導者として絶大な力を発揮した明治天皇の遺徳を顕彰したいという運動が国民の間に広まり、1920年に創建。その后として慕われた昭憲《しょうけん》皇太后とともに祀られた。

ほかの神社にはない靖国神社の特色

死者をまとめて「神」として合祀
幕末以降の動乱や戦争による殉難者・戦没者が、（戦後に祀られた皇族を例外として）身分や階級の別なく、一律平等に合祀され、祭神となっている。

かつては軍部が所管
近代国家において、一般の神社は内務省の所管だったが、靖国神社は創建当時から軍部が深く関わり、のちに陸軍省・海軍省の共同管轄となった。

祭神の対象基準が拡大
創建当初は明治維新前後の新政府側の戦死者だったが、対外戦争が繰り返されることによって、民間人を含む戦没者全般となっていった。

神社整理

「神社合祀《ごうし》」ともいう。明治末期から大正初期におこなわれた神社の合併や統廃合などを推進する行政政策。経営困難な神社を統廃合して維持することが狙いだったとされる。

1906年の全国の神社数
約19万社

→ 神社整理の推進により約7万3,000社が統廃合 →

1917年の全国の神社数
約11万7,000社

神社本庁

戦後、神社の多くは神社本庁のもとで宗教法人として新たにスタートした。神社本庁は、各神社を包括するために戦後に設立された団体であるが、神社本庁に所属しない神社もある。

神社本庁の設立

皇典講究所《こうてんこうきゅうじょ》
神職の養成や研究など

大日本神祇会《だいにほんじんぎかい》
全国の神社の神職が会員

神宮奉斎会《じんぐうほうさいかい》
伊勢神宮の崇敬者の団体

→ 当時、神社関係の民間三団体を母体に設立

→ **神社本庁**

神社本庁の組織

神社本庁 → 都道府県に置かれた「神社庁」 → 都道府県をいくつかの地区に分けて置かれた「支部」 → **全国の神社**

コラム 6

神社に深く関わる神《しん》道《とう》とは？

神道と他宗教の違い二つ

神道とは何だろう。神道が他の宗教と大きく異なる点が二つある。一つは、キリスト教、仏教、イスラーム教というような「教」の文字がつかないことだ。教ではなく「道」がつく。

二つ目は、神道に絶対的な神や聖典がないことがあげられる。キリスト教には、父なる神と聖書がある。イスラーム教には、唯一絶対神のアッラーがいてコーランがある。仏教の場合は、崇拝対象が絶対的な神ではないが、諸仏がいる。そして経典がある。

神道で崇めるものは、神をかたどった偶像ではなく、神が宿る依代《よりしろ》だ。

また、神職がお祓いのとき祝詞《のりと》をあげるが、これはお経とは異なる。祝詞は神への感謝の言葉であって、教義ではない。

日本人の考え方を儀礼化

神道には、日本の古代から受け継がれるアニミズム、つまり自然界すべてのものに霊が宿るという信仰が基本にある。そのため八《や》百万《およろず》の神といわれるように、多種多様な神がいて、日本人には、すべてのものに感謝する気持ちが備わるようになった。

神道には、ほかの宗教のような、布教活動や学ぶべき教義や経典も特にない。大事なことは、神々や先祖を敬う「敬神崇祖《けいしんすうそ》」の考え方だけなのだ。

神道は、神や教祖に救いを求め、教えを請う「教」ではなく「道」だ。自分に自分のあり方を問い、そして自分で答えを見つけていこうとするもの。宗教というよりはむしろ、古代からの日本人の考え方を儀礼化したものといえるだろう。

神社には、しばしば鏡が祀られている。「かがみ」から「が（我）」を取ると、「かみ（神）」となる。これは、鏡に写った自分の中にこそ、目指すべきもの、つまり信仰があることを伝えているという。

私たちが神様への感謝の気持ちを神様に伝えるためにお参りする場所、それが神社だととらえることができるだろう。

神道十三派

江戸末期から起こり、近代国家に統制された神社とは別に布教活動を許可され、現在に続く神道系教団。一般的に「神道」が指す「神社神道」とは別だが、広く「神道」に含まれる。

区分	教団	創立など	独立公認
山岳信仰系	扶桑《ふそう》教	1873年	1882年
	實行《じっこう》教	1878年	1882年
	御嶽《おんたけ》教	1882年	1882年
純教祖系	黒住《くろずみ》教	1814年	1876年
	天理《てんり》教	1838年	1908年
	金光《こんこう》教	1859年	1900年
禊系	禊《みそぎ》教	1840年	1894年
	神習《しんしゅう》教	1857年	1882年
儒教系	神道修成《しゅうせい》派《は》	1869年	1876年
	神道大成《たいせい》教	1879年	1882年
復古神道系	神道大《たい》教	1873年	1886年
	出雲《いずも》大社《おおやしろ》教	1873年	1882年
	神理《しんり》教	1880年	1894年

第6章

神社の基本

今でも神社は、暮らしの身近なところにあるが、
当たり前すぎて、実は知らないことも多い。
本章では、知っているようで意外と知らない
神社の基本を取り上げていく。

神社の称号

社号の種類

神社の社名の末尾につく「大社」や「宮」といった言葉を社号という。社号は、神社の由緒や社格などに基づいてつけられている。「〜神社」とする神社がもっとも一般的である。

社号	内容	おもな神社
神宮	天皇や皇室祖先神など、皇室とゆかりの深い神を祀り、格式の高く、規模の大きな神社。単に「神宮」という場合は伊勢神宮のみを指すが、それが正式名称のため、社号にはあたらない。『延喜式神名帳《えんぎしきじんみょうちょう》』で、当時「神宮」とされていたのは、伊勢神宮、鹿島神宮、香取神宮の3社だけ。	鹿島神宮、香取神宮、熱田神宮、石上神宮、國懸神宮、日前神宮、伊弉諾神宮、霧島神宮、鹿児島神宮、鵜戸神宮、英彦山神宮、橿原神宮、宮崎神宮、氣比神宮、宇佐神宮、近江神宮、白峯神宮、平安神宮、新日吉神宮、赤間神宮、水無瀬神宮、吉野神宮、北海道神宮、明治神宮など
大神宮	伊勢神宮から勧請された天照大御神《あまてらすおおみかみ》を祀る神社の中には、「大神宮」を称する場合がある。	東京大神宮、芝大神宮、開成山大神宮、日向大神宮、山口大神宮など
宮	天皇や親王など皇室関連人物のほか、天皇以外の人間神を祭神とする神社につけられる場合が多い。特別な由緒を認められた神社に与えられる。	東照宮、石清水八幡宮、鶴岡八幡宮、太宰府天満宮、北野天満宮、金刀比羅宮、香椎宮、水天宮、筥崎宮、白峰宮、波上宮など
大社	由緒正しく有力で、地域信仰の中心となるような大規模神社につけられる。戦前は「大社」といえば出雲大社を指したが、戦後になって社号を変更し大社を名乗るところが増えた。近代の社格の官幣大社や国幣大社といった神社や、全国に分社がある総本社などで、大社と名乗ったところが多い。	出雲大社、熊野大社、氣多大社、諏訪大社、南宮大社、三嶋大社、富士山本宮浅間大社、多度大社、多賀大社、建部大社、日吉大社、伏見稲荷大社、松尾大社、梅宮大社、住吉大社、大鳥大社、春日大社、龍田大社、廣瀬大社、熊野本宮大社、熊野速玉大社、熊野那智大社、宗像大社、高良大社など
神社	大社の下の社号で、もっとも一般的な神社に用いられる。	八坂神社、津島神社、大山祇神社、嚴島神社、貴船神社、西宮神社、美保神社など
社	大きな神社から祭神を勧請された、比較的小規模な神社につけられることが多い。	全国の天神社、神明社、稲荷社、熊野社、諏訪社、天王社、白山社、山王社など
(大)明神	平安時代以降、特別に崇敬される神が明神や大明神と呼ばれた。その後、本地垂迹説《ほんじすいじゃくせつ》によって仏の化身と考えられるようになった。	三島明神(現・三島神社など)、諏訪明神(現・諏訪神社など)、香取明神(現・香取神社など)、鹿島明神(現・鹿島神社など)など
(大)権現	本地垂迹説によって生まれる。仏教の仏や菩薩が「仮(権)に」日本の神の姿となって「現れた」ということを示す。	熊野権現(現・熊野神社など)、金毘羅権現(現・金刀比羅神社など)、秋葉権現(現・秋葉神社など)、白山権現(現・白山神社など)など

※明治時代以前は、「明神」や「大明神」といった社号や、神仏習合の影響を受けた「権現」や「大権現」の社号も多く使用されていた。

今もある社格の名残

神社や神に上下の区別はない。しかしかつては、朝廷や政府の評価に基づき、神社の格付け「社格」が設けられた。

古代の律令制度下では『延喜式《えんぎしき》神名帳《じんみょうちょう》』に式内社《しきないしゃ》として2861社が選別記載され、それらがさらに細かくランクづけされた。またその中から、国ごとに有力な順に一宮、二宮…の称号が与えられた。

明治時代には政府に神祇官《じんぎかん》が置かれ、社格制度が変わる。神祇官が司る官社と、地方官が司る諸社に大別され、序列がつけられた。

社格は1946年に廃止になったが、今も「社号」に名残がある。たとえば鹿島《かしま》神宮の場合、「鹿島」は社名、「神宮」が社号。「神宮」を社号とする神社は、皇室と関わりが深く、最も格式が高かった。また天満宮《てんまんぐう》など「宮」を名乗るのは、皇室関連の神社か人間神など特別な神を祀る神社に限られた。

出雲大社などの「大社」は地域の信仰の中心となる大きな神社についた社号。地域の小規模な神社で最も多かったのが「神社」だ。

古代の神社の社格

平安時代に定められた『延喜式神名帳《えんぎしきじんみょうちょう》』には、古代律令制下で国家に認定された重要な神社である官社の名簿が記されている。また、ここに記載されている神社を式内社ともいう。

官社《かんしゃ》＝式内社《しきないしゃ》
神社の数
合計2,861社
鎮座する神の数
合計3,132座

官幣社《かんぺいしゃ》
神祇官《じんぎかん》の
管轄となる神社
573社　737座

官幣大社
198社　304座

官幣小社
375社　433座

国幣社《こくへいしゃ》
各国の国司の
管轄となる神社
2,288社　2,395座

国幣大社
155社　188座

国幣小社
2,133社　2,207座

式外社《しきげしゃ》

名神大社《みょうじん》
官幣大社、国幣大社のうち、とくに霊験が高く重要視された神社
224社　310座

現在でも「延喜式内名神大社」の表示が残る例。赤城《あかぎ》神社(前橋市)の社標。

現在でも「官幣大社」の表示が残る例。氣比《けひ》神宮(福井県敦賀市)の社標。

近代の神社の社格

明治時代になると新政府により『延喜式』にならい、新たに神社の再序列化がなされた。伊勢神宮は最高位として社格対象外とされた。この社格は終戦後の1946年に廃止となった。

		内容	神社数(1945年)
官社 神祇官の管轄となる神社	官幣大社・中社・小社	全国区の神社と皇室ゆかりの神社	190社
	国幣大社・中社・小社	おもにその土地に密接なつながりのある神社	
	別格《べっかく》官幣社	国のために特別に貢献した人物を祀る神社	28社
諸社 地方官の管轄となる神社	府社・県社	府県が崇拝する神社	1,148社
	郷《ごう》社	地域の産土神を祀る神社	3,633社
	村《そん》社	おもに地方の氏神を祀る神社	44,934社
	無格《むかく》社	上記以外の神社	59,997社

現代の神社体系

戦後になり、国家と神道の結びつきは禁止され、伊勢神宮を中心に全国の神社が集まって民間の宗教団体である神社本庁が設立された。ただし、神社本庁に属していない神社もある。

神社本庁被包括神社
伊勢神宮を頂点とする、神道系の宗教団体としては日本最大規模の神社本庁の包括下の神社。約8万社。

別表神社
神社本庁被包括神社のうち、神職の人事などで特別な扱いをされる神社。「神社本庁規定」の別表に記載。約350社。

単立神社
神社本庁など包括的な宗教団体に属さない神社。伏見稲荷大社、東照宮、靖国神社など約2,000社。小さな祠なども含めると約20万社ともされる。

勅祭社
天皇から勅使が遣わされる祭礼のある神社。別表神社のうちの賀茂別雷神社・賀茂御祖神社・石清水八幡宮・春日大社・熱田神宮・出雲大社・氷川神社・鹿島神宮・香取神宮・橿原神宮・近江神宮・平安神宮・明治神宮・宇佐神宮・香椎宮の15社に単立神社の靖国神社を加えた16社。

神社に関わる人々

神職《しんしょく》の種類

神職は俗に「神主《かんぬし》さん」と呼ばれ、神社に属して神様に奉仕し、祭礼と神社の管理運営を職業としている人。神社本庁が包括する神社に属する神職は約21,500名。「階位《かいい》」「身分《みぶん》」「職階《しょっかい》」という3つのランク付けがある。

身分《みぶん》

6等級ある。一般企業の年功序列とほぼ似たようなもの。ふつう神職に就くときに三級でスタートする。

特級 伊勢神宮の大宮司など。常装は白袴(文様入り)。

一級 伊勢神宮の少宮司など。常装は薄紫袴(文様入り)。

二級上 伊勢神宮の禰宜、別表神社の宮司や権宮司など。常装は紫袴(文様入り)。

二級 伊勢神宮の禰宜、別表神社の宮司や権宮司など。常装は紫袴(文様なし)。

三級 伊勢神宮の権禰宜や宮掌など。階位が権正階以上。常装は浅葱色の袴(文様なし)。

四級 階位が権正階より下。常装は浅葱色の袴(文様なし)。

職階《しょっかい》

神社で働く人々の役職名。ほかに独自の職階を設置する神社もある。

宮司《ぐうじ》	神社の代表。1つの神社に原則1人だけ。現在ほとんどの宮司が、複数社の宮司を兼任している。
権宮司《ごんぐうじ》	宮司を支える副代表。一部の別表神社のみ。「権」は「副」の意。
禰宜《ねぎ》	宮司の補佐役。神社によってはいない場合あり。元々は「祈禱を行う者」の意。
権禰宜《ごんねぎ》	企業でいう一般職員にあたる。上記3つの管理職の指示を受けて社務を行う。

階位《かいい》

神社本庁が定める神職の資格。神道が重視する「浄く、明るく、正しく、直き心」に由来する5段階に分けられている。

浄階《じょうかい》
神道界での功労者や一定の年齢に達した人に与えられる最高階位。

明階《めいかい》
別表神社の宮司・権宮司に就くために必要な階位。

正階《せいかい》
一般的な神社の宮司、別表神社の禰宜に就くために必要な階位。

権正階《ごんせいかい》
一般神社の禰宜、別表神社の権禰宜。宮司に就くのに必要な最低階位。

直階《ちょっかい》
一般の神職に就くための階位。

神職になるためには

ふつう5年目くらいに昇進試験が行われる。出仕の期間がすぎると、そこではじめて**権禰宜**となり神職のスタート。

▲

神社に任用されるとまず**出仕《しゅっし》**と呼ばれる。神職ではなく見習いで、正式な身分の適用外。一定の研修期間が設けられる。

▲

神職になる資格は取得するが、それで即、神職になれるわけではなく、就職活動のような努力が必要。

▲

- 高校卒業後、全国に6か所ある神職養成所で2年間学ぶ。
- 一般の大学卒業後、國學院《こくがくいん》大學・皇學館《こうがっかん》大学の神道専攻科で1年間学ぶ。
- 國學院大學・皇學館大学の神道関連の学科で4年間学ぶ。

はっきりしている神職の身分

神社で祭祀の中心となり、神に奉仕する職業を、神職という。神主《かんぬし》とも呼ばれるが、神職が正式名称だ。基本的には國學院《こくがくいん》大学や皇學館《こうがっかん》大学で所定単位を得、神社本庁が定める資格を取得すれば、就くことができる。

巫女《みこ》は、神職をサポートし祭祀に奉仕する。本来は神に仕える未婚の女性で、託宣《たくせん》も行ったが、今では神職の資格を必要としない。

神職の格付けには、階位《かいい》・職《しょっ》階《かい》・身分の三つの基準がある。階位は上から、浄階《じょうかい》、明階《めいかい》、正階《せいかい》、権正階《ごんせいかい》、直階《ちょっかい》の5段階あり、階位によって就ける職階が変わる。

職階とは、いわゆる役職名のことだ。最高責任者である宮司《ぐうじ》を筆頭に、権宮司《ごんぐうじ》、禰宜《ねぎ》、権禰宜《ごんねぎ》などがある。伊勢神宮の場合は、最高位が祭主《さいしゅ》で、大宮司、少宮司、禰宜、権禰宜、宮掌《くじょう》が置かれる。

さらに、功績、人格などによって決まるのが身分。特級を筆頭に、一級、二級上、二級、三級、四級の6階級あり、身分ごとに装束の色や模様が定められている。

神職と巫女《みこ》

神社にはいろいろな人が奉仕をしているが、中心となっているのが神職と巫女である。神と人との間に立ち、神の意志を人に伝え、人の願いを神に届ける仲介者の役割を担っている。

巫女《みこ》の装束

巫女は神職ではなく、神職をサポートするのが役割。未婚の若い女性が多い。

女性神職の装束（常装《じょうそう》）

正式には「女子神職」と呼ばれる。現在、神職全体の約一割を占める約2,100名。神職を目指す女性は年々増加している。

男性神職の装束（常装）

平安貴族の装束「衣冠束帯」を基本としている。正装・礼装・常装の区別があり、身分によって色や柄が異なる。

神職と巫女の一日

一般的なもので、神社や季節によって勤務内容や時間が異なる。

巫女	時間	神職
	5:00	**起床**　当直の神職が起床する。
	6:00	**社殿の開門**　当直の神職が社殿の開門をし、日供祭の準備をする。
	6:30	**日供祭《にっくさい》**　米、酒、野菜、果物、塩、水などの神饌《しんせん》を供えて祭りをする。本殿だけでなく、境内にある摂社や末社でもおこなわれる。
出勤　出勤し、着替える。	8:00	**出勤**　当直以外の神職が出勤し、着替える。
朝拝・境内の掃除・授与所の準備　本殿に集まり、大祓の祝詞を唱えるなどの修祓を神職とともにおこなう。こうして穢れを清める。そして、境内の掃除をして、授与所の窓口を開け、御守りやおみくじを配置する。	8:30 ～ 9:00	**朝拝《ちょうはい》・社殿や境内の掃除**　「朝拝」は一般企業の朝礼にあたる。神職、巫女の全員が本殿に集まり、大祓《おおはらえ》の祝詞《のりと》を唱えるなどの修祓《しゅばつ》をおこなう。こうして穢れを清める。そして、社殿や境内の掃除をする。
授与所の対応と祈祷の補佐　授与所で御守りなどを整えたり、祈祷の準備をする。祈祷では神職を補佐する。	9:00 ～ 17:00	**社務や祈祷**　参拝者の祈祷の受け付けや、社務をおこなう。祈祷やお祓い、結婚式などの儀式をする。
退勤　社殿や境内の掃除と授与所の片付けをして退勤。	17:00	**退勤・諸事務**　社殿の門を閉め、日誌や帳簿をつける。儀式で演奏する雅楽《ががく》の練習もする。当直の神職は退勤せず、翌朝5時に起床して日供祭をおこなう。

神社の境内《けいだい》

神社の境内

神社によって配置や内容は異なるが、一般的な構成は上記イラストの通り。鳥居から参道を経て拝殿に至り、拝殿の奥に本殿。参道沿いには手水舎や神楽殿、社務所などが配置される。

鳥居から参道を経て拝殿へ

神社の境内の建物の配置は概ね決まっている。

まず目につくのが鳥居だろう。これは日常空間と神域の境界を示す門だ。鳥居からのびるのが参道。中央は「正中《せいちゅう》」とよばれ、本殿の神が俗界へ渡るための通路だ。敷き詰められた玉砂利《たまじゃり》は、タマ（霊）に通じ、踏んで歩くことで心を清める意味を持つ。

参道の脇には手水舎《ちょうずや》がある。参拝に先立ち、手を洗い口をすすぎ、心身を清めるための設備だ。

突き当たりに建つのは拝殿《はいでん》。参拝や祭礼を行う場所で、賽銭箱《さいせんばこ》が置いてある。その後ろが本殿で、ここに御神体が安置されている。特別な場合を除き、宮司《ぐうじ》以外が本殿に立ち入ることはない。

ただし拝殿のない神社もある。また御神体が自然物の神社では、本殿がない。

境内には、さらに小型の社《やしろ》や祠《ほこら》が置いてある場合が少なくない。「摂社《せっしゃ》」「末社《まっしゃ》」とよばれるもので、本殿祭神と縁のある神や、土地の神などが祀られている。

獅子

狛犬

神使《しんし》・眷属《けんぞく》

神意を伝えたり、吉凶を示す特定の鳥獣などを神使や眷属といい、狛犬の代わりに据えている神社もある。

【狐《きつね》】
伏見稲荷大社(→p68)など。

【牛《うし》】
太宰府天満宮(→p66)など。

【蛙《かえる》】
二見興玉神社など。

【兎《うさぎ》】
調《つき》神社(→p111)など。

鳥居

2本の柱の上に笠木を渡し、その下の貫とよばれる部分で柱同士が連結するのが基本。
神社によって形が異なる鳥居だが、大別すると神明系の鳥居と明神系の鳥居に分けられる。

神明《しんめい》系

島木がなく、まっすぐな柱の上に、笠木をのせ、貫は柱の中に収まるという、直線的でシンプルな形状となっている。柱、笠木、貫のすべてが円柱状でできていることが多い。

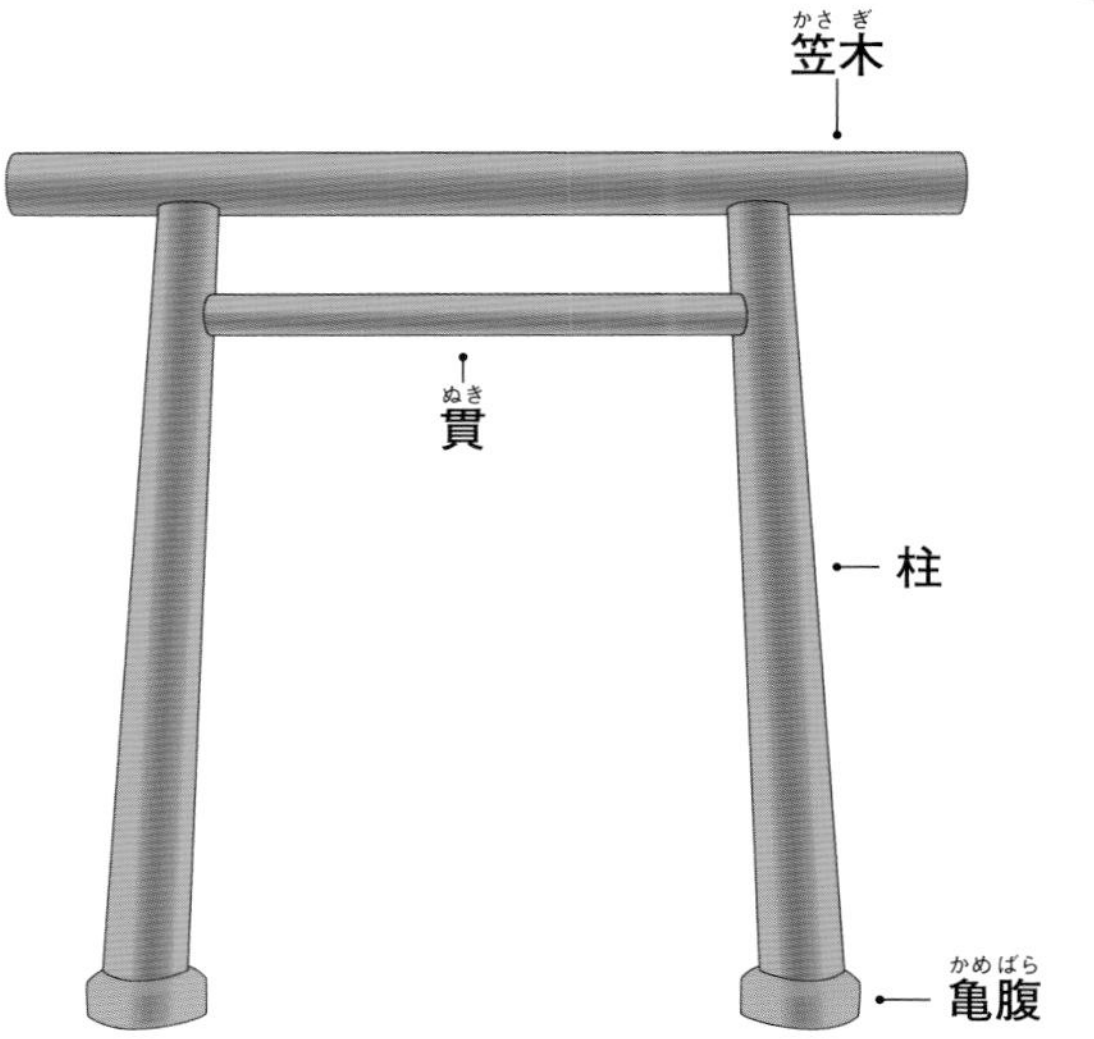

神明系の鳥居の種類

	特徴	代表的な神社
神明鳥居	笠木の断面が五角形	伊勢神宮(→p64)
靖国《やすくに》鳥居	貫の断面が長方形	靖国神社(→p133)
鹿島《かしま》鳥居	貫の断面が長方形で柱を貫通	鹿島神宮(→p77)

明神《みょうじん》系

笠木と島木が「反り増し」とよばれる天に反り返ったゆるやかなカーブを描いている。貫は柱の外に突き出ている。装飾性が強く、中国などの海外文化の影響を受けたとされる。

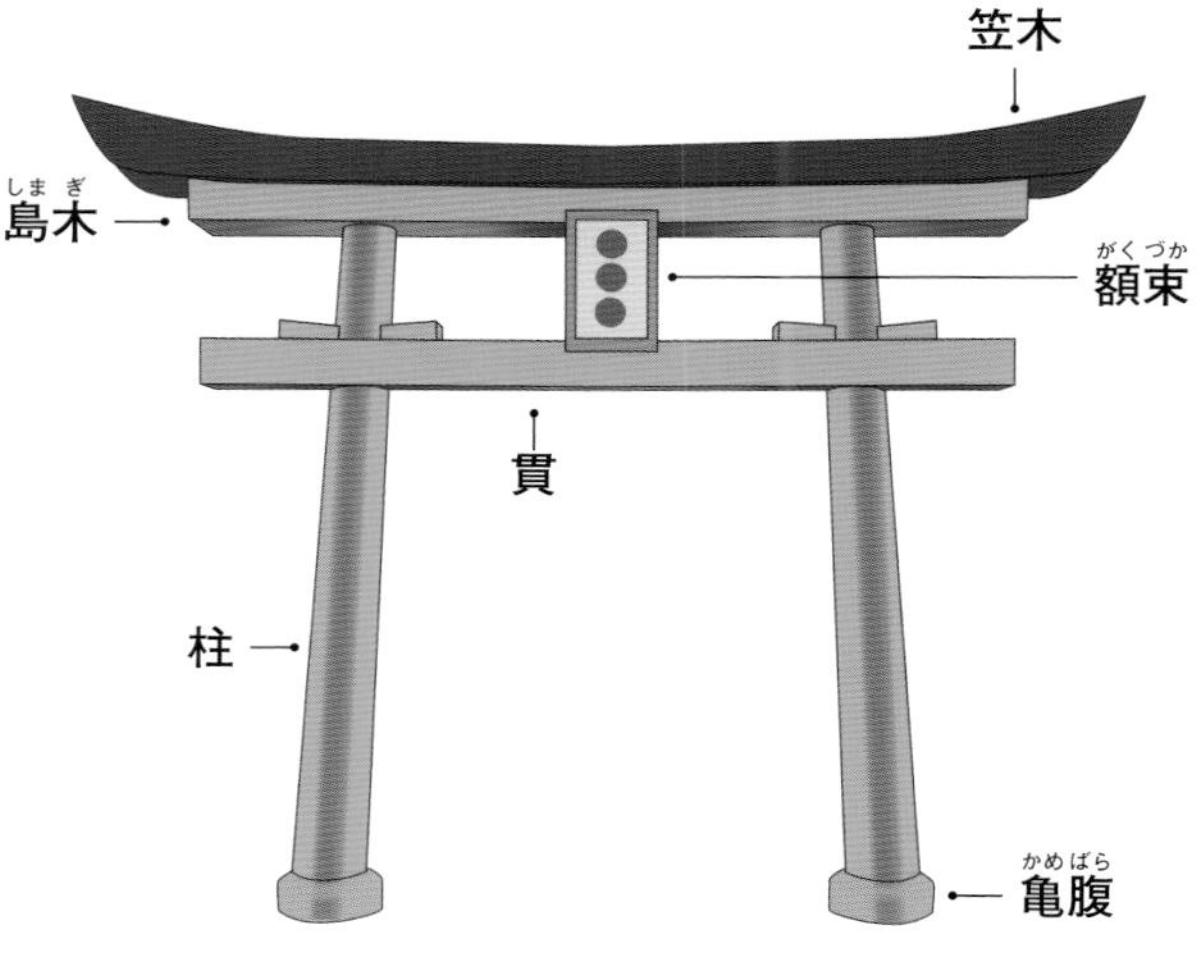

明神系の鳥居の種類

	特徴	代表的な神社
明神鳥居	笠木の断面が五角形	八坂神社(→p74)
八幡《はちまん》鳥居	笠木と島木に反りがない	石清水八幡宮(→p62)
中山《なかやま》鳥居	貫が柱を貫通しない	中山神社(岡山県津山市)

シンプルな基本形から多様化

地図記号にもなっている鳥居は、神社の建築物のシンボルといえるだろう。60種ほどの形状があるが、基本構造はシンプル。「笠《かさ》木《ぎ》」と「貫《ぬき》」を柱で支えている。笠木の下には「島木《しまぎ》」がつくこともある。笠木が反る明神《みょうじん》系と、反らない神明《しんめい》系とに大別され、明神系の方が装飾性が強い傾向にある。

社殿のつくりは、神明造《しんめいづくり》と大社《たいしゃ》造《づくり》に代表される。どちらも日本古来の建築様式だ。神明造は棟と平行な「平《ひら》」側に入口があり、穀物蔵由来。伊勢神宮内宮で見られる。大社造の入口は、屋根の三角形側の「妻《つま》」方向にある。これは古代住居タイプで、出雲大社が典型だ。

やがて仏教が伝来すると、その影響を受け、反った屋根や長いひさしをもつ様式などが派生した。たとえば神明造の前側のひさしを延ばした造りを流造《ながれづくり》という。現在最も多い造りだ。

また、大社造の屋根を直線的にしたのが住吉造《すみよしづくり》で屋根が反ったのが春日造、神明造の社殿を二つつなげたものが八幡造《はちまんづくり》だ。

本殿

伊勢神宮正殿《しょうでん》をルーツとする神明系の本殿と出雲大社本殿を起源とする大社系の本殿に大別される。

神明《しんめい》系

屋根が下がっている面を正面とした「平入り」が基本。屋根に反りがない。弥生時代の穀物の高床式倉庫の形式から神を祀るための建物として転用して発展したと考えられている。

神明系の本殿の種類

	特徴	代表的な神社
神明造	V字型の千木が上に突き出る	伊勢神宮 (→p64)
八幡《はちまん》造	2棟が前後に並ぶ	宇佐神宮 (→p62)
流《ながれ》造	屋根が反り入口側の屋根が長い	伏見稲荷大社 (→p68)

平入り
棟と平行な「平《ひら》」側に入口

大社《たいしゃ》系

屋根が三角に見える面を正面とした「妻入り」が基本。屋根はゆるやかに反っている。古代の宮殿をもとにしたと考えられており、典型的な日本家屋の形状に近いとされている。

大社系の本殿の種類

	特徴	代表的な神社
大社造	入口が片寄る	出雲大社 (→p100)
住吉《すみよし》造	直線的な屋根	住吉大社 (→p82)
春日《かすが》造	屋根が反り入り口上に庇がある	春日大社 (→p76)

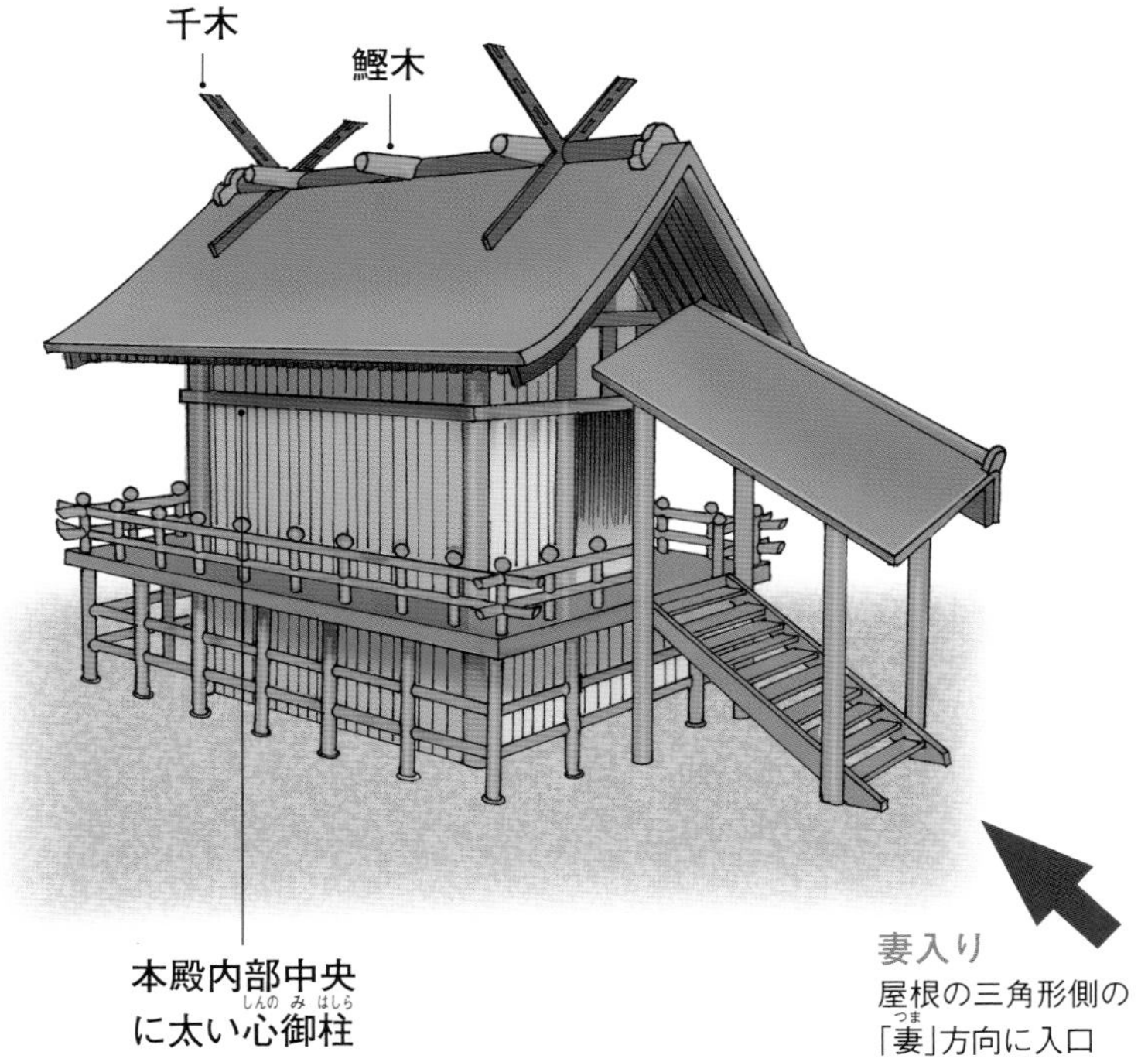

妻入り
屋根の三角形側の「妻《つま》」方向に入口

神社の授与品

おみくじ

漢字で「御神籤」と表すように神意をうかがう占い。神社によって多少異なるが、基本的には吉凶判断、和歌あるいは漢詩、運勢についての説明、事象別判断などが記されている。

おみくじの引き方

・木箱を振って番号が書かれている棒を振り出し、その番号のおみくじを取り出す。
・箱に手を入れておみくじをつかみ出す。
・自動販売機　など

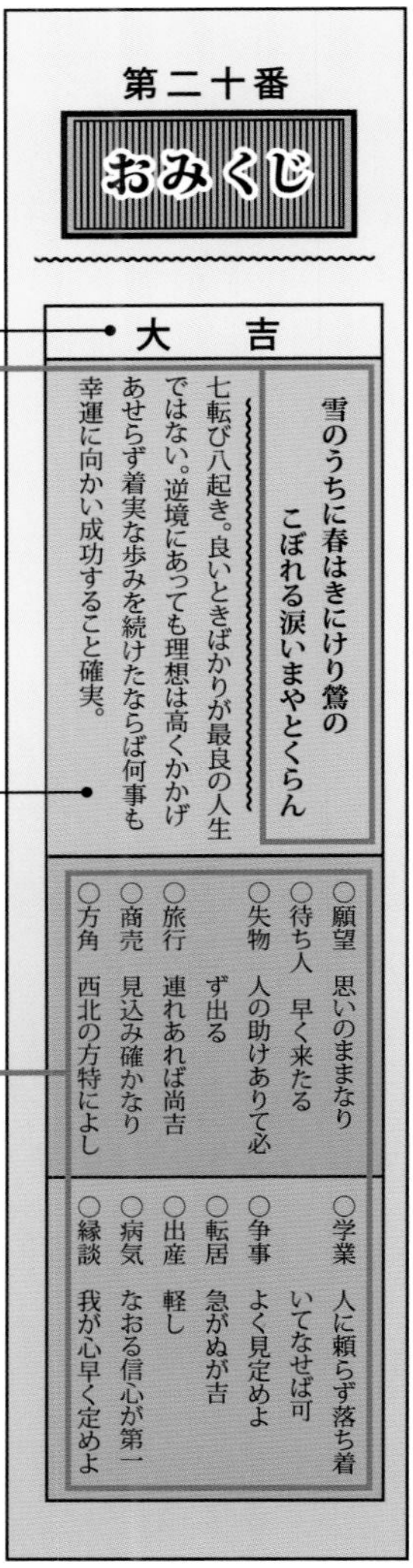

吉凶判断

一般的に縁起が良い順に大吉・中吉・小吉・吉(・半吉)・末吉(・末小吉)・凶(・小凶・半凶・末凶)・大凶の7段階(もしくは12段階)で表される場合が多いが、この順番は神社によって異なることもある。最初に目がいってしまうが、一喜一憂するべきではない。

和歌

吉凶判断などわかりやすいところに興味がいきがちだが、実は和歌がおみくじの核心部分となっている。和歌にこそ神意がこめられていて、吉凶判断や事象別判断なども和歌から導かれているケースが多い。神社によっては和歌ではなく漢詩になっていることもある。

運勢についての解説

具体的な内容や、どのように受けとめればいいかなどを説明している。たとえば凶の場合でも、運勢転換が容易な凶から深刻な凶までさまざまあり、ここを読み解くことでわかる。

事象別判断

願望・待人・失物・旅行・商売・方角・学業・争事・転居・出産・病気・縁談と項目ごとに詳細な運勢や生活の指針などが記されている。あげられている項目は神社によって異なる。

引いたおみくじの扱い方

・凶や大凶などなら、境内の指定された場所に結ぶのが一般的。願いが結ぶようにと江戸時代にはじまった風習だが、樹木に結ぶと痛める原因になるので必ず指定された場所に結ぶ。
・大吉などなら、持ち帰るのが一般的だが、吉凶にかかわらず持ち帰ることもある。神意が現れたものとして行動指針にし、粗末に扱わず、のちにお礼参りをして納めるなどする。

神の加護とメッセージ

お札(神札)やお守り(守札《まもりふだ》)、おみくじなど、神社からいただくものを授与品という。「買う」ではなく「いただく」という。

お札の起源は伊勢神宮の「御祓《おはらい》大麻《たいま》」だ。お祓いの道具を、受けた人に渡したことから変化発展した。いただいたら神棚に置くか、神棚がない場合は東か南に向けて戸口や壁、柱に取り付けるとよい。

お守りの始まりは、一説に縄文《じょうもん》人《じん》が神の加護を得るため常に身につけた勾玉《まがたま》とされる。神社からいただいた「御内符」を入れた小袋を首から下げるようになったのは、平安時代の貴族からだという。

おみくじは、古来、国家の重要事項や祭事を決定する際、神意をうかがった占いを起源とする。お告げが書かれた紙を選ぶ現在のスタイルが始まったのは鎌倉時代初期。一般人に普及したのは江戸時代といわれる。つい吉凶の文字に目が行くが、大事なのは和歌や漢詩の部分だ。単なる運試しではなく、神からのメッセージとしてよく読み、以後の行動指針としたい。

お札

神札などともいわれ、おもに家庭の神棚などに納められる。一般的に木札や紙片を和紙などの白紙で包み、黒文字で神社名などが書かれ朱印が押される。その神社の祭神が祀られているので、開けて見るのはタブー。大麻というお祓いを受けるときに用いられる白い紙をたくさん垂らした棒を箱に入れてお祓いを受けた人に渡していたものから変化したとされる。

お守り

正式名称は「守札《まもりふだ》」で、おもに身につけるか持ち歩く。小さな木片や紙片に神社名などが書かれたものを袋に入れてあるのが一般的だが、最近ではストラップ型などさまざまな形式のものがある。お守りとして水晶や勾玉を用意している神社もある。神の加護を得るために身に着けていたとされる勾玉がはじまりで、平安時代にはお守りはすでにあったとされる。

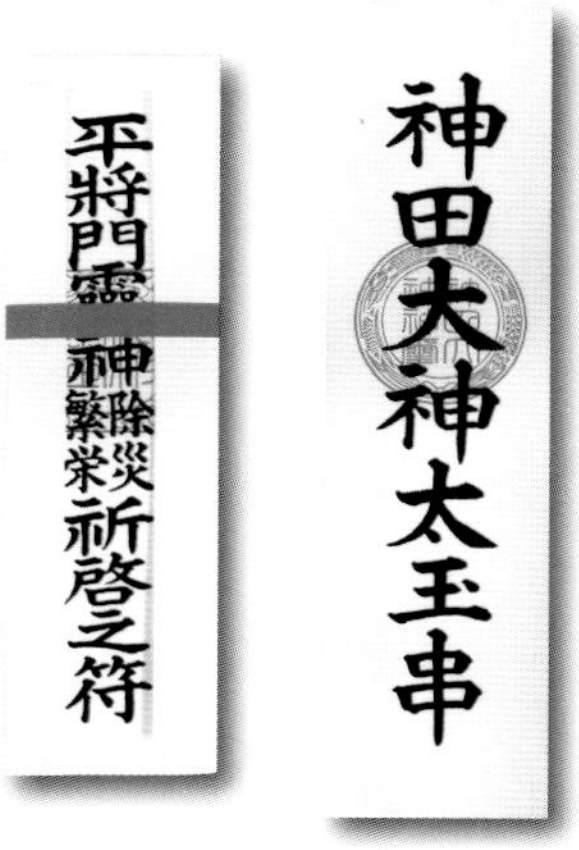

破魔矢《はまや》

名の通り、魔を破り災厄を祓う矢で、干支の絵馬や鈴がついている正月の縁起物として、神棚や床の間などに飾られる。正月に弓射を競い合いその年の豊作を占ったことが起源とされている。江戸時代になると男子の成長を祝って、装飾した弓と矢が初正月や初節句に飾られており、それが簡略化されて矢だけが魔除けとして飾られるようになったとされる。

絵馬《えま》

祈願内容などを記入して神社に奉納する。古代では祈願のときには生きた馬が神馬として神社に奉納される慣習があった。それが次第に簡略化され、木や土でつくった馬の人形や紙に描いた馬の絵などが代用として奉納されるようになり、これがやがて板に描いた馬の絵で統一された。江戸時代には、馬以外にもさまざまな図柄を描いた絵馬があらわれた。

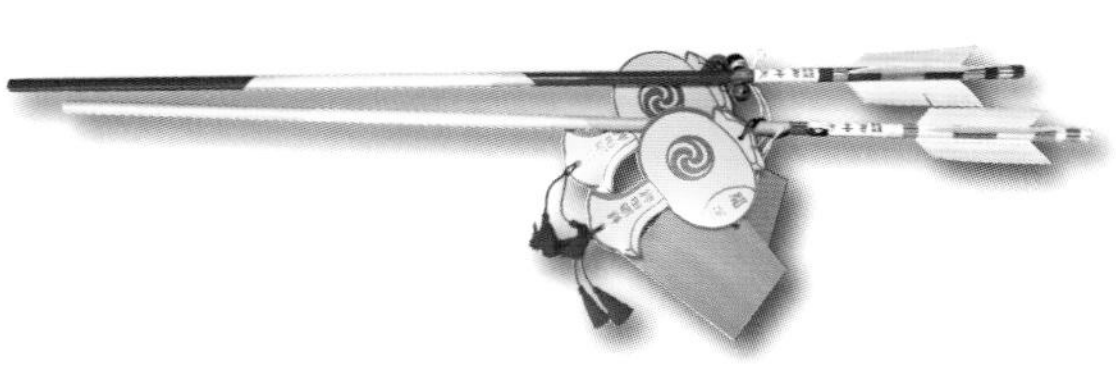

御朱印《ごしゅいん》

神職が丁寧に手書きしたもので、参拝した日付や神社名などが墨書され、朱印が押されている。もともと写経を寺社に納めた際に寺社が証として授与した受領印のことで、「納経印」ともいわれる。起源については「牛玉法印」に求めるなどさまざまな説があるが、江戸時代には御朱印の風習が広まったとされ、近年では御朱印めぐりを趣味とする人が増えている。

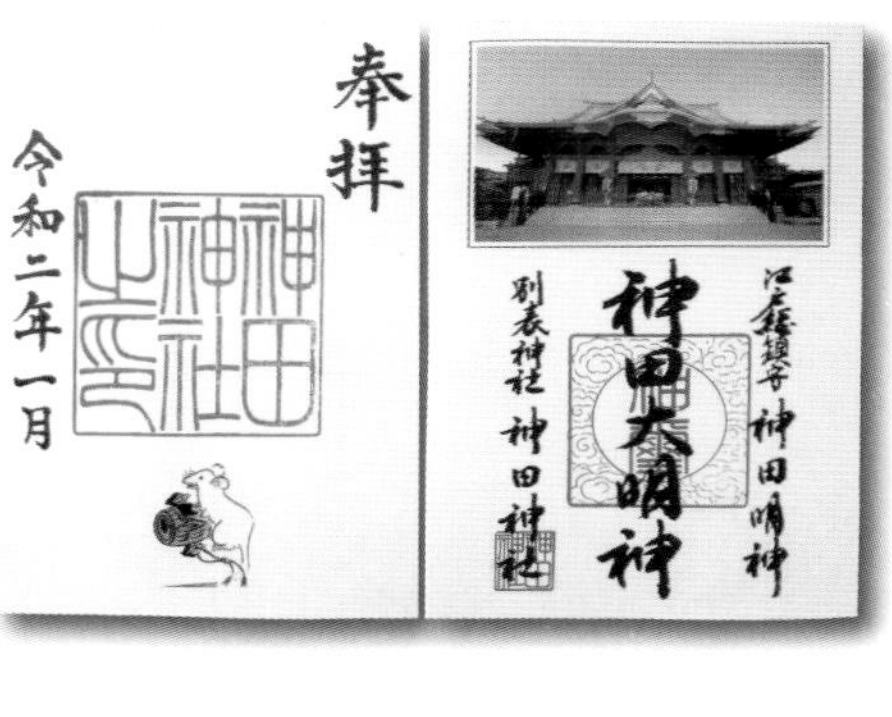

神社の参拝

鳥居《とりい》
神域に入ることの許しをいただくために鳥居をくぐる一歩手前で一礼する。鳥居の中央は神の通る道とされているため左右どちらかの端からくぐる。

←

参道《さんどう》
鳥居と同じく中央は神の通る道とされているため左右どちらかの端を歩く。歩きながらの飲み食いをしたり、むやみに大声を出したり、騒いではいけない。

←

手水舎《ちょうずや》
手水の作法。

基本的な参拝の手順

何気なくくぐっている鳥居や歩いている参道にもそれぞれ作法がある。ただし、堅苦しいわけではなく、参拝方法を一度きちんと覚えてしまえば、自然とできるようになるはずである。

手水の作法
神は穢れを嫌い、清浄を好むので、参拝などの前には心身を清めなければならない。古くは川で禊をしていたが、江戸時代に手水舎が普及し、禊の儀式が手水の作法に簡略化された。

❶手水舎の前で軽く一礼する。
↓
❷柄杓《ひしゃく》を右手に持って水をすくう。
↓
❸左手を洗う。
↓
❹柄杓を左手に持ち替え、右手を洗う。
↓
❺再び右手に柄杓を持ち替える。
↓
❻左手で受けた水で口をすすぐ。
※柄杓に直接口をつけてはいけない。
↓
❼もう一度左手を清める。
↓
❽柄杓を立てて残った水を流して柄を清める。
↓
❾柄杓を伏せてもとの位置に戻す。

❷

❸

❻

❾

神様に接するマナー

神社の参拝には作法があるので留意したい。まず神様の領域に入るために、鳥居の前で軽く一礼する。参道では、神様の通路である正中《せいちゅう》を避け、左右どちらかの端を歩くのがよい。

手水舎《ちょうずや》では、左手右手の順に洗い、左手で水を受けて口をすすぐ。最後に柄の部分を洗い流そう。

一般参拝の場合は拝殿《はいでん》に向かう。着いたら賽銭《さいせん》を賽銭箱に入れる。金額の多寡はご利益に関係がない。鈴があったら、静かに一回鳴らす。これによって神様と直に向き合う。

拝礼は、二拝二拍手。合掌したまま願い事を唱え、その後もう一度頭を下げる。これが原則だ。

神職に祈祷してもらう正式参拝の場合は、手水舎から社務所《しゃむしょ》等へ行き、初穂料《はつほりょう》を支払う。願い事や住所氏名などを書いて殿上に上がり、祝詞《のりと》を奏上してもらう。

祝詞は神に向かって発せられる言葉で大和《やまと》言葉で語られる。慎みの気持ちを持って聞きたい。

境内を出るときも、最後に鳥居の前で一礼しよう。

拝殿《はいでん》
拝礼の作法。

授与所《じゅよしょ》
おみくじやお守りなどが欲しい場合は、授与所でおみくじやお守りなどを受ける。おみくじは、所定の位置に結ぶ。

拝礼後
拝礼をすませたあと、参道の左右どちらかの端を歩いて鳥居をくぐり、一歩出て振り返って一礼する。

拝礼の作法
二拝(礼)二拍手一拝(礼)が基本だが、戦後に定められたもの。ただし、拝礼や拍手の起源は弥生時代まで遡るとされる。由緒ある神社には独自の作法が残っている場合がある。

❶神前に進んで軽くお辞儀をする。

↓

❷賽銭箱《さいせんばこ》に賽銭を入れる。

↓

❸鈴を鳴らす。

↓

❹深く2回拝礼をする。

↓

❺胸の前まで手をあげ拍手を2回する。

↓

❻手をおろし再び深く1回拝礼をする。

↓

❼神前から去る前に最後に軽くお辞儀をする。

↓

❽後ずさりして神前を退く。

❷
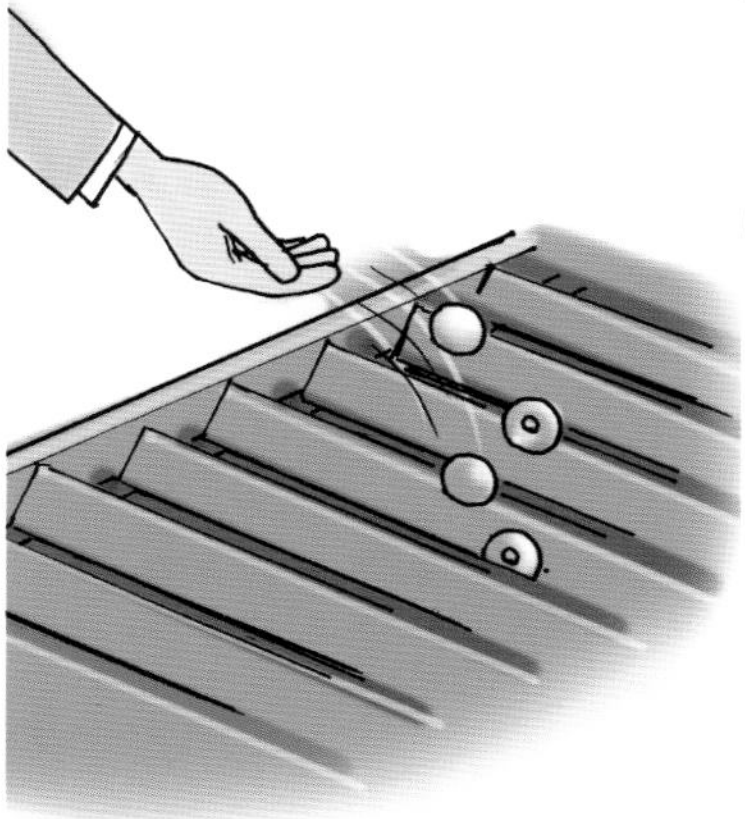

❸

❺

❹

正式参拝の作法

拝殿の手前でお参りする参拝を一般参拝という。参拝には、拝殿にあがり神職に祝詞《のりと》を奏上してもらう正式参拝というのもある。正式参拝には予約が必要とされるところもある。

社務所などで、祈祷料を払い、受付を済ませて順番を待つ。 → 昇殿し、神職に祝詞を奏上してもらい、玉串を奉納する。 → お神酒《みき》や授与品をいただき、速やかに退出する。

五 神社の年中行事と祭り

神社の年中行事

神社では季節ごとにさまざまな祭祀がおこなわれる。古来より稲作が生活の中心とされるため、その生長と収穫にあわせた節目におこなわれるのが基本となっている。

1月1日

【歳旦祭《さいたんさい》(中祭)】
正月元旦を祝い、国家の安寧、地域の繁栄、氏子崇敬者の無事安全などを祈念する。

1月3日

元始祭《げんしさい》(中祭)
天皇の皇位継承の元始とされる、天《あま》照大御神《てらすおおみかみ》が孫の邇邇芸命《ににぎのみこと》を高天原《たかまがはら》から葦原中国《あしはらのなかつくに》に遣わし国土を治めはじめたこと(天孫降臨《てんそんこうりん》)を祝い、国のますますの発展を祈る。

2月 立春前日

【節分祭《せつぶんさい》】
災厄や邪気などを払うために豆まきがおこなわれることが多い。

2月11日

紀元祭《きげんさい》(中祭)
わが国の建国とされる、初代神武《じんむ》天皇が大和の橿原宮《かしはらのみや》で即位した日である辛酉《かのととり》(紀元前660年)1月1日(新暦換算で2月11日)に紀元祭をおこない、建国を祝う。

2月17日

【祈年祭《きねんさい》(大祭)】
春の農事など各種産業の開始に先立ち、その年の五穀豊穣など産業繁栄を祈る。

2月23日

天長祭《てんちょうさい》(中祭)
天皇陛下のお誕生日を祝い、ますますのご健康を祈る。「天長」とは、天地が永遠に変わらぬように天皇陛下のご長寿が長く続き、限りないことを言祝《ことほ》ぐという意味。

そのほかの年中行事

期日が神社によって異なるものや毎日おこなうもの。

例大祭《れいたいさい》(例祭)(大祭)	年1回、神社や祭神に由緒ある日に最も盛大におこなわれる。
式年祭《しきねんさい》(大祭)	決められた期間でおこなわれる。伊勢神宮(→p64)の式年遷宮(20年ごと)や諏訪大社(→p72)の御柱《おんばしら》祭(6年ごと)など。
月次祭《つきなみさい》(小祭)	月ごとの決まった日におこなわれる。
日供祭《にっくさい》(小祭)	毎日、神にお供え物をする。

神を饗応《きょうおう》して人も力をもらう

神社では、年間を通してさまざまな祭や行事(祭祀《さいし》)が執り行われている。境内《けいだい》に露店が立ち並ぶ賑やかな「お祭り」が目につきやすいが、神職や関係者だけで厳粛に催される祭祀も数多い。

神社本庁が定めた「神社祭祀規程」により、大祭《たいさい》、中祭《ちゅうさい》、小祭《しょうさい》に分けられる。大祭のうち例祭《れいさい》(祭神に由緒ある日に行われる)、祈《き》年祭《ねんさい》(豊作を願う予祝儀礼《よしゅくぎれい》)、新《にい》嘗祭《なめさい》(収穫感謝祭)は三大祭祀とよばれ、特に例祭が重要だ。

歳旦祭《さいたんさい》、元始祭《げんしさい》、紀元祭《きげんさい》などが中祭で、月次祭《つきなみさい》、除夜祭《じょやさい》、日供祭《にっくさい》などが小祭に区分される。

いずれも、神を迎え、祀り、送るという過程は共通だ。祀るとは饗応すること。饗応では「神人共食」が行われる。神と人がともに供物を食べることで、神の霊力も人の生命力も高まるというのだ。

また伊勢神宮では20年に一度、殿舎、装束、調度品などをすべて新しくする式年遷宮《しきねんせんぐう》を行っている。2013年には62回目の遷宮が執り行われた。

※元始祭、紀元祭(紀元節)、昭和祭(当時の天長節)、神嘗祭、明治祭(明治節)、新嘗祭は、戦前まで祝祭日に制定されていた。現在では一部が建国記念の日(紀元節)、昭和の日(当時の天長節)、文化の日(明治節)、勤労感謝の日(新嘗祭)と称する祝日となっている。

4月29日

昭和祭《しょうわさい》(中祭)
昭和時代の「天長祭」で、昭和天皇の誕生日を祝う。

6月30日

【夏越《なごし》の祓《はらえ》(大祓《おおはらえ》)】
半年間の罪や穢れなどを祓い清める。神前に立てた茅《かや》や藁《わら》を束ねた茅《ち》の輪を3回くぐる。

10月17日

神嘗祭《かんなめさい》当日祭(中祭)
「神嘗奉祝祭」とも。伊勢神宮では、その年の初穂を最初に天照大御神に捧げて、その恵みに感謝する神嘗祭がおこなわれる。それにあわせて各地の神社で祝意をあらわす。

11月3日

明治祭《めいじさい》(中祭)
明治時代の「天長祭」で、明治天皇の誕生日を祝う。

11月23日

【新嘗祭《にいなめさい》(大祭)】
秋の収穫を終えたのち、その年にとれた新穀を神に供え、収穫に感謝する。

12月31日

年越《としこし》の祓(大祓)
清浄な心身を回復して神様の心に近づいた状態で新年の正月を迎えるにあたって、当年の下半期に知らず知らずに犯した罪や過ち、心身の穢《けが》れなどを祓い清める。

【除夜祭《じょやさい》(小祭)】
1年の締めくくりとして、1年間無事にすごせたことを感謝し、翌年の平安を祈る。

おもな祭祀

例大祭などを中心として四季折々の風物詩となっている。神社名でよばれたり、神社の由緒にちなんでよばれるものが多い。種々の儀礼や芸能などが付随して賑やかとなっている。

祭祀	期日	内容
春日祭《かすがさい》	3月13日	春日大社(奈良市)(→p76)の例大祭
神田祭《かんださい》	5月中旬(隔年)	神田神社(→p99) (東京都千代田区)の祭礼
葵祭《あおいまつり》(賀茂祭《かもさい》)	5月15日	賀茂御祖神社・賀茂別雷神社(京都市)の例大祭
三社祭《さんじゃまつり》	5月中～下旬	浅草《あさくさ》神社(東京都台東区)の例大祭
山王祭《さんのうまつり》	6月中旬(隔年)	日枝《ひえ》神社(東京都千代田区)(→p87)の祭礼
祇園祭《ぎおんまつり》	7月	八坂《やさか》神社(京都市)(→p74)の祭礼
天神祭《てんじんまつり》	7月24～25日	大阪天満宮(大阪市)(→p67)の夏大祭
石清水祭《いわしみずさい》	9月15日	石清水八幡宮(京都府八幡市) (→p62)の例大祭
秩父夜祭《ちちぶよまつり》	12月3日	秩父神社(埼玉県秩父市)の例大祭

神田祭
起源の詳細は不明だが、大祭になったのは江戸時代で、庶民たちからいつからか「天下祭」と称され、「江戸三大祭り」や「日本三大祭り」の一つに数えられる。日枝神社の山王祭と隔年交代で、2年に1度おこなわれる。大正時代までは山車が出ていたが、現在は町御輿が主流となり、江戸時代から続く一帯の氏子町会や都心の企業や観光客で大いに盛り上がる。

人生儀礼と神社

左下表「出産・育児に関わる人生儀礼」を参照。

【初宮参《はつみやまい》り】

お宮参り、初宮詣《もう》でともいう。誕生から1か月ほどたつと、おもに近くの氏神神社に参詣して、無事出産したことを報告し、生まれた赤ちゃんを氏子として認めてもらい、健やかな成長を祈る。一般的には男子は生後31〜32日目、女子は生後32〜33日目とされている。赤ちゃんの産着《うぶぎ》の上に晴れ着を羽織らせ、両親だけでなく祖父母も付き添うことが多い。

【七五三《しちごさん》】

男子が3歳と5歳、女子が3歳と7歳になると、おもに近くの氏神神社に参詣して、これまでの成長を感謝し、今後の健やかな成長を祈る。古来あった男女とも3歳で髪をのばしはじめる「髪置《かみおき》」、5歳男子がはじめて袴《はかま》を着ける「袴着《はかまぎ》」、7歳女子がはじめて帯を締めて大人用の着物を着ける「帯解《おびとき》」のそれぞれの儀式を1つにしたもので大正時代から一般化。

かつて、村々では若者組などの青年男性集団が祭礼などを担い加入者は一人前とみなされた。

【成人式《せいじんしき》】

20歳になった男女が、おもに氏神神社に参詣して、成人したことを報告し、感謝する。古くから成人を祝う儀式としては、男性は髷《まげ》を結い頭に烏帽子《えぼし》を加える「元服《げんぷく》」、女性ははじめて裳《も》を着ける「裳着《もぎ》」などがあったが、今ではすっかり姿を消した。なお、現在の自治体による成人式は、終戦直後に現在の埼玉県蕨《わらび》市で催された「青年祭」がルーツとされる。

かつて、7歳までの子どもは「神の子」として神様の加護を受けるが、7歳以降は村の一員として正式に氏子の一員になると考えられてきた。そのため、初宮参りではなく7歳のお宮参りで氏子として認めてもらう場合もある。

感謝を捧げ今後の無事を祈る

人は誕生から死までの節目ごとに祝い事を行う。これを人生儀礼という。また、縁者や社会に成長を報告し、認めてもらう意味ももつので、通過儀礼ともいわれる。

こうした儀礼は古来、神社で行われるのが一般的だった。特に氏神様に詣でることが多い。これまでの無事を神に感謝し、今後の安寧を祈ったのだ。そして節目を超えたことを神様にも認めてもらう意味もあった。

人生最初の儀礼は、母の懐妊5か月目の戌の日に行う「着帯《ちゃくたい》の祝い」といえるかもしれない。誕生7日目には、命名式の「お七夜《しちや》」、1か月後には「初宮参り」、百日祝いの「お食《く》い初《ぞ》め」と、誕生に関わる儀礼が続く。

そして七五三、数え年13で行う「十三参《じゅうさんまい》り」、成人式、結婚式、還暦《かんれき》や古希《こき》の祝い、喜寿《きじゅ》、傘寿《さんじゅ》、米寿《べいじゅ》などに、入園、入学、卒業、就職なども加わるだろう。

氏神様は氏族の祖先神だ。氏神参詣は、われわれ日本人が先祖を大事にする習慣にもつながった。

人生儀礼と神社

日本の人生の節目を祝うさまざまな人生儀礼の多くは神道の習俗としての性格をもっている。神社にお参りするものでは、初宮参り、七五三、成人式、神前結婚式、厄年などがある。

下表「長寿祝い」を参照。かつては40歳が平均寿命だったため、40歳からはじめて10歳成長するごとに長寿を祝う儀式がおこなわれてきた。ただし、現在では40歳や50歳の祝いは一般にはなくなっている。

【神葬祭《しんそうさい》】

葬儀は、多くの場合仏式だが、神道式もある。神の世界に再び帰るとされる死者を祀り、子孫をあたたかく見守る守護神になってもらう儀式。室町時代から研究が進められ、江戸時代には神葬祭を求める運動が強まり、明治時代以降に一般的に認められるようになった。現在では神道墓地を持つ神社もある。家庭では仏式の仏壇にあたる御霊舎《みたまや》(祖霊舎)をしつらえる。

【厄年《やくどし》】

災厄が多く降りかかるため、忌み慎むべきとされる年齢。一般的には数え年で、男性は25歳・42歳・61歳、女性は19歳・33歳・37歳が厄年(本厄)とされ、その前後の年を前厄・後厄とよぶ。とりわけ男性の42歳、女性の33歳は大厄とされ最も災厄があるとされている。神社などに参拝して、「厄落とし」「厄払い」「厄除け」などとよばれるお祓いを受ける。

【神前結婚式《しんぜんけっこんしき》】

神職が立ち会い、厳かな雰囲気の中でおこなわれる神前結婚式は、明治時代に入ってからはじまった。当時の皇太子(のちの大正天皇)の結婚式にならって日比谷《ひびや》大神宮(現在の東京大神宮)でおこなわれたものが全国に普及したとされる。それ以前は「祝言《しゅうげん》」といって、家庭において親族や知人、地元の有力者などを招いて婚礼をおこなうのが一般的だった。

かつて、厄年は「役年」といい、村の中で「神役」という神に仕える重要な役を与えられた年齢だったという説がある。つまり、神事で重要な役を担うには身を慎まなければならないと考えられていたともいわれている。

出産・育児に関わる人生儀礼

近代医療が発達する以前は、伝染病などの病気や栄養失調などによって、子どもの死亡率は高かった。そのため、子どもが無事に誕生し、育つよう、さまざまな儀礼がおこなわれた。

	時期	内容
着帯祝い	妊娠5か月目	無事の出産を願い白布の腹帯を着帯する。
お七夜	生後7日目	名前を披露し家族や親戚で祝い膳を囲む。
初宮参り	生後1か月	(右上参照)
お食い初め	生後100～120日目	一汁三菜の祝い膳を食べる真似をさせる。
初節句	女子3月3日／男子5月5日	親類などを招いて生後の初節句をお祝い。

長寿祝い

「年祝い」ともいう。長寿を祝う風習は中国から伝わり、江戸時代には庶民の間に広まった。当人の健康と息災を祝うだけではなく、周囲の人々が長寿の運を分けてもらう意味もある。

	年齢	由来
還暦	61歳	干支が60年でひと回りするため。
古希	70歳	杜甫《とほ》の詩の「人生七十、古来稀なり」より。
喜寿	77歳	略字「㐂」＝「七」＋「十」＋「七」
傘寿	80歳	略字「仐」＝「八」＋「十」
米寿	88歳	米＝「八」＋「十」＋「八」
卒寿《そつじゅ》	90歳	略字「卆」＝「九」＋「十」
白寿《はくじゅ》	99歳	白＝「百」－「一」

コラム

7

神棚の置き方

設置は家庭の中心に

神棚は、神社から授かったお札を家の中で祀る、神聖なエリアだ。設置する場所は、毎日拝むのにふさわしい、家庭の中心となる部屋がよいだろう。明るく清浄なところで、大人の目線より高いところに据える。ただし毎日神《しん》饌《せん》を供えるわけだから、手の届きやすい高さに祀るのがよい。

北側に設置して南に向かせるか、西側に置いて東に向かせるかの、どちらかがよい。これは、太陽神の天照大神《あまてらすおおみかみ》の加護を受けるためだ。しかし無理な場合は、部屋の都合を優先してかまわない。棚が無理な場合は、安定した場所に白い布を敷くなど工夫するとよいだろう。要は神を大切にしようとする気持ちが大事なのだ。

集合住宅やビルの場合、人が神棚より上部を歩くことのないよう、最上階に置くことが理想だ。しかしこれも難しい場合が多いだろう。そんなときは、神棚の上に「天」「雲」「空」などと書いた紙を貼ればよいとされる。

また神棚と仏壇を同じ部屋に置く場合は、向かい合わせにすることは、なるべく避けたい。

できる範囲で心をこめて

次は並べ方だ。神棚の奥に、お札を納めるための「宮形《みやがた》」を置く。宮形はお宮を模したものだ。

お札の祀り方は、中央に天照皇大神《てんしょうこうたいじん》宮《ぐう》、向かって右側に氏神神社、向かって左側に崇敬神社とする。これは三社造の場合だ。横に並べることができない一社造の場合は、下から崇敬神社、氏神神社、天照皇大神宮と重ねて置く。

そして中央に神鏡《しんきょう》、両脇に榊《さかき》、榊の内側にかがり火を飾る。注連縄《しめなわ》は上方にかける。お供えは、向かって左から水、酒、米、塩の順だ。専用の容器を使うようにしよう。

ただしここまでセットできなくても、形にとらわれず、できる範囲で心をこめて、お祀りすればよいだろう。

毎朝、洗面、歯磨きの後、「二拝二拍手一拝」をする。米、塩、水は毎朝取り替えよう。食べ物はお下がりとして家族でいただく。

●神棚

神棚は家庭などで神を祀るために設けられ、江戸時代に普及していったという。神社から授かったお札を置き、榊や神饌を供える小さな神社のようなもので、一定の祀り方がある。

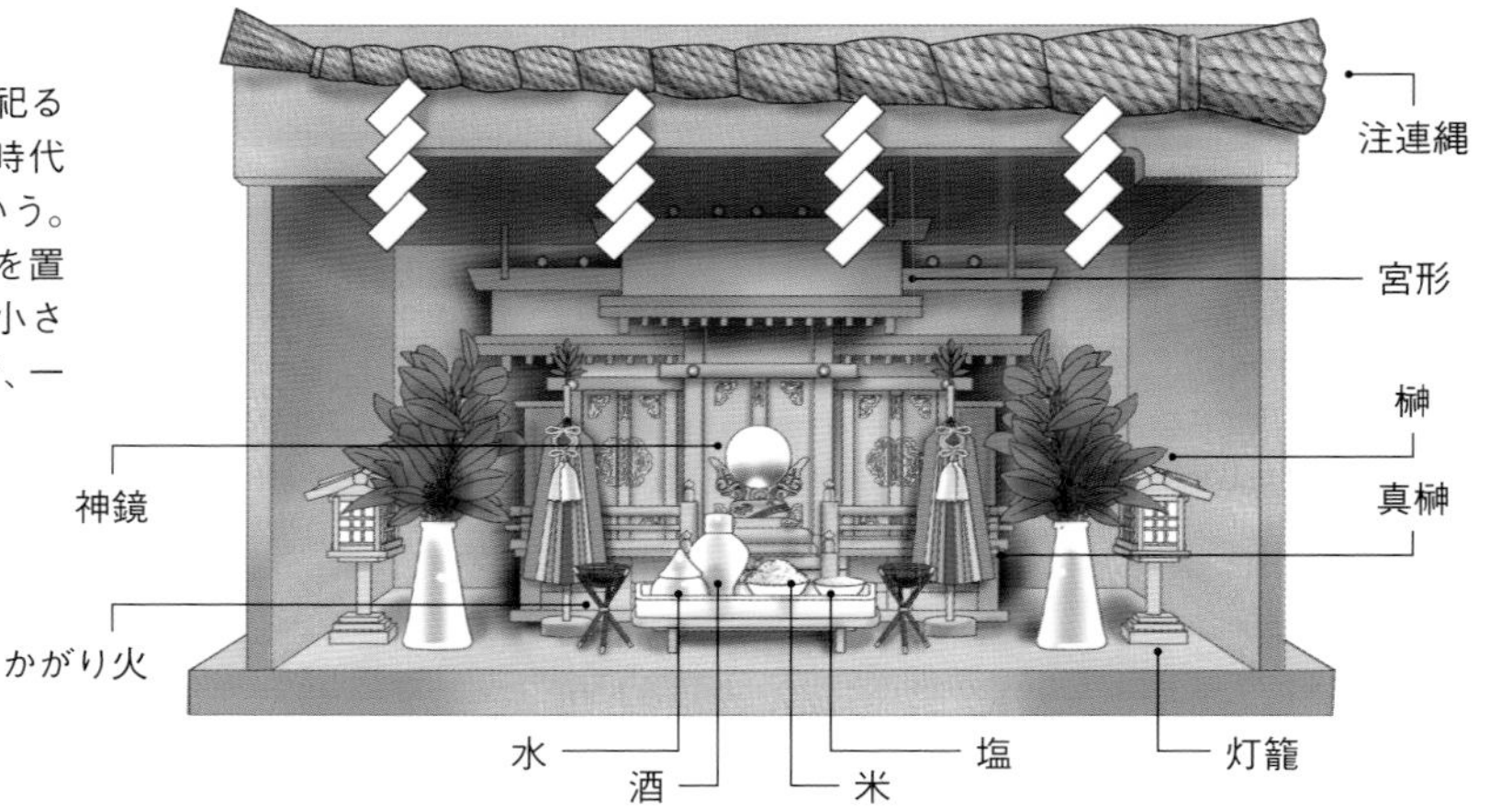

本書に掲載した神社一覧

神社名など：表記についてはp13参照／**創建など**：おもに神話・社伝などによる。p121参照／**旧社格など**:p124・p125・p137参照。国史見在社＝六国史(『日本書紀』『続日本紀』『日本後紀』『続日本後紀』『日本文徳天皇実録』『日本三代実録』)に記載があるが『延喜式神名帳』に記載がない神社。准勅祭社＝明治の一時期に定められた東京の鎮護と万民の安泰を祈る神社／**おもな祭神**：表記についてはp13参照

掲載頁	神社名など	別称・通称など	所在地	創建など	旧社格など	おもな祭神	おもなご利益
p19	自凝(おのころ) 神社		兵庫県南あわじ市 沼島73	1789年～1801年 (寛政年間)		伊弉諾命(伊邪那岐神)、 伊弉冉命(伊邪那美神)、	夫婦和合、恋愛成就、 縁結びなど
p23	神魂神社		島根県松江市 大庭町563	神代	県社	伊弉冊大神(伊邪那美神)、 伊弉諾大神(伊邪那岐神)	縁結び、授児、安産、 商工繁栄など
p23 p85	宗像大社 ・辺津宮 ・中津宮 ・沖津宮		・福岡県宗像市 田島2331 ・福岡県宗像市 大島1811 ・福岡県宗像市沖ノ島	神代か	名神大社、官幣大社、 別表神社	・市杵島姫神(市寸島比売命) ・湍津姫神(多岐都比売命) ・田心姫神(多紀理毘売命)	交通安全、厄難退散、 出世成功など
p25	天岩戸神社		宮崎県西臼杵郡 高千穂町岩戸1073-1	神代か	村社、別表神社	天照皇大神(天照大御神)	諸願成就、 開運厄除など
p25	戸隠神社		岐阜県郡上市 和良町宮地	不詳	郷社	手力男之神(天手力男神)	五穀豊穣、 家内安全など
p25	日前神宮・ 國懸神宮	日前宮、名草宮	和歌山県和歌山市 秋月365	前659年 (神武天皇2年)	名神大社、紀伊国一宮、 官幣大社、単立神社	日前大神、國懸大神	良縁、結婚、 家内安全など
p27	温泉神社		島根県雲南市 木次町湯村1060	1907年 (明治40年)		味耜高彦根命 (阿遅志貴高日子根神)	夫婦和合、家内安全、 諸願成就など
p27	八口神社		島根県雲南市 木次町西日登1524-1	不詳		須佐之男命 、 櫛名田比売命(櫛名田比売)	縁結び、良縁成就、 夫婦円満など
p27	須我神社		島根県雲南市大東町 須賀260	神代	県社	須佐之男命 、稲田比売命(櫛名田比売)、清之湯山主三名狭漏彦八島野命(八島士奴美神)	良縁成就、夫婦円満、 子授安産など
p29	粟嶋神社		熊本県宇土市 新開町557	1633年 (寛永10年)	無格社	粟嶋大明神 ＝少彦名命(少名毘古那神)	病気平癒、子授け、 安産、良縁など
p31 p88	美保神社		島根県松江市 美保関町美保関608	不詳	式内社、国幣中社、別表神社	三穂津姫命、事代主神	海上安全、商売繁盛、 歌舞音曲など
p33	高千穂神社		宮崎県西臼杵郡高千穂町 大字三田井1037	前29年～70年 (垂仁天皇の時代)	国史見在社、村社、別表神社	高千穂皇神、十社大明神	良縁成就、夫婦円満、 五穀豊穣など
p33	都萬神社		宮崎県西都市大字妻1	不詳	式内社、日向国総社、 日向国二宮、県社	木花開耶姫命 (木花之佐久夜毘売)	縁結び、安産、 子育てなど
p33	霧島神宮		鹿児島県霧島市 霧島田口2608-5	神代	式内社、官幣大社、別表神社	天饒石国饒石天津日高彦火瓊瓊杵尊(邇邇芸命)	恋愛成就、子孫繁栄、 家内安全など
p35	潮嶽神社		宮崎県日南市 北郷町北河内8901-1	前660年～前582年 (神武天皇の時代)	村社	火闌降命(火照命)	心願成就、家内安全、 海幸安全など
p35	鵜戸神宮		宮崎県日南市 大字宮浦3232	前97年～前30年 (崇神天皇の時代)	官幣大社、別表神社	日子波瀲武鸕鷀草葺不合尊 (鵜葺草葺不合命)	安産祈願、良縁成就、 海上安全など
p37	立磐神社		宮崎県日向市 美々津町3419	82年 (景行天皇12年)	郷社	底筒男命(底筒之男神)、中筒男命(中筒之男神)、表筒男命(上筒之男神)、神武天皇	就職、転職、開業、 結婚、出産など
p37	妻垣神社		大分県宇佐市 安心院町妻垣203	不詳	県社	比咩大神 ＝玉依姫命(玉依毘売)	家内安全、厄除開運、 病気平癒など
p37	岡田神社	岡田宮	福岡県北九州市 八幡西区岡田町1-1	神代	村社	神日本磐余彦命(神倭伊波礼毘古命)＝神武天皇	家内繁栄、無病長寿、 厄除開運など
p37	多家神社	埃宮	広島県安芸郡 府中町宮の町3-1-13	不詳	名神大社、安芸国総社、県社	神武天皇、安芸津彦命	厄除招福、家内安全、 交通安全など
p37	水門吹上神社		和歌山県和歌山市 小野町2-1	不詳	村社	御子蛭兒神(水蛭子)、 大己貴神(大国主神)	商売繁盛、 家内安全など
p37	竈山神社		和歌山県和歌山市 和田438	不詳	式内社、官幣大社、別表神社	彦五瀬命(五瀬命)	災厄除去、交通安全、 満願成就など
p37	神倉神社(熊野 速玉大社摂社)		和歌山県新宮市 神倉1-13-8	128年 (景行天皇58年)	村社	高倉下命(高倉下)、 天照大神(天照大御神)	不詳
p37	橿原神宮		奈良県橿原市 久米町934	1890年 (明治23年)	官幣大社、勅祭社、別表神社	神武天皇、媛蹈韛五十鈴媛命	延命長寿、開運招来、 国家安泰など
p38	露天神社	お初天神	大阪府大阪市 北区曽根崎2-5-4	539年～571年 (欽明天皇の時代)	村社	少彦名大神(少名毘古那神)、大己貴大神(大国主神)、天照皇大神(天照大御神)、豊受姫大神(豊宇気毘売神)、菅原道真公(菅原道真)	縁結び、病気治癒、 学力向上など

掲載頁	神社名など	別称・通称など	所在地	創建など	旧社格など	おもな祭神	おもなご利益
p43	志賀海神社		福岡県福岡市 東区志賀島877	不詳	名神大社、官幣小社、 別表神社	表津綿津見神(上津綿津見神)、 仲津綿津見神(中津綿津見神)、 底津綿津見神	海上安全、 水難厄除け、 防災招福など
p43	千葉神社	妙見本宮	千葉県千葉市 中央区院内1-16-1	1000年(長保2年)	県社	北辰妙見尊星王＝天之御中 主大神(天之御中主神)	厄除開運など
p43	雷電神社	板倉雷電 神社	群馬県邑楽郡 板倉町板倉2334	598年 (推古天皇6年)	郷社	火雷大神、大雷大神、別雷大神	電気安全、家内安全、 学業成就など
p43	南宮大社		岐阜県不破郡 垂井町宮代1734-1	前97年〜前30年 (崇神天皇の時代)	名神大社、美濃国一宮、 国幣大社、別表神社	金山彦命(金山毘古神)	金運招福、 交通安全など
p44	大神神社		奈良県桜井市 三輪1422	神代	名神大社、二十二社、 大和国一宮、官幣大社、別表神社	大物主大神(大物主神)	夫婦円満、病気平癒、 商売繁盛など
p47	物部神社		島根県大田市 川合町川合1545	514年 (継体天皇8年)か	式内社、石見国一宮、国幣小社、 別表神社	宇摩志麻遅命	勝運上昇、武芸上達、 無病息災など
p47	和氣神社		岡山県和気郡 和気町藤野1385	不詳	県社	鐸石別命	足腰・健康の守護、 安産、合格など
p49	安房神社		千葉県館山市 大神宮589	前660年 (神武天皇元年)	名神大社、安房国一宮、 官幣大社、別表神社	天太玉命(布刀玉命)	心願成就、商売繁盛、 産業発展など
p49	阿蘇神社		熊本県阿蘇市 一の宮町宮地3083-1	前282年 (孝霊天皇9年)	名神大社、肥後国一宮、 官幣大社、別表神社	健磐龍命	心願成就、開運招福、 良縁成就など
p49	都農神社		宮崎県児湯郡 都農町川北13294	神武天皇即位6年前	式内社、日向国一宮、国幣小社、 別表神社	大己貴命(大国主神)	病気平癒、良縁成就、 商売繁盛など
p49	吉備津神社		岡山県岡山市 北区吉備津931	不詳	名神大社、備中国一宮、 官幣中社、別表神社	大吉備津彦大神 (大吉備津日子命)	延命長寿、子授安産、 産業発展など
p50	東照宮	日光東照宮	栃木県日光市山内2301	1617年(元和3年)	別格官幣社、単立神社	徳川家康公(徳川家康)	学業成就、出世開運、 商売繁盛など
p53	鳥越神社	鳥越明神	東京都台東区 鳥越2-4-1	651年(白雉2年)	郷社	日本武尊(倭建命)	出世開運、子育て、 所願成就など
p53	白峰宮	明ノ宮	香川県坂出市 西庄町1711	1164年(長寛2年)	県社	崇徳天皇	心願成就など
p53	赤間神宮		山口県下関市 阿弥陀寺町4-1	859年(貞観元年)	官幣大社、別表神社	安徳天皇	家内安全、開運招福、 子授安産など
p53	隠岐神社		島根県隠岐郡 海士町海士	1939年 (昭和14年)	県社	後鳥羽天皇	開運、縁結び、 交通安全、学業など
p55	佐香神社	松尾神社	島根県出雲市 小境町108	不詳	式内社、郷社	久斯神、大山咋命(大山咋神)	酒造祈願、五穀豊穣、 家内安全など
p55	伊太祁曽神社		和歌山県和歌山市 伊太祈曽558	不詳	名神大社、紀伊国一宮、 官幣中社、別表神社	五十猛命＝大屋毘古神	殖産興業、病気平癒、 厄除けなど
p55	玉祖神社		山口県防府市 大字大崎1690	神代	式内社、周防国一宮、国幣中社、 別表神社	玉祖命	宝石・眼鏡守護、 陶芸業守護など
p55	中嶋神社 (伊萬里神社摂社)		佐賀県伊万里市 立花町83	不詳		田道間守命(多遅麻毛理)	菓業発展、招福など
p56	鵺神社	鵺大明神	京都府京都市 上京区主税町964	不詳		鵺大明神、玉姫大明神、 朝日大明神	妖霊鎮魂など
p56	首塚大明神		京都府京都市西京区 大枝沓掛町旧老ノ坂峠	不詳		鬼王・酒呑童子	首より上の 病気など
p57	八咫烏神社		奈良県宇陀市 榛原高塚42	705年(慶雲2年)	式内社、県社	建角身命＝八咫烏大神	スポーツ、航空、 旅行安全など
p57	玉藻稲荷神社	篠原玉藻 稲荷神社	栃木県大田原市 蜂巣709	不詳		作神＝稲荷神、 玉藻前(九尾狐)の神霊	商売繁盛、 五穀豊穣など
p58	根津神社		東京都文京区 根津1-28-9	110年 (景行天皇40年)頃か	准勅祭社、府社	須佐之男命、大山咋命、 誉田別命(応神天皇)	厄除け開運、 商売繁盛、縁結びなど
p63	宇佐神宮	宇佐八幡宮	大分県宇佐市 南宇佐2859	725年(神亀2年)	名神大社、豊前国一宮、 官幣大社、勅祭社、別表神社	八幡大神＝誉田別尊(応神天 皇)、比売大神＝多岐津姫命 (多岐都比売命)・市杵島姫命 (市寸島比売命)・多紀理姫命 (多紀理毘売命)、神功皇后＝ 息長足姫命	国家安泰、家内安全、 開運招福など
p63	石清水八幡宮		京都府八幡市 八幡高坊30	860年(貞観2年)	国史見在社、二十二社、 官幣大社、勅祭社、別表神社	応神天皇、比咩大神、神功皇后	国家安泰、開運招福、 勝利祈願など
p63	鶴岡八幡宮		神奈川県鎌倉市 雪ノ下2-1-31	1063年(康平6年)	国幣中社、別表神社	応神天皇、比売神、神功皇后	家運隆昌、勝運、 出世運など
p63	筥崎宮		福岡県福岡市 東区箱崎1-22-1	921年(延喜21年)	名神大社、筑前国一宮、 官幣大社、別表神社	応神天皇	開運招福、家内安全、 勝利祈願など
p63	富岡八幡宮		東京都江東区 富岡1-20-3	1627年(寛永4年)	准勅祭社、府社、単立神社	応神天皇＝誉田別命	開運、除災招福、 勝負運など

掲載頁	神社名など	別称・通称など	所在地	創建など	旧社格など	おもな祭神	おもなご利益
p65	神宮 ・皇大神宮 ・豊受大神宮	伊勢神宮 ・内宮 ・外宮	・三重県伊勢市宇治館町1 ・三重県伊勢市豊川町279	・前4年 (垂仁天皇26年) ・478年 (雄略天皇22年)	式内社、二十二社	・天照坐皇大御神 (天照大御神) ・豊受大御神(豊宇気毘売神)	五穀豊穣、 家内安全など
p65	芝大神宮		東京都港区 芝大門1-12-7	1005年(寛弘2年)	准勅祭社、府社	天照皇大御神(天照大御神)、 豊受大御神(豊宇気毘売神)	良縁成就、商売繁盛、 出世成功など
p65	仁科神明宮		長野県大町市 社宮本1159	不詳	県社	天照皇大神(天照大御神)	厄難退散、家内安全、 安産祈願など
p67	太宰府天満宮		福岡県太宰府市 宰府4-7-1	919年(延喜19年)	官幣中社、別表神社	菅原道真公(菅原道真)	合格祈願、学業成就、 厄難退散など
p67	北野天満宮		京都府京都市 上京区馬喰町	947年(天暦元年)	二十二社、官幣中社、 別表神社	菅原道真公(菅原道真)	合格祈願、学業成就、 厄難退散など
p67	大阪天満宮		大阪府大阪市 北区天神橋2-1-8	949年(天暦3年)	府社、別表神社	菅原道真公(菅原道真)	合格祈願、学業成就、 芸能上達など
p67	防府天満宮		山口県防府市 松崎町14-1	904年(延喜4年)	県社、別表神社	菅原道真公(菅原道真)、天穂 日命(天之菩卑能命)、武夷鳥 命(建比良鳥命)、野見宿禰	合格祈願、学業成就、 商売繁盛など
p67	天満神社	和歌浦天満宮	和歌山県和歌山市 和歌浦西2-1-24	964年~968年 (康保年間)		菅原道真公(菅原道真)	合格祈願、 学業成就など
p67	亀戸天神社		東京都江東区 亀戸3-6-1	1662年(寛文2年)	准勅祭社、府社	天満大神=菅原道真公(菅原道 真)、天菩日命(天之菩卑能命)	合格祈願、学業成就、 健康祈願など
p69	伏見稲荷大社		京都府京都市 伏見区深草藪之内町68	711年(和銅4年)	名神大社、二十二社、 官幣大社、単立神社	宇迦之御魂大神(宇迦之御魂 神)、佐田彦大神、大宮能売大 神、田中大神、四大神	商売繁盛、五穀豊穣、 開運招福など
p69	笠間稲荷神社	胡桃下稲荷、 紋三郎稲荷	茨城県笠間市笠間1	651年(白雉2年)	村社、別表神社	宇迦之御魂神	商売繁盛、五穀豊穣、 開運招福など
p69	祐徳稲荷神社	鎮西日光	佐賀県鹿島市古枝	1687年(貞享4年)	県社、別表神社	倉稲魂大神(宇迦之御魂神)、 大宮売大神(天宇受売命)、 猿田彦大神(猿田毘古神)	商売繁盛、子孫繁栄、 交通安全など
p69	竹駒神社	竹駒稲荷	宮城県岩沼市 稲荷町1-1	842年(承和9年)	県社、別表神社	倉稲魂神(宇迦之御魂神)、保 食神、稚産霊神(和久産巣日神)	産業開発、五穀豊穣、 商売繁昌など
p69	穴守稲荷神社		東京都大田区 羽田5-2-7	1804年(文化元年)	村社	豊受姫命(豊宇気毘売神)	商売繁盛、家内安全、 開運など
p71	熊野本宮大社 (本宮)		和歌山県田辺市 本宮町本宮1110	前33年 (崇神天皇65年)	名神大社、官幣大社、 別表神社	家都美御子大神 =素戔嗚尊(須佐之男命)	延命長寿、無病息災、 海上安全など
p71	熊野速玉大社 (新宮)		和歌山県新宮市新宮1	128年 (景行天皇58年)	式内社、官幣大社、別表神社	熊野速玉大神 =伊邪那岐大神(伊邪那岐神)	現世利益、良縁成就、 病気平癒など
p71	熊野那智大社 (那智)		和歌山県東牟婁郡 那智勝浦町那智山1	317年 (仁徳天皇5年)	官幣中社、別表神社	熊野夫須美大神 =伊邪那美大神(伊邪那美神)	厄難退散、無病息災、 良縁成就など
p71	熊野神社 (山形県南陽市)	熊野大社	山形県南陽市 宮内3476-1	806年(大同元年)	県社、別表神社	熊野夫須美大神=伊弉冉尊 (伊邪那美神)、熊野速玉大神 =伊弉諾尊(伊邪那岐神)、熊 野家津御子大神=素盞嗚尊 (須佐之男命)	夫婦円満、縁結び、 安産など
p71	熊野神社(福島 県喜多方市)	新宮熊野神社	福島県喜多方市慶徳町 新宮字熊野2258	1055年(天喜3年)	県社	熊野三山	子孫繁栄、殖産振興、 良縁祈願など
p71	熊野神社 (群馬県安中市) ・熊野皇大神社		群馬県安中市松井田町峠1 ・長野県北佐久郡 軽井沢町大字峠町1	110年 (景行天皇40年)	県社	伊邪那美命(伊邪那美神)、 日本武尊(倭建命)	家内安全、商売繁盛、 厄除けなど
p71	熊野神社 (東京都新宿区)	十二社熊野神社	東京都新宿区 西新宿2-11-2	1394年~1428年 (応永年間)	郷社	櫛御気野大神(須佐之男命)、 伊耶那美大神(伊邪那美神)	商売繁盛、除災招福、 家内安全など
p73	諏訪大社 ・上社本宮 ・上社前宮 ・下社秋宮 ・下社春宮	諏訪大明神	・長野県諏訪市中洲宮山1 ・長野県茅野市宮川2030 ・長野県諏訪郡 下諏訪町5828 ・長野県諏訪郡 下諏訪町193	不詳	名神大社、信濃国一宮、 官幣大社、別表神社	建御名方神、八坂刀売神	五穀豊穣、武運長久、 海上安全など
p73	諏訪大神		千葉県香取郡 東庄町笹川い580-1	807年(大同2年)	郷社	建御名方命(建御名方神)	身体壮健、武運長久、 病気平癒など
p73	諏訪神社 (東京都新宿区)		東京都新宿区 高田馬場1-12-6	810年~820年 (弘仁年間)	村社	武御名方命(建御名方神)、 大国主命(大国主神)、 事代主命(事代主神)	万事必勝、新規開拓、 良縁など
p73	諏訪神社 (鳥取県智頭町)	智頭諏訪神社	鳥取県八頭郡 智頭町大字智頭宮前	1278年(弘安元年)	村社	建御名方神	勝負運など
p73	諏訪神社 (長崎市)	鎮西大社	長崎県長崎市 上西山町18-15	1555年(弘治元年)	国幣中社、別表神社	建御名方神、八坂刀売神	厄難退散、良縁成就、 海上安全など
p75	八坂神社	祇園さん	京都府京都市 東山区祇園町北側625	656年 (斉明天皇2年)	二十二社、官幣大社、 別表神社	素戔嗚尊(須佐之男命)、櫛稲田 姫命(櫛名田比売)、八柱御子神	厄難退散、病気平癒、 開運招福など

掲載頁	神社名など	別称・通称など	所在地	創建など	旧社格など	おもな祭神	おもなご利益
p75	津島神社		愛知県津島市神明町1	540年 (欽明天皇元年)	国幣小社、別表神社	建速須佐之男命(須佐之男命)	健康祈願、無病息災、 開運など
p75	氷川神社 (東京都港区赤坂)	赤坂氷川神社	東京都港区 赤坂6-10-12	951年(天暦5年)	准勅祭社、府社	素盞嗚尊(須佐之男命)、 奇稲田姫命(櫛名田比売)、 大己貴命(大国主神)	厄除け、良縁、 商売繁盛など
p75	須佐神社		島根県出雲市 佐田町須佐730	神代か	式内社、国幣小社、別表神社	須佐之男命	厄除け、縁結び、 子孫繁栄など
p75	熊野大社		島根県松江市 八雲町熊野2451	神代か	名神大社、出雲国一宮、 国幣大社、別表神社	伊邪那伎日真名子加夫呂伎熊 野大神櫛御気野命 ＝素戔嗚尊(須佐之男命)	開運招福、産業発展、 良縁成就など
p75	須賀神社		佐賀県小城市 小城町松尾3594	803年(延暦22年)	県社	健速須佐之男大神(須佐之男 命)、櫛稲田姫大神(櫛名田比売)	厄災消除、家内安全、 産業振興など
p77	枚岡神社		大阪府東大阪市 出雲井町7-16	神武天皇即位3年前	名神大社、河内国一宮、 官幣大社、別表神社	天児屋根命(天児屋命)、 比売御神、経津主命、 武甕槌命(建御雷神)	家内安全、商売繁盛、 心願成就など
p77	鹿島神宮		茨城県鹿嶋市 宮中2306-1	前660年 (神武天皇元年)	名神大社、常陸国一宮、 官幣大社、勅祭社、別表神社	武甕槌大神(建御雷神)	勝運上昇、武芸上達、 交通安全など
p77	香取神宮		千葉県香取市 香取1697	前643年 (神武天皇18年)	名神大社、下総国一宮、 官幣大社、勅祭社、別表神社	経津主大神(経津主命)	家内安全、産業発展、 海上安全など
p77	春日大社		奈良県奈良市 春日野町160	768年 (神護景雲2年)	名神大社、二十二社、 官幣大社、勅祭社、別表神社	武甕槌命(建御雷神)、 経津主命、 天児屋根命(天児屋命)、比売神	開運招福、病気平癒、 商売繁盛など
p77	鹿島神社		愛媛県松山市 北条辻1595	200年 (仲哀天皇9年)か	村社	武甕槌命(建御雷神)、 経津主神、事代主神	縁結び、合格祈願、 交通安全など
p77	香取神社	亀戸香取神社	東京都江東区 亀戸3-57-22	665年 (天智天皇4年)	村社	経津主神	スポーツ振興、勝運、 厄除けなど
p79	大山祇神社		愛媛県今治市 大三島町宮浦3327	594年 (推古天皇2年)	名神大社、伊予国一宮、 国幣大社、別表神社	大山積神(大山津見神)	国家安泰、海上安全、 武運長久など
p79	三嶋大社		静岡県三島市 大宮町2-1-5	不詳	名神大社、伊豆国一宮、 官幣大社、別表神社	大山祇命(大山津見神)、 積羽八重事代主神(事代主神)	五穀豊穣、商売繁盛、 豊漁など
p79	鴨神社		大阪府高槻市 赤大路町42-3	不詳	式内社、村社、単立神社	大山積命 (大山津見神)、伊弉 諾尊(伊邪那岐神)、伊弉冉尊 (伊邪那美神)、鴨御祖大神	病気平癒、安産など
p79	伊古奈比咩命 神社	白濱(浜)神社	静岡県下田市 白浜2740	前392年 (孝安天皇元年)か	名神大社、県社、別表神社	伊古奈比咩命	八方厄除、縁結び、 海上安全など
p79	元三島神社		東京都台東区 根岸1-7-11	1281年(弘安4年)	村社	大山祇命(大山津見神)、 伊佐那岐命(伊邪那岐神)	金運、商売繁盛、 防災、健康長寿など
p79	大山祇神社 (福島県西会津町)		福島県耶麻郡西会津町 野沢字大久保1445-2	778年(宝亀9年)		大山祇命(大山津見神)、 岩長姫命(石長比売)、 木花咲耶姫命(木花之佐久夜毘売)	水源水利、商売繁盛、 家庭平安など
p81	金刀比羅宮		香川県仲多度郡 琴平町892-1	不詳	国幣中社	大物主神、崇徳天皇	海上安全、五穀豊穣、 商売繁盛など
p81	金刀比羅神社 (北海道根室市)		北海道根室市 琴平町1-4	1806年(文化3年)	県社	大物主神、事代主神、 倉稲魂神(宇迦之御魂神)	家内安全 、 子孫長久、漁業など
p81	金刀比羅宮 (東京都港区)	虎ノ門 金刀比羅宮	東京都港区 虎ノ門1-2-7	1660年(万治3年)	府社	大物主神、崇徳天皇	海上安全、商売繁盛、 開運など
p81	琴平神社 (川崎市)	武州柿生 琴平神社	神奈川県川崎市麻生区 王禅寺東5-46-15	不詳		天照大御神、大物主神	安産、厄除け、 交通安全など
p81	安井金毘羅宮		京都府京都市 東山区下弁天町70	668年〜671年 (天智天皇の時代)	郷社	崇徳天皇、大物主神、 源頼政公(源頼政)	縁切り、海上安全、 交通安全など
p83	住吉大社		大阪市住吉区 住吉2-9-89	211年 (神功皇后11年)	名神大社、二十二社、 摂津国一宮、官幣大社、 別表神社	底筒男命(底筒之男命)、 中筒男命(中筒之男命)、 表筒男命(上筒之男命)、 息長足姫命＝神功皇后	海上安全、安産、 厄難退散など
p83	住吉神社 (山口県下関市)		山口県下関市 一の宮住吉1-11-1	200年 (仲哀天皇9年)	名神大社、長門国一宮、 官幣中社、別表神社	住吉大神(底筒之男命、中筒 之男命、上筒之男命)・荒魂	海上安全、厄難退散、 勝利祈願など
p83	住吉神社 (長崎県壱岐市)		長崎県壱岐市 芦辺町住吉東触470	200年 (仲哀天皇9年)か	名神大社、国幣中社、 別表神社	底筒男命(底筒之男命)、 中筒男命(中筒之男命)、 表筒男命(上筒之男命)	長寿、縁結びなど
p83	住吉神社 (広島県呉市)		広島県呉市 豊町御手洗338	1830年 (文政13年)		底筒男命(底筒之男命)、 中筒男命(中筒之男命)、 表筒男命(上筒之男命)	厄除け、家内安全、 商売繁盛など
p83	住吉神社 (東京都中央区)		東京都中央区佃1-1-14	1646年(正保3年)	郷社	底筒之男命(底筒之男命)、 中筒之男命(中筒之男命)、 表筒之男命(上筒之男命)	厄除け、心願成就、 家内安全など
p85	嚴島神社		広島県廿日市市 宮島町1-1	593年 (推古天皇元年)	名神大社、安芸国一宮、 官幣中社、別表神社	市杵島姫命(市寸島比売命)、 田心姫命(多紀理毘売命)、 湍津姫命(多岐都比売命)	国家安泰、芸能上達、 海上安全など

掲載頁	神社名など	別称・通称など	所在地	創建など	旧社格など	おもな祭神	おもなご利益
p85	嚴島神社(山口県下関市)		山口県下関市上新地町1-1-11	1185年(文治元年)	郷社	市杵島姫神(市寸島比売命)、田心姫神(多紀理毘売命)、湍津姫神(多岐都比売命)	海上安全、交通安全、家内安全など
p85	厳嶋神社(東京都新宿区)	抜弁天	東京都新宿区余丁町8-5	1086年(応徳3年)		市杵島姫命(市寸島比売命)	縁切り、苦難切り抜けなど
p87	貴船神社		京都府京都市左京区鞍馬貴船町180	不詳	名神大社、二十二社、官幣中社、別表神社	高龗神(淤加美神)	運気隆昌、縁結び、諸願成就など
p87	貴船神社(群馬県みどり市)		群馬県みどり市大間々町塩原785	956年(天暦10年)		タカオカミ神(淤加美神)、オオヤマヅミ神(大山津見神)、オオナムチ神(大国主神)	家内安全、商売繁盛、厄除けなど
p87	貴船神社(静岡県清水町)		静岡県駿東郡清水町伏見72-1	不詳		高龗神(淤加美神)	祈雨、止雨、縁結びなど
p87	日吉大社	山王権現	滋賀県大津市坂本5-1-1	前91年(崇神天皇7年)	名神大社、二十二社、官幣大社、別表神社	大己貴神(大国主神)、大山咋神	厄難退散、家内安全、良縁成就など
p87	日吉神社		福岡県柳川市坂本町6	1290年(正応3年)		大山咋神	五穀豊穣、地域振興、家内安全など
p87	日枝神社		東京都千代田区永田町2-10-5	不詳	准勅祭社、官幣大社、別表神社	大山咋神	産業発展、商売繁盛、厄難退散など
p87	山王神社	浦上皇大神宮、山王日吉神社	長崎県長崎市坂本2-6-56	1638年(寛永15年)	県社	天照大御神、豊受比売神(豊宇気毘売神)、大山咋神、大物主神	復興、家内安全、開運招福など
p88	西宮神社		兵庫県西宮市社家町1-17	不詳	県社、別表神社	えびす大神(水蛭子)	家内安全、商売繁盛、豊漁祈願など
p88	堀川神社	堀川戎神社	大阪府大阪市北区西天満5-4-17	539年~571年(欽明天皇の時代)	村社	蛭児(蛭子)大神(水蛭子)、少彦名命(少名毘古那神)、天太玉命(布刀玉命)	大漁祈願、商売繁昌、産業発展など
p88	恵比寿神社		東京都渋谷区恵比寿西1-11	不詳		事代主命(事代主神)	家内安全、無病息災、金運など
p91	富士山本宮浅間大社		静岡県富士宮市宮町1-1	前27年(垂仁天皇3年)	名神大社、駿河国一宮、官幣大社、別表神社	木花之佐久夜毘売命(木花之佐久夜毘売)=浅間大神	火難消除、子授安産、海上安全など
p91	淺間神社(静岡市)	静岡浅間神社	静岡県静岡市葵区宮ケ崎町102-1	901年(延喜元年)	国幣小社、別表神社	木之花咲耶姫命(木花之佐久夜毘売)	安産祈願、家内安全、恋愛成就など
p91	北口本宮冨士浅間神社		山梨県富士吉田市上吉田5558	110年(景行天皇40年)	県社、別表神社	木花開耶姫命(木花之佐久夜毘売)	子授け、安産、縁結び、防火など
p91	浅間神社(東京都大田区)	多摩川浅間神社	東京都大田区田園調布1-55-12	1185年~1190年(文治年間)	村社	木花咲耶姫命(木花之佐久夜毘売)	安産、厄除け、健康、縁結びなど
p91	浅間神社(千葉市)	稲毛浅間神社	千葉県千葉市稲毛区稲毛1-15-10	808年(大同3年)	村社	木花咲耶姫命(木花之佐久夜毘売)	安産、交通安全など
p93	秋葉山本宮秋葉神社		静岡県浜松市天竜区春野町領家841	709年(和銅2年)	県社、別表神社	火之迦具土大神(火之迦具土神)	火災消除、家内安全、厄難退散など
p93	秋葉神社(新潟県長岡市)	秋葉三尺坊大権現	新潟県長岡市谷内2	1551年(天文20年)		秋葉三尺坊大権現	火伏せなど
p93	秋葉神社(東京都台東区)		東京都台東区松が谷3-10-7	1870年(明治3年)	郷社	火産霊大神(火之迦具土神)、水波能売神(弥都波能売神)、埴山比売神(波邇夜須毘売神)	東京火災鎮護など
p93	白山比咩神社		石川県白山市三宮町ニ105-1	前91年(崇神天皇7年)	式内社、加賀国一宮、国幣中社、別表神社	白山比咩大神(白山比咩神)=菊理媛尊(菊理媛神)、伊弉諾尊(伊邪那岐神)、伊弉冉尊(伊邪那美神)	五穀豊穣、開運招福、良縁成就など
p93	白山神社(福井県勝山市)	平泉寺白山神社	福井県勝山市平泉寺町平泉寺56-63	717年(養老元年)	県社	伊奘冊尊(伊邪那美神)	縁結び、子授け、金運上昇など
p93	白山神社(新潟市)		新潟県新潟市中央区一番堀通町1-1	901年~923年(延喜年間)とも1087年~1094年(寛治年間)とも	式内社、県社、別表神社	菊理媛大神(菊理媛神)=白山大神=白山比咩大神(白山比咩神)、伊邪那岐命(伊邪那岐神)、伊邪那美命(伊邪那美神)	縁結び、商売繁盛など
p93	白山神社(東京都文京区)		東京都文京区白山5-31-26	948年(天暦2年)	准勅祭社、郷社	菊理姫命(菊理媛神)、伊弉諾命(伊邪那岐神)、伊弉冊命(伊邪那美神)	夫婦和合、縁結び、仕事運など
p98	鷲神社		東京都台東区千束3-18-7	不詳	村社	天日鷲命、日本武尊(倭建命)	開運、商売繁盛、武運など
p99	神田神社	神田明神	東京都千代田区外神田2-16-2	730年(天平2年)	准勅祭社、府社、別表神社	大己貴命(大国主神)、少彦名命(少名毘古那神)、平将門命(平将門)	良縁成就、商売繁盛、厄難退散など
p99	今宮戎神社		大阪府大阪市浪速区恵美須西1-6-10	600年(推古天皇8年)	郷社、別表神社	天照皇大神(天照大御神)、事代主命(事代主神)	商売繁盛、開運、福徳円満など
p100	出雲大社		島根県出雲市大社町杵築東195	神代	名神大社、出雲国一宮、官幣大社、勅祭社、別表神社	大国主大神(大国主神)	良縁成就、恋愛成就、商売繁盛など
p101	氷川神社(埼玉県川越市)	川越氷川神社	埼玉県川越市宮下町2-11-3	541年(欽明天皇2年)	県社、別表神社	素盞嗚尊(須佐之男命)	縁結び、家庭円満、厄除けなど

掲載頁	神社名など	別称・通称など	所在地	創建など	旧社格など	おもな祭神	おもなご利益
p101	東京大神宮		東京都千代田区富士見2-4-1	1880年（明治13年）	別表神社	天照皇大神（天照大御神）、豊受大神（豊宇気毘売神）	良縁成就、家内安全、商売繁盛など
p102	水天宮（東京都中央区）	東京水天宮	東京都中央区日本橋蛎殻町2-4-1	1818年（文政元年）	無格社	天御中主大神（天之御中主神）	安産、子育て、水難除けなど
p102	水天宮		福岡県久留米市瀬下町265-1	1190年（建久元年）か	県社、別表神社	天之御中主神	水難除け、安産、子授けなど
p102	諏訪神社	山中明神	山梨県南都留郡山中湖村山中御所13	104年（崇神天皇7年）	村社	建御名方命（建御名方神）、豊玉姫命（豊玉毘売）	恋愛成就、縁結び、安産祈願など
p104	五條天神社	五條天神	東京都台東区上野公園4-17	110年（景行天皇40年）頃か	村社	大己貴命（大国主神）、少彦名命（少名毘古那神）	病気平癒、学業成就など
p104	高良大社		福岡県久留米市御井町1	400年（履中天皇元年）	名神大社、筑後国一宮、国幣大社、別表神社	高良玉垂命	延命長寿、厄難退散、心願成就など
p106	湯島天満宮	湯島天神	東京都文京区湯島3-30-1	458年（雄略天皇2年）	府社、別表神社	天之手力雄命（天手力男神）、菅原道真公（菅原道真）	学業上達、合格祈願、開運など
p106	椿岸神社（椿大神社別宮）		三重県鈴鹿市山本町1871	不詳	式内社	天之鈿女命（天宇受売命）	芸道、鎮魂、夫婦円満、縁結びなど
p108	高麗神社	出世明神	埼玉県日高市新堀833	不詳	県社	高麗王若光	出世開運、事業繁栄、子孫繁栄など
p108	東照宮（東京都台東区）	上野東照宮	東京都台東区上野公園9-88	1627年（寛永4年）	府社	徳川家康公（徳川家康）、徳川吉宗公（徳川吉宗）、徳川慶喜公（徳川慶喜）	長寿、出世、健康、勝利など
p111	皆中稲荷神社		東京都新宿区百人町1-11-16	1533年（天文2年）		倉稲之魂之大神（宇迦之御魂神）	開運的中、商売繁盛、心願成就など
p111	調神社		埼玉県さいたま市浦和区岸町3-17-25	前156年（開化天皇2年）か	式内社、県社	天照大御神、豊宇気姫命（豊宇気毘売神）、素戔嗚尊（須佐之男命）	勝負運、金運など
p111	八坂社	富来神社	大分県国東市国東町富来892	959年（天徳3年）	郷社	素戔嗚尊（須佐之男命）	宝くじ運など
p111	闘雞神社	闘鶏神社	和歌山県田辺市東陽1-1	419年（允恭天皇8年）	県社、別表神社	伊邪那美命（伊邪那美神）	勝負運など
p111	宝当神社		佐賀県唐津市高島523	不詳		野崎隠岐守綱吉命	宝くじ必当運、金運隆昌など
p111	勝馬神社（大杉神社境内社）		茨城県稲敷市阿波958	862年（貞観4年）		不詳	馬券的中など
p113	愛宕神社		東京都港区愛宕1-5-3	1603年（慶長8年）	村社	火産霊命（火之迦具土神）	防火災厄、商売繁盛、恋愛成就など
p113	三峯神社		埼玉県秩父市三峰298-1	110年（景行天皇40年）頃か	県社、別表神社	伊弉諾尊（伊邪那岐神）、伊弉册尊（伊邪那美神）	夫婦円満、厄難退散、五穀豊穣など
p115	気象神社（氷川神社末社）		東京都杉並区高円寺南4-44-19	1944年（昭和19年）		八意思兼命（思金神）	快晴祈願、災害防止、合格祈願など
p115	久伊豆神社（埼玉県越谷市越ヶ谷）		埼玉県越谷市越ヶ谷1700	不詳	郷社	大己主命（大国主神）、言代主命（事代主神）	招福除災、八方除など
p115	市谷亀岡八幡宮		東京都新宿区市谷八幡町15	1479年（文明11年）	郷社	誉田別命（応神天皇）、気長足姫尊（神功皇后）、與登比売神	国家安泰、平和成就、西方守護など
p115	來宮神社	来宮大明神	静岡県熱海市西山町43-1	710年（和銅3年）	村社、別表神社	大己貴命（大国主神）、日本武尊（倭建命）、五十猛命	縁結び、恋愛成就、商売繁盛など
p115	飛行神社		京都府八幡市八幡土井44	1915年（大正4年）		饒速日命（邇芸速日命）	航空安全、交通安全など
p115	谷保天満宮	谷保天神	東京都国立市谷保5209	903年（延喜3年）	式内社、府社	菅原道真公（菅原道真）	交通安全、学業成就など
p115	日根神社		大阪府泉佐野市日根野631	前660年～前582年（神武天皇の時代）	式内社、和泉国五宮、府社	鵜葺草葺不合命、玉依毘売命（玉依毘売）	子授け、安産、安眠など
p115	淡嶋神社	加太淡嶋神社	和歌山県和歌山市加太116	不詳	式内社、郷社、単立神社	少彦名命（少名毘古那神）、大己貴命（大国主神）、息長足姫命（神功皇后）	子授安産、婦人病治癒など
p116	三圍（囲）神社		東京都墨田区向島2-5-17	不詳	村社	宇迦御魂之命（宇迦之御魂神）	商売繁盛、厄除け、開運など
p116	熊野神社		茨城県日立市白銀町1-1-3	1602年（慶長7年）	村社	伊邪那伎命（伊邪那岐神）、伊邪那美命（伊邪那美神）、熊野櫲樟日命	
p133	靖國神社		東京都千代田区九段北3-1-1	1869年（明治2年）	別格官幣社、勅祭社、単立神社	靖國の大神	国家安泰、国家繁栄など
p133	湊川神社		兵庫県神戸市中央区多聞通3-1-1	1872年（明治5年）	別格官幣社、別表神社	楠木正成公（楠木正成）＝大楠公	勝利祈願、武芸上達など
p133	明治神宮		東京都渋谷区代々木神園町1-1	1920年（大正9年）	官幣大社、勅祭社、別表神社	明治天皇、昭憲皇太后	国家安泰、家内安全、学業成就など

あとがき

日本には「八百万《やおよろず》」の神々が祀られていると言われている。八百万とは数えきれないほど多くの神々という意味で、我々はたくさんの神々に囲まれながら生活しているのである。古事記や日本書紀に登場する天神地祇、巨岩や大木といった驚異的な大自然、恐るべき天変地異や自然現象、功績が賞賛されるべき英雄や偉人といった多様な事物や人が神社には祀られている。

日本の神は、崇りと恵みの二面性を持つ。ある時には雷という人を死に至らしめることさえある恐ろしい天変地異を起こす。その一方で雨を降らせてくれることで地上が潤い、米をはじめ農作物が豊穣となり幸せをもたらしてくれる。崇りと恵みはともに神の力であり、神の力が強ければ強いほど崇りも恵みも大きくなる。こうした神々に、我々の祖先たちは長い歴史を通じて、災いを避け豊作となることを祈請し、神々の恩頼《みたまのふゆ》に感謝を捧げてきた。

今日の神社もいきた祈りの場として、日々変わることなく神職が祭祀を行い、現代の人々が参拝し感謝を捧げ祈願し続けている。また名所として多くの観光客が足を運び、門前で土産を買いご当地グルメに舌鼓を打つ、賑やかで楽しい空間でもある。おみくじをひき一喜一憂する参拝者の姿もほほえましい。

四季折々の豊かな森を称える神社の境内、初詣や新嘗祭など季節の到来を告げる年中行事、七五三や結婚式など人生の節目に行う通過儀礼、各地で行われる賑やかで煌びやかな神輿や山車による祭礼など、我々日本人は神社と密接かつ多様な関係を持ちながら暮らしている。

本書では、神話や神様、信仰グループ、ご神徳、歴史、基礎知識など、わかりやすい視点から神社について解説している。古事記や日本書紀に登場する神々が日本各地の神社はじめ所縁の地とどのような関係にあるのか、なぜ全国各地に八幡神社や稲荷神社が多く祀られているのか、といった興味深い問いにも答えている。本書によって、より深い知識を持って神社めぐりができるはずである。イラストや図解、写真もふんだんに使用されていて、見た目にもわかりやすく作られており、楽しみながら神社を理解できるであろう。

神田神社禰宜　岸川雅範

■監修　岸川雅範

神田神社禰宜。1974年東京都生まれ。國學院大學文学部神道学科卒、國學院大學大学院文学研究科神道学専攻博士課程後期修了。博士（神道学）（國學院大學）。著書に『江戸の祭礼』（角川選書、KADOKAWA、2020年）、『江戸天下祭の研究―近世近代における神田祭の持続と変容』（神田明神選書、岩田書院、2017年）など、共著に『明治神宮以前・以後―近代神社をめぐる環境形成の構造転換』（鹿島出版会、2015年）、『鬼がゆく―江戸の華神田祭』（平凡社、2009年）、『天下祭読本―幕末の神田明神祭礼を読み解く』（神田明神選書、雄山閣、2007年）など。

■STAFF

イラスト：大橋ケン

文：入澤宣幸

編集：有限会社ヴィトゲン社

本文デザイン：株式会社ブラフマン

企画・編集：成美堂出版編集部

■「魅力あふれる神社」写真提供　株式会社フォト・オリジナル

■写真提供　神田神社、国立国会図書館、宮城県観光課、山形県広報広聴推進課、公益財団法人福島県観光物産交流協会、一般社団法人茨城県観光物産協会、有限会社プランニングオフィスワン、ググっとぐんま写真館、一般社団法人埼玉県物産観光協会、公益社団法人千葉県観光物産協会、公益財団法人東京観光財団、一般社団法人千代田区観光協会、台東区、一般社団法人墨田区観光協会、一般社団法人江東区観光協会、大田区、公益社団法人新潟県観光協会、公益財団法人新潟観光コンベンション協会、公益社団法人石川県観光連盟、公益社団法人福井県観光連盟、公益社団法人やまなし観光推進機構、公益財団法人ながの観光コンベンションビューロー、大町市観光協会、一般社団法人岐阜県観光連盟、公益社団法人静岡県観光協会、公益財団法人浜松・浜名湖ツーリズムビューロー、一般社団法人下田市観光協会、公益社団法人伊勢志摩観光コンベンション機構、鳥羽市観光課、公益財団法人大阪観光局、一般財団法人神戸観光局、公益社団法人和歌山県観光連盟、鳥取県、公益社団法人島根県観光連盟、公益社団法人岡山県観光連盟、広島県、一般社団法人山口県観光連盟、小松島市、公益社団法人香川県観光協会、一般社団法人愛媛県観光物産協会、公益社団法人福岡県観光連盟、福岡市、柳川市、一般社団法人佐賀県観光連盟、一般社団法人長崎県観光連盟、熊本県、公益社団法人ツーリズムおおいた、公益財団法人宮崎県観光協会、公益社団法人鹿児島県観光連盟、フォトライブラリー、PIXTA、小山宏子

［主な参考文献］

神田明神編著『新版神社のおしえ』（小学館、2018年）
三橋健編著『日本神さま事典』（大法輪閣、2016年）
岡田莊司・笹生衛編『事典神社の歴史と祭り』（吉川弘文館、2013年）
岡田莊司編『日本神道史』（吉川弘文館、2010年）
三橋健編著『日本の神々神徳・由来事典』（学研、2008年）
三橋健著『神社の由来がわかる小事典』（PHP研究所、2007年）
『全国著名神社名鑑』（神社新報社、2005年）
武光誠著『古事記・日本書紀を知る事典』（東京堂出版、2000年）
川口謙二編著『日本の神様読み解き事典』（柏書房、1999年）
國學院大學日本文化研究所編『神道事典』（弘文堂、1999年）
白井永二編『神社辞典』（東京堂出版、1997年）
岡田米夫著『日本史小百科　神社』（東京堂出版、1993年）
全国神社名鑑刊行会史学センター編纂『全国神社名鑑』上巻・下巻（全国神社名鑑刊行会史学センター、1977年）　など
そのほか、各神社の公式サイト・由緒の説明板・発行パンフレット、各都道府県神社庁の公式サイトでの各神社紹介などを参照

全部わかる神社ガイド

監　修　岸《きし》川《かわ》雅《まさ》範《のり》

発行者　深見公子

発行所　成美堂出版

〒162-8445　東京都新宿区新小川町1-7

電話(03)5206-8151　FAX(03)5206-8159

印　刷　共同印刷株式会社

ISBN978-4-415-32774-7

落丁・乱丁などの不良本はお取り替えします

定価はカバーに表示してあります